제2판

유아교사를 위한

교직 실무

정미라 이영미 박수경 이인용 박희숙 공저

YANGSEOWON
양서원

머리말

흔히 교육의 질적 수준은 교사의 수준을 능가하지 못한다고 이야기한다. 그만큼 역량 있는 유아교사의 양성이 중요하다는 것이다. 그러나 역량을 갖춘 유아교사가 된다는 것은 단순하고 쉬운 일이 아니다. 교육의 대상이 어려질수록 교사가 부담해야 하는 업무도 많아지고, 그 범위도 넓어지기 때문이다. 최근에는 COVID19로 인한 세계적인 팬데믹 상황에서 유아교육기관의 운영형태나 놀이지도는 물론 학부모들과의 면담방식도 많이 변화되었다. 이런 변화는 이후에도 지속될 수 있으며, 운영의 다양성을 보장한다는 점에서 향후에도 지속될 수 있다. 이러한 점을 고려하여 이번 개정판에서는 현장에서 이루어지는 실무에 우리 사회의 변화나 요구를 반영하는 방안을 제시하였다.

역량 있는 교사를 한마디로 표현하자면 유아들을 잘 가르치고, 부모나 동료교사들과도 좋은 관계를 형성하며, 교육의 과정에서 필요한 문서작업 등도 잘 실천할 수 있는 능력을 가진 교사일 것이다. 일반적으로 초임교사들은 대학에서 이론과 현장실천능력을 갖추어 현장에 나가지만, 막상 현장에서는 부딪히는 예상하지 못했던 일로 당황하는 경우가 많다. 교육계획의 작성부터 유아지도, 부모면담 등은 물론이고 현장학습이나 입학식과 졸업식 등 행사를 계획하고 실천하는 일도 간단하지 않다. 이와 같이 교사들이 유아교육현장에서 당면하게 되는 다양한 업무는 전문적이면서도 체계적으로 계획, 운영되어야 하므로 실무능력이 필요하다.

이에 본 서는 유아교사가 현장 업무 수행에서 필요한 역량을 중심으로 유아교사 자기 코칭, 일상적인 일과 코칭 그리고 특별한 날 행사 코칭의 세 부분으로 구성하였다. 좋은 유아교사가 되기 위한 첫 단계는 자신에 대한 이해로부터 출발하므로, 본 서의 첫 번째 부분인 유아교사의 자기 코칭 부분에서는 자신의 이해와 관리, 유아교사로서의 삶 찾아가기와 유아교사로서 취업하기의 내용을 담았다. 두 번째 부분인 일상적 일과 코칭에서는 유아교육기관의 일과운영을 위한 계획과 실행과정을 구체적 사례를 통해 제시하였다. 구체적인 내용으로 원아관리 방법과 유아교육기관에서 만나는 다양한 사람들과의 관계 형성하기, 마지막으로 실내외 교구 및 환경 구성하기 등으로 구성하였다. 교사가 관계를 형성해야 하는 사람은 유아나 부모, 동료교사뿐만 아니라 관리직 종사자나 실습생, 유아교육기관의 다양한 지원 인력 등에 이르기까지 다양하다. 이러한 사람들과 형성하는 관계의 특성을 이해하고 바람직한 관계를 형성하기 위한 의사소통 전략과 기술을 형성하는 것도 중요하기 때문이다. 마지막 부분인 특별한 날의 행사 코칭은 유아교육기관의 크고 작은 행사를 운영하기 위해 필요한 계획과 실행능력에 관련된 내용으로 구성하였다. 신학기 오리엔테이션부터 학부모 면담, 현장학습, 학부모 참여수업, 졸업식의 계획과 운영 전략을 소개하였다.

저자들이 이 책의 내용을 구성하면서 가장 중점을 두었던 사항은 유아교육현장에서 직무를 수행할 때 필요한 이론을 실제에 연계하는 것이었다. 즉, 이론에 기초한 실무를 소개함으로써 교사로서의 실제 업무 수행에 도움이 될 수 있도록 내용을 구성하였으며, 유아교육기관의 특성을 고려하여 교사가 각자가 근무하는 현장에 적용할 수 있게 업무 진행의 원칙과 순서를 제시하였다. 이 책을 집필하는 과정에서 집필진들 간에도 많은 토의와 비판적 의견을 교류하고 현장의 요구를 최대한 반영하기 위해 노력하였다. 유아교사가 현장에서 수행하는 업무는 생각보다 많았으며, 이러한 업무에 필요한 정보를 제공하는 것도 간단한 일이 아니었다. 관련 정보나 제안을 너무 세부적으로 하다 보면 유아교육기관의 업무 자율성을 침해할 수 있고, 반면 너무 포괄적으로 제시하다 보면 실무 수행에 직접적인 도움이 되지 못할 우려도 있었다. 이에 본 서는 유아교육기관에서 교사가 업무를 수행하는 과정에서 필요한 지식과 정보를 구체적인 실제 사례를 통해 제시하되, 근거가 되는 이론을 함께 밝히고자 노력하였다.

이 책이 교직실무를 가르치는 분들과 배우는 예비교사들에게 교직을 이해하고, 현장에서 부딪히게 되는 다양한 업무를 파악하고 실천하는 데 도움이 되기를 기대한다. 또한 유아교육현장에 취업하거나 유아교육현장의 업무 수행과정을 개선시키고자 노력하는 분들에게도 도움이 되었으면 한다. 이 책이 나오기까지 많은 의견을 주고 도움을 주셨던 분들께 고마움을 표하며, 특히 이 책의 내용에 대한 비판적 의견과 현장의 실제 사례를 제공해 주셨던 교수님들과 현장 전문가들 그리고 학생들에게도 감사드린다. 끝으로 이 책이 나오기까지 많은 시간을 기다려주고, 까다롭고 힘든 일을 마다 않고 지원해 주신 양서원 직원 여러분과 박철용 회장님, 박세원 대표님께 감사의 말씀을 드린다.

2021년 8월

저자 일동

차례

PART 2 _ 일상적 일과 코칭

Chapter 5

Chapter 6

PART 3 _ 특별한 일과 코칭

PART 3 _ 특별한 일과 코칭

part 1

chapter 1
자신과 마주하기

chapter 2
자기 관리하기

유아교사 자기 코칭

chapter **3**
유아교사로서의 삶 찾아가기

chapter **4**
유아교사 취업하기

chapter 1

자신과 마주하기

자신과 마주하기

교사라면 누구나 좋은 교사가 되기 위해 고민하고 노력한다. 이와 같은 고민과 실천 간의 연속적 과정은 교육 현장의 개선으로 이루어질 수 있다. 이제까지 자신이 경험했던 좋은 교사의 상(image)을 한 번 떠올려 본다면 어떤 모습일까? 분명히 교육 현장의 문제를 해결하기 위해 애쓰고 노력하면서 교실에서 작은 변화를 시도하는 선생님의 모습일 것이다. 교사 개인의 성향이나 가치관은 교사의 직무 수행과 현장 개선에 많은 영향을 미칠 수 있다. 교사로서의 직무를 수행하기에 앞서 자신의 특성을 이해하고, 이제까지 겪었던 삶을 뒤돌아보면서 미래 교사로서 자신의 모습에 대해 생각해 보기로 한다.

1 자기 이해

1) 자신을 이해하기

교사로서 자신의 특성이 어떠한지 바르게 이해하는 것은 매우 중요하다. 한 개인의 특성은 업무처리 과정 및 방식에 영향을 미치기 때문이다. 자기 이해란 자신의 신체적, 정서적, 신념, 사고와 행동적 특징을 알고 자기 내면의 잠재력을 깨닫는 것이다(권석만, 2014). 유치원 교사는 타인을 이해하기에 앞서 스스로 자신이 어떤 사람인지 살펴볼 필요가 있다. 유치원 교사는 자신의 생각과 행동에 원천이 되는 내적 특성은 물론 자신의 성장 과정에서의 경험이 현재 모습에 어떤 영향을 미쳤는지 살펴보아야 한다. 이를 바탕으로 어떠한 삶의 방식을 추구하며 살아가기 원하는지 이해할 필요가 있다.

유치원 교사는 개인적 차원에서의 자기 이해을 바탕으로 자신이 존재하는 사회적 맥락 속에서 스스로 잠재력을 발휘하고 성장하기 위해 배움을 실천하게 된다. 따라서 평소에 타인과 상호작용하는 자신의 모습이 어떠한지 이해하는 것이 필요하다. 개인적, 사회적 차원에서의 자신을 이해하고 탐구하는 과정을 통해 유아교사들은 자신의 교육적 경험을 형상화할 수 있으며 스스로 발달해 나간다(이지연, 강주희, 2014). 즉, 자기 이해 과정을 통해 과거와 현재의 나의 모습을 확인하고 미래 교사로서 성장하는 나의 모습을 그려볼 수 있다.

교사는 교직에 들어오기 전부터 교직을 이행하고 떠날 때까지 전 기간 동안 변화하고 발달하는 존재이다. 이에 유아교사의 양성, 임용, 재교육 과정에서 '교사발달(teacher development)'이라는 용어가 관심을 받아 왔다. 물론 교사 경력에 따라 직무수행 및 교육 가치관과 태도가 달라질 수 있다(강미경, 2008). 초임교사는 학생들을 폭포수처럼 사랑하나 자신이 알고 있는 방법으로 가르치고, 보이는 모든 것을 배우려 하지만, 중견교사는 아이들을 사랑하지만 그들을 올바른 길로 인도하기 위해 필요한 것만 가르치고 배우며, 원로교사는 잔잔한 바다처럼 아이들을 사랑하고 인생에 필요하다고 생각하는 것을 가르친다고 한다. 이는 교사가 자신의 교직 경력에 따라 자기 삶의 변화를 기준으로 직무를 수행해 나가는 특징을 반영하고 있다.

반면, 교사발달은 순차적으로 이루어지는 것이 아니라고 주장하는 학자들도 있다. Burke와 그의 동료들(1983)은 교사발달 순환모델(Teacher Career Cycle Model: TCCM)을 제안하면서 교사발달은 개인의 경력에 따른 것이 아니라 개인적 환경과 조직적 환경의 역동적 관계 속에서 이루어진다고 하였다. 개인적 환경에는 가족 경험, 발달적 단계, 긍정적 경험, 위기적 사건 등이 있으며, 조직적 환경에는 전문가 단계, 운영 스타일, 정책, 공공적 신뢰, 사회적 기대 등이 있다. 교사가 되기 이전 경험한 것들도 교사의 개인적 환경의 기초가 될 뿐만 아니라 교사의 적응이나 만족도에 영향을 줄 수 있으므로 교사발달 과정에 중요한 자원이 될 수 있다.

아래의 사례를 보면서 교사가 되려는 자신의 특성은 어떠한지 진단해보고 토론해보자. 제시된 사례에서 볼 수 있듯이 김 교사는 평소 정리 정돈을 잘 하는 특성이 있어, 다른 교사와 함께 일을 할 때면 뒷마무리를 깔끔하게 처리한다. 김 교사의 이러한 특성은 집단 활동과정에서 대체로 다른 사람들로부터 좋은 평가를 받지만, 때로는 어려움이 되기도 한다. 일 처리 과정에서 정리 정돈 시간이 지나치게 많이 걸리기

문제 사례

OOO유치원에 근무하는 1년차 경력의 김 교사는 평소 정리 정돈을 매우 잘 하고 자기 관리도 완벽하다. 김 교사는 자유선택활동이 끝난 후 모든 영역이 흐트러짐 없이 정리되어야 직성이 풀리므로 유아들이 하원한 후 **내일 수업을 위한 준비보다 교실 정리와 청결에 비중을 두어 청소에 2시간 이상씩 할애하기도 한다.** 유아들이 놀잇감을 정리할 때에도 김 교사는 유아들이 항상 정해진 위치에 놀잇감을 정리하도록 강조한다.

같은 연령을 담당하고 있는 정 교사는 김 교사와 대화를 나누면서 교실 정리 정돈에 대해 서로 다른 생각을 가지고 있음을 알게 되었다. 김 교사는 "오늘 아이들이 블록 영역 너무 정리를 못했네. 다시 정리하는 데 시간이 너무 많이 걸려."라고 자주 말하곤 하였다. 정 교사는 김 교사와는 달리 **평소 교실 정리 정돈보다 수업 준비에 많은 시간을 할애**하기 위해 노력하는 편이다. 정 교사는 유아들이 완벽하게 정리를 하지 못하는 것은 자연스러운 행동이며, 놀잇감은 어느 정도만 분류되어 있으면 불편함이 없다고 생각했기에 김 교사의 모습이 이상하게 여겨졌다. 교실 정리 정돈에 대한 김 교사와 정 교사의 생각은 달랐다. 이런 차이는 비단 교실 정리 정돈에 대한 것뿐만 아니라 활동을 계획하거나 운영할 때에도 자주 나타났다.

도 하며 너무 꼼꼼한 일 처리 과정으로 오히려 동료들이 힘들어 하기 때문이다. 유치원은 다양한 성격을 가진 교사들이 함께 모여 일하는 공동체이다. 이러한 공동체 속에서 생활하다 보면 자신의 특성이 다른 사람들에게 도움이 되기도 하지만, 본의 아니게 불편함을 주기도 한다. 유치원 교사는 유아, 학부모, 지역사회 구성원들과 끊임없이 교류해야 한다. 교사의 자신에 대한 이해는 곧 다른 사람에 대한 이해를 촉진시켜 타인과의 관계 맺음에 도움이 될 수 있다.

토론 질문

1. 각자 자신의 일상적 습관을 적어보고, 다른 사람과 함께 서로 비교해 보시오.

   1) 나의 일상적 습관 1

   ____

   ____

   2) 나의 일상적 습관 2

   ____

   ____

2. 이러한 일상적 습관이 미래 자신이 교사가 되었을 때 어떠한 강점과 단점이 될지 함께 생각해 보시오.

   1) 강점

   ____

   ____

   2) 단점

   ____

   ____

2) 자신의 연대기 살펴보기

한 개인의 성장과정은 개인의 특성이나 신념 형성에 많은 영향을 줄 수 있다. 따라서 개인의 성장과정이나 생활 변화를 장 · 단기적으로 분석해보는 것은 의미있는 일이다. 이새암(2010)에 따르면, 예비교사들은 교사가 되기 전에 나는 누구이며, 무엇을 믿고, 어떻게 가르쳐야 하는지 진지하게 고민해보는 시간이 필요하다. 예비교사들은 개인으로서 자기 이해와 교사로서의 자기 이해 과정을 통해 미래 교사로서의 정체성을 탐구해볼 기회를 가질 수 있다. 백은주와 조부경(2004)은 유아교사의 전문성 발달에 지식과 기술뿐 아니라 자기 이해 발달이 포함되어야 한다고 주장하면서 교직 태도와 자신감이 교사 전문성의 일부분임을 강조하였다. Pinar(2004)는 자서전적 방법을 통해 교사로서 자기 이해와 자기 성찰의 가치를 찾아가는 의미있는 교사교육을 소개하였다. 자서전적 방법 외에도 교사들은 스스로 자기 이해 시간을 가지면서 자신의 내면과 조우하고 삶의 현장에서 자신을 되돌아볼 수 있다. 이 과정 속에서 교사들은 개인의 삶과 생각을 진실하게 표현하는 방법을 배우고, 이를 토대로 자신의 존재 의미를 드러내는 기회를 가질 수 있다.

초 · 중등 교육과 달리 유치원 교육에서는 교육과 보호를 함께 행하여야 하며 한 명의 교사가 다중의 역할을 수행해야 하는 특징이 있다. 유치원 교사는 유아를 가르치는 일뿐만 아니라 유아의 인성을 기르고 배려와 보호를 실천해야 하며, 그 기초를 다질 수 있어야 한다. 이러한 교사의 역량을 형성하는 기간이 바로 교사양성과정이라 할 수 있다. 예비교사들은 Pinar(2004)가 강조한 교육적 경험의 중요성을 내면화하면서 개인 체험의 개별성, 특수성, 고유성에 대해 민감하게 다가설 수 있는 역량을 길러야 하며, 교육 현장의 변화 과정 속에서 그 의미를 발견할 수 있어야 한다. 이를 위해 교사들은 스스로 자신의 주체성과 신념 그리고 의지를 끊임없이 재확인하기 위해 노력해야 할 것이다.

자신의 연대기를 분석해 보는 것은 나 자신을 이해하는 데 많은 도움이 된다. 아래와 같은 나의 연대기 작성 활동을 통해 현재 자신이 존재하기까지 많은 생활사건과 경험이 자신의 삶에 영향을 미쳤음을 확인할 수 있다. 이 과정 속에서 유치원 교사라는 직업 선택에 어떠한 경험이 동인으로 작용했는지도 파악할 수 있을 것이다. 교사로서 정체성 형성에서 이와 같은 자기 이해는 필수적인 과정이라 볼 수 있다.

다음의 활동을 통해 과거와 현재의 나의 모습을 확인하고 이러한 모습이 유치원 교사가 되기 위한 동기에 어떠한 영향을 미치고 있는지 살펴보자.

| 개별 활동 | 나의 연대기 **| 활동 예상 시간 |** 15분

| 활동 준비 |

1. 개별 활동으로 진행한다.
2. 교재, 다양한 펜, 메모지를 준비한다.

| 본 활동 |

1. 과거 나의 모습

이제까지 나에게 영향을 주었던 생활사건을 생각해서 '나의 연대기'를 작성해 본다.

1) 나에게 영향을 주었던 생활사건(3~4가지 정도)은 무엇이며 언제 일어났는가?

2) 나에게 영향을 주었던 생활사건의 내용은 무엇인가?

3) 과거의 나의 모습을 한 마디로 표현하면

'______________________________' 라고 할 수 있다.

왜냐하면, ______________________________

______________________________이기 때문이다.

2. 현재 나의 모습

현재(최근 1년) 나에게 영향을 주고 있는 생활사건을 생각해서 '나의 연대기'를 작성해 본다.

1) 나에게 영향을 주고 있는 현재의 생활사건(3~4가지 정도)은 무엇이며 언제 일어났는가?

2) 나에게 영향을 주고 있는 현재 생활사건의 내용은 무엇인가?

3) 현재의 나의 모습을 한 마디로 표현하면

'______________________________' 라고 할 수 있다.

왜냐하면, ______________________________

______________________________이기 때문이다.

표 1-1 나의 연대기 예시

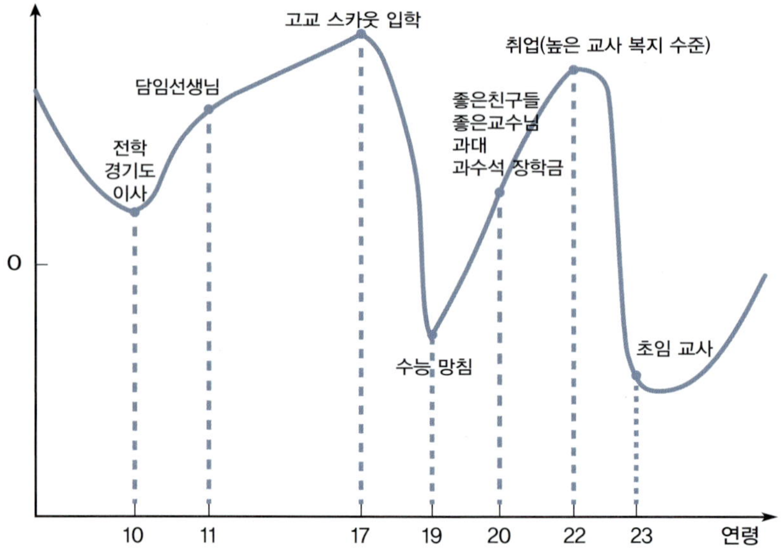

표 1-2 나의 연대기

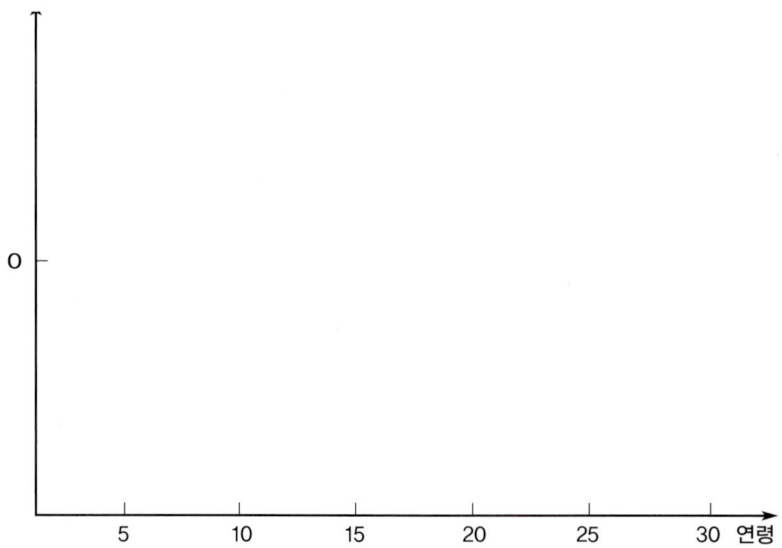

3) 나의 미래 모습 상상하기

교직은 전문직이기 때문에 교사는 늘 더 나은 교사가 되기 위해 끊임없이 성찰하는 모습을 가져야 한다. 교사로서의 가치관과 신념, 전문적 지식과 기능을 갖추기 위해 배움을 실천해야 하며 전문가로서의 정체성을 확인하는 지속적인 과정을 통해 삶에 대한 비전을 추구해야 한다. '자아'에 대한 유치원 교사의 관심은 '유치원 교사로서 나는 어떤 모습이어야 하는가?', '유아들을 가르치면서 어려움에 처했을 때 나 혼자 처리해야 하는가?', '아니면 다른 사람과 협력하여 이 문제를 해결해 나가야 하는가?' 등 교직 수행과 관련된 질문과 연결된다.

특히, 정체성 혼란이나 갈등과 역할 혼미가 나타날 때 교사들은 이를 해결하기 위한 전략을 개발할 수 있어야 한다. 교육 현장의 다양한 문제에 대응하면서도 끊임없이 '학습자'의 관점에 다가가기 위해서 노력해야 한다. 한 예로, 2020년 COVID-19로 인한 팬데믹 상황이 펼쳐졌을 때 대부분의 유아교사들은 사회적 변화에 빨리 적응하여 유아들의 교육과 보육을 담당하는 도전적인 모습을 보여주었다. 가정연계를 위해 부모교육 동영상을 새롭게 제작하거나 건강과 위생 등 교실의 프로젝트 주제를 융통성 있게 선정하여 교육과정을 운영하는 유아교사도 있었다.

대체로 교사들은 교육 현장의 가치나 기존의 교사 역할, 태도 등에 순응하기도 하지만 교육 현장의 장애 요소와 충돌하면서 자신의 교육적 의지에 따라 새로운 변화를 시도하기도 한다(이윤식 외, 2007). 타임머신을 타고 미래로 간다면 나의 모습은 어떠할지 상상해 보고 이러한 변화를 위해 필요한 교육적 경험 혹은 만남이 있을지 기록해 보자.

표 1-3 미래 나의 모습

	일상적인 나의 모습	교사로서 나의 모습	교육적 만남
5년 후 '나' (년 연령: 세)	– –	– –	– –
10년 후 '나' (년 연령: 세)	– –	– –	– –
20년 후 '나' (년 연령: 세)	– –	– –	– –

2 자신의 성향

인간은 다른 사람과 함께 어울려 살아간다. 삶에서 나와 비슷한 성향을 가진 사람도 만나지만 때로는 나와 다른 성향을 가진 사람을 만나 함께 일하기도 한다. 사람들이 가진 성향은 어떤 것이든 모두 장점과 단점이 있다. 이러한 특성은 우리가 겪는 환경이나 상황에 따라 다르게 적용될 뿐이다. 어떤 경우에는 빠르게 일을 처리하는 사람이 효율적일 수도 있으나, 때로는 느리지만 정확하게 일을 처리하는 사람이 자신의 역할을 효율적으로 해낼 수 있다. 유치원 교사는 원장, 원감, 동료 교사와 함께 업무를 수행하는 경우가 많다. 예를 들면, 행사 기획에서부터 준비, 실행에 옮기기까지 나 혼자가 아닌 다른 사람들과 함께 다양한 업무를 공동으로 수행해야 한다. 이 과정에서 나와 함께 일하는 다른 사람은 나와 다른 환경에서 태어나고 성장하였으며, 나와 다른 성향과 특성을 가지고 있음을 각자 인정한다면 공동 업무를 성공적으로 시작할 수 있는 마음의 준비를 이미 갖추고 있는 것이다.

유치원 교사는 열악한 직무환경과 과도한 업무 수행으로 일상 속에서 스트레스 상황을 쉽게 접하게 된다. 이러한 상황에서 자신이 가진 개인적 강점을 적절하게 발휘한다면 집단 속에서 긍정적인 경험을 할 수 있다(권석만, 2014). 각 개인의 강점이 직업적 특성과 잘 어우러질 때 개인뿐만 아니라 집단의 업무 수행도 원활하게 진행될 수 있다(황해익, 탁정화, 2015). 교사들이 자신의 강점을 이해하고, 적극적으로 활용하는 것은 자신의 삶에 영향을 미치는 부정적인 부분을 조절할 뿐 아니라 스트레스 대처에도 도움이 되며(황해익, 채혜경, 2017), 문제 상황을 긍정적으로 받아들이게 작용함으로써 교사 소진을 이겨낼 수 있는 힘으로 작용한다(김선은, 2011; 박대준, 최수찬, 2015).

다음의 활동은 마이어스 브릭스(Myers-Briggs)가 창안한 MBTI(Myers-Briggs Type Indicator)와 유사한 활동이다. 이 활동을 통해 자기 자신이 다른 사람과 함께 일을 할 때 자신은 집단 속에서 어떻게 행동하는 경향이 있는지 살펴볼 수 있다.

| 대그룹 활동 | 나의 성향 발견하기

| 활동 예상 시간 | 30분

| 활동 준비 |

1. 대그룹 활동으로 10~25명 정도가 모이면 좋다.
2. 강의실의 네 벽면에 동서남북을 미리 정하고, 각 벽면에 큰 전지를 붙여 놓는다.
3. 각 벽면의 전지 앞에 유성펜을 충분히 준비한다.

| 본 활동 |

1. 동서남북의 각 방향을 바라보면서 평소 다른 사람과 생활할 때 자신의 모습이 어떠한지 깊이 생각해 본다.

북 : 일단 해 보는 것이 중요해!

도전의식이 높으며 일단 일을 시작하면서
계속 새로운 것을 시도하는 추진력 있는 사람

서 : 섬세함이 중요해!

행동하기 전에 누가, 무엇을,
언제, 어디서, 왜 하는지에
대해 알기를 끊임없이
원하는 사람
업무 달성을 잘하기 때문에
믿을 만한 사람

북
서 — 동
남

동 : 큰 그림이 중요해!

행동을 취하기 전에 다양한
가능성을 조심스럽게
생각하기를 원하는 사람
전체 작업과 개별 작업을
잘 연결하는 논리적인 사람

남 : 남을 배려하는 것이 중요해!

행동하기 전에 모든 사람의 생각과 의견을
상세히 고려하는 사람

2. 자신이 생각하는 방향 앞으로 가서 함께 모인 같은 성향의 사람들과 공통적인 특징이 무엇인지 이야기 나누고 큰 종이에 적어본다. 그리고 함께 일하기 힘든 성향의 사람들은 어떤 방향의 사람들인지 적고, 그 이유를 생각해 간단히 기록해 본다.
   예: 남쪽방향,
   이유–너무 천천히 일을 처리해 답답함을 느낄 때가 있음

3 자신의 정서

유치원 교사는 유아교육의 전문가로 유아의 전인적 인격 형성에 이르는 전 과정에 관심을 가지고 교육적 책무를 수행하는 사람이다. 현대 사회의 변화로 유아들은 가정에서 지내는 시간보다 기관에서 지내는 시간이 길어지면서 유아의 발달과 성장 과정에서 유치원 교사의 영향력은 더욱 커지고 있다. 유아교사는 유아의 현 발달 상황을 긍정적으로 이해하고 지원하는 정서를 갖는 것이 중요하며 자신의 정서에 영향을 받지 않고 유아를 일관성 있게 지도할 수 있도록 정서 관리 및 조절 능력을 할 수 있어야 한다.

유치원 교사는 유아들이 인생에서 만나는 첫 교사로 무엇보다 유아를 사랑하는 마음을 가지고 있어야 한다. 즉, 유치원 교사의 삶은 유아들을 사랑하는 마음으로 시작된다. 따라서 유치원 교사는 자신이 유아를 사랑하는지, 이러한 사랑을 일상 속에서 실천할 수 있는지, 사랑하는 유아를 위하여 올바르게 교육하고 있는지에 대해 항상 생각해 보아야 한다. 또한 유치원 교사는 사사로운 감정에 치우치지 않고, 마음이 평온한 상태에서 유아와 함께 지내는 것을 즐거워해야 한다. 그리고 밝은 미소와 함께 유아를 포용할 수 있는 마음의 여유를 가져야 한다.

유치원 교사가 된 후 대학에서 배운 전문적인 지식을 실제 현장에서 적용하는 과정에서 많은 어려움과 갈등이 발생할 수 있다. 유아들이 처한 상황이 매우 다르며 학부모의 요구도 다양하기 때문에 하나의 공식처럼 이론을 실제에 쉽게 연결시킬 수가 없기 때문이다. 교사도 바쁜 일상 속에서 서둘러 일을 처리하다 보면 실수를 야기할 수 있다. 이러한 경우, 교사가 마음의 여유를 가지고 자신을 되돌아보며 반성하고 어려움을 극복하기 위해 노력한다면 자신이 겪는 어려움을 현명하게 대처해 나갈 수 있을 것이다. 교사의 심리적 안위는 교육의 질적 향상에 많은 도움이 된다(Curry & O'Brien, 2012). 긍정심리학 관점에서 볼 때, 인간은 긍정적 정서에 관심을 가지고 긍정적인 생활 목표를 세워 실천하면 행복하고 의미있는 삶을 영유할 수 있다(Seligman et al., 2005).

인간의 감정 상태는 매우 다양하다. 교사는 자신의 감정 상태를 항상 살피면서 의식적으로 긍정적인 정서를 유지하기 위해 노력해야 한다. 이러한 긍정적 정서를 찾아가는 과정은 유치원 교사의 직무 수행과 자연스럽게 연계될 수 있으며, 나아가 자신의 직업관 형성에 긍정적인 의미를 부여할 수 있다(김지윤, 정가윤, 2015). 유아들은 성인의 사소한 행동과 언어에 큰 영향을 받는 존재이다. 따라서 유치원 교사들은 스스로 정서적으로 안정된 상태에서 유아들과 긍정적으로 상호작용할 수 있도록 끊임없이 노력해야 한다.

유아에게 따뜻한 교사의 모습을 보여주기 위해 유치원 교사는 지금 현재 자신의 모습이 행복한지 살펴보면서 행복한 웃음으로 가득한 교실에서 유아들과 생활할 수 있도록 끊임없이 노력한다. 이는 유아들을 사랑하기 위해서 유치원 교사 스스로 정서적으로 성숙되고 안정되어 있어야 한다는 의미이다.

아래의 '나의 감정 상태 발견하기' 활동을 통해 지금 현재 나의 감정이 어떠한지 살펴보고 그 원인이 무엇인지 생각해 보자.

| 대그룹 활동 | 나의 감정 상태 발견하기

| 활동 예상 시간 | 20분

| 활동 준비 |

1. 그룹활동으로 10~25명 정도가 모이면 좋다.
2. '내가 많이 듣는 말'과 '내가 듣고 싶어 하는 말'이 함께 적힌 종이와 '나의 감정' 종이를 필기구와 함께 참여자 수만큼 준비한다.
3. 개별 손거울을 준비한다.

| 본 활동 |

1. 다음의 활동 자료를 살펴본다.

〈활동지〉

나는 ( ) ( ) 사람입니다.	내가 가장 듣고 싶은 말? 1.________ 2.________ 3.________

〈다양한 감정 및 특성〉

행복한	뿌듯한	우울한	사랑스러운	바쁜
멋진	즐거운	불편한	만족스러운	감동하는
우아한	따뜻한	차가운	슬픈	친절한
상냥한	소심한	공허한	쌀쌀맞은	열정적인
참을성 있는	정직한	지혜로운	매력적인	외모가 예쁜
자신감 있는	밝은	유머 있는	욕심 있는	부드러운
딱딱한	화가 난	건강한	고상한	거친

2. 자신의 평소 감정이 잘 표현된 단어를 2개 찾아 적어 본다.
3. 내가 평소에 다른 사람들로부터 많이 듣고 싶은 말을 적어 본다.
4. 모두 함께 자리에서 일어나 둥근 원을 만든다.
5. 자신이 적은 종이를 가지고 다른 사람을 만나 가위바위보를 한다.
   - 가위바위보에서 진 사람이 먼저 자신의 종이를 보고 '나는 (　　) (　　) 사람입니다.'를 외친다. 이긴 사람은 상대방의 말을 듣고 긍정적인 반응(예: 와! 멋지네요.)을 해준다.
   - 이번에는 가위바위보에서 이겼던 사람이 진 사람의 종이를 받아 "내가 듣고 싶어 하는 말은 ~이에요."를 하나씩 읽어준다. 진 사람은 상대방이 자신이 적은 '내가 듣고 싶은 말'을 하나씩 읽어줄 때마다 "감사합니다."를 외친다.
6. 또 다른 사람 1인을 만나 5번의 활동을 반복한다.
7. 모두 제 자리로 돌아와서 아래 "다양한 감정"을 보고 지금 현재 자신의 모습(예: '행복한 나')과 일치하는 단어를 2개 찾는다.
8. 이 활동을 시작할 때와 끝났을 때 자신의 감정 상태를 서로 비교해 본다.
9. 자신의 현재 감정 상태에서 유아를 만났을 때 어떠한 모습일지 준비된 거울을 보고 얼굴 표정을 지어 보면서 관찰한다.

4 교사로서 자신의 삶

유치원 교사로서의 첫 출발 시기는 자신의 신분에 큰 변화를 겪는 시기이기도 하다. 그동안의 학생이라는 신분이 끝나고, 직장인으로서 사회에 첫 발을 내딛는 시기이다. 스스로 자신의 역할이 무엇인지 인식하고 그 역할을 어떻게 수행할지 구체적으로 계획하는 의미있는 시기이기도 하다. 이 시기에 교사로서 자기 삶을 주체적으로 살아가기 위한 방법과 다양한 전략을 미리 생각해 보는 것은 이후 교사로서 행복한 삶을 사는 데 도움이 되며, 어려움과 갈등에 직면할 때 적극적으로 대처해 나가는 데 힘이 될 수 있다. 교사가 되었을 때 '교사로서 행복한 삶을 위한 나의 십계명'을 정해 놓고 생활한다면 평소 교사로서 어떠한 생활 태도와 마음을 가져야 하는지 자신을 스스로 점검할 수 있는 기회를 가질 수 있을 것이다.

김 교사가 작성한 '행복한 교사가 되기 위한 나의 십계명'

1. 아이들에게 모범이 될 수 있는 행동과 언행을 한다.
2. 정해진 출근 시간 15분 전에 교실에 들어간다.
3. 나의 할 일은 미루지 않는다.
4. 도움이 필요한 동료 교사를 자발적으로 돕는다.
5. 주변 사람들에게 감사함을 자주 표현한다.
6. 나와 아이들의 건강을 위해 교실 청결에 힘쓴다.
7. 항상 책을 가까이 하고 공부한다.
8. 건강을 위해 아이들과 함께 운동한다.
9. 교실에 식물을 기르고 아이들과 함께 보살핀다.
10. 아이들을 항상 먼저 생각한다.

이 장의 내용을 종합하면서 아래의 심화 질문에 대해 스스로 생각해 보고 다른 사람들과 논의해 보길 바란다.

심화 질문

1. 좋은 교사가 되기 위해서 자신을 이해하는 것이 필요하다고 하였는데, 왜 그렇다고 생각하는가?

2. 다른 사람과 원활히 지내기 위해 스스로 어떻게 변화하고 싶은가?

3. 긍정적인 정서를 갖는 것은 교사에게 왜 중요하다고 생각하는가?

chapter 2

자기 관리하기

자기 관리하기

유아교사는 유아는 물론 함께 일하는 동료와의 관계적 삶에 잘 적응하기 위해 평소 자기 관리를 철저히 하고 뒤돌아보는 습관을 형성해야 한다. 몸과 마음을 건강하게 유지하고 다른 사람과 원만히 지내기 위한 노력이야 말로 예비교사 시절부터 갖추어야 하는 중요한 자세이다. 본 장에서는 유아교사의 자기 관리 방법을 탐색하고 자기 회복을 위한 방법을 알아보기로 한다. 이를 통해 유아교사의 주요 역량인 대인관계능력과 의사소통능력을 기를 수 있을 것이다.

1 자기 관리

유아교사가 성취감과 보람을 느끼면서 직무를 수행하는 것은 매우 중요하다. 이를 위해 유아교사는 평소 스스로 동기를 부여하고 자신을 관리할 필요가 있다. '스스로'와 '자기 책임'의 의미가 강조된 개념이 바로 교사의 셀프리더십(self-leadership), 즉 교사의 자기 관리라고 할 수 있다. 최근 교사 리더십(teacher leadership)이라는 개념이 강조되면서 주임교사, 원감, 원장뿐 아니라 교사의 리더십에 대한 관심이 높아지고 있다. 교사의 리더십은 유아 및 학부모, 동료 교사와의 협력 과정에서 발휘되므로 자신에게는 물론 교육의 질적 수준 개선을 위한 동력이 된다(Katzenmeyer & Moller, 2001). 즉, 교사의 리더십은 스스로를 동기화하여 교직에 적극적으로 참여할 수 있도록 하고 조직의 발전에도 기여하는 요인이 될 수 있다(서윤희, 조부경, 2012; Barth, 2001; Riveros, Newton, & Costa, 2013).

교사는 평소 자기 주도적인 의사결정을 할 수 있도록 자기 관리 전략을 실천해야 한다. 스스로 자기 관찰, 목표설정, 보상과 처벌, 자기 단서 등을 활용한 개인의 행동관리 전략을 세우는 과정이 필요하다. 수행 자체를 중요한 보상으로 인지하고 자율적인 내적 보상과 건설적 사고 패턴 전략을 세워 스스로 자신의 행동을 미리 이미지화시키는 등 바람직한 직무 수행을 위한 인지관리 전략 수립도 중요하다(Manz & Sims, 2001). 이러한 자기 관리를 통해 유아교사는 직무에 대한 스트레스를 극복할 수도 있고 장시간의 근무 환경 속에서 자기 통제와 직무 몰입을 하면서 조직 내 자기 영향력(self-influence)을 증가시킬 수 있다(정미라, 이방실, 박수경, 2015). 특히, 장시간 동안 교육과 보육을 담당해야 하는 유치원 교사는 스스로 자기 관리를 위해 일정 시간을 할애하는 것이 좋다. 이러한 자기 관리를 통해 유치원 교사들은 긍정적인 정서는 물론 조직에서 자신의 역량을 발휘할 수 있을 것이다.

| 나의 자기 관리 전략 살펴보기 |

1. 다음의 각 문항에 대해 평소 자신의 모습과 가장 가깝다고 생각한 정도에 √표를 한다.

	질문 내용	전혀 그렇지 않다	그렇지 않다	보통이다	그렇다	매우 그렇다
1	나는 일을 하는 과정에서 내가 얼마나 잘하고 있는지 늘 확인한다.	①	②	③	④	⑤
2	나는 꼭 기억해야 할 것은 잊지 않도록 장치를 마련한다.	①	②	③	④	⑤
3	나는 목표를 세우고 이를 달성하기 위해 열심히 일하는 것을 좋아한다.	①	②	③	④	⑤
4	나는 내가 일을 잘 했다고 생각하면 스스로를 자랑스럽게 여기고 나를 칭찬해 준다.	①	②	③	④	⑤
5	나는 중요하다고 생각되는 일을 하기 전에 미리 연습을 해 본다.	①	②	③	④	⑤
6	나는 일을 하는 과정에서 나의 일 수행능력을 점검한다.	①	②	③	④	⑤
7	나는 일의 집중도를 높이는 물건을 옆에 둔다.	①	②	③	④	⑤
8	나는 내가 세운 목표를 꼭 달성하고 싶다.	①	②	③	④	⑤
9	나는 일을 성공적으로 마쳤을 때 내가 좋아하는 물건으로 나에게 보상을 한다.	①	②	③	④	⑤
10	나는 중요한 일을 하기 전에 그 일을 머릿속으로 연습해 본다.	①	②	③	④	⑤
11	나는 내가 일을 하고 있는 중간에 내가 잘하고 있는지 꼼꼼히 살펴본다.	①	②	③	④	⑤
12	나는 중요한 결정을 하기 전에 다른 사람의 조언을 듣는다.	①	②	③	④	⑤
13	나는 일을 할 때 실천 가능한 계획을 세우고, 그 계획대로 일하는 것을 좋아한다.	①	②	③	④	⑤
14	나는 일을 잘 해냈을 때 내가 좋아하는 활동을 함으로써 스스로 보상한다.	①	②	③	④	⑤
15	나는 도전적인 과제를 하기 전에 미리 연습을 한다.	①	②	③	④	⑤
16	나는 주어진 일 중 제일 즐거운 일이 무엇인지 안다.	①	②	③	④	⑤
17	나는 내가 좋아하는 장소에서 일을 할 수 있도록 정한다.	①	②	③	④	⑤
18	나는 내가 즐기면서 할 수 있는 일이 무엇인지 찾고 싶다.	①	②	③	④	⑤
19	나는 내가 하는 일의 단점보다는 장점을 더 많이 생각한다.	①	②	③	④	⑤
20	나는 일의 결과보다 일하는 과정 자체가 주는 즐거움이 더 중요하다고 생각한다.	①	②	③	④	⑤

	질문 내용	전혀 그렇지 않다	그렇지 않다	보통이다	그렇다	매우 그렇다
21	나는 내가 하는 일에서 가장 흥미로운 분야가 무엇인지 안다.	①	②	③	④	⑤
22	나는 쾌적한 환경에서 일할 수 있도록, 우선 내 주변을 정돈한다.	①	②	③	④	⑤
23	나는 내가 좋아하는 일을 즐기면서 하고 싶다.	①	②	③	④	⑤
24	나는 일을 할 때 싫은 면보다 좋은 면을 더 생각한다.	①	②	③	④	⑤
25	나는 일을 할 때 결과보다는 일하는 과정에 초점을 맞춘다.	①	②	③	④	⑤
26	나는 내가 좋아하는 일이 무엇인지 자신 있게 말할 수 있다.	①	②	③	④	⑤
27	가능하다면, 내가 좋아하는 시간에 일을 하고 싶다.	①	②	③	④	⑤
28	나는 내가 좋아하는 일을 즐기면서 할 수 있는 방법을 구상한다.	①	②	③	④	⑤
29	나는 내가 하는 일에 대한 안 좋은 면보다 좋은 면에 초점을 맞춘다.	①	②	③	④	⑤
30	나는 일을 통해서 얻을 수 있는 보상보다 일을 실제로 하면서 느끼는 즐거움에 대해 더 많이 생각한다.	①	②	③	④	⑤

2. 각 문항의 점수 합계를 낸다.

행동적 전략	1번~15번 문항	점 / 75점
인지적 전략	16번~30번 문항	점 / 75점
총점		점 / 150점

3. 점수가 높을수록 자기 관리 전략을 잘 사용하고 있음을 의미한다.

4. 자신의 결과를 분석해 보고 셀프리더십을 기르기 위해 어떠한 노력이 필요한지 메모해 본다.
( )

출처: Manz(1998)

사람들은 누구나 자기 관리 스타일을 가지고 있다. 다음은 경력교사들이 교직에 오래 머물면서 자신의 건강에 대해 고민하는 모습을 담은 사례이다. 박 교사와 최 교사가 스스로 염려하는 부분이 무엇인지 살펴보고 교직을 수행하면서 자기 관리가 왜 중요한지 자신의 생각을 이야기해 보도록 하자.

문제 사례

다음은 OOO유치원에 근무하는 10년차 경력의 박 교사과 20년차 경력의 최 교사가 서로의 건강에 대해 나눈 대화이다.

박 교사 : 저는 몸이 약한 편이에요. 주말 동안 충분히 휴식을 취하고 출근한 월요일은 괜찮지만 주중에 늦게까지 유치원에서 일하고 퇴근을 해서인지 아이들과 함께 있는 시간에 항상 피곤함을 느끼면서 생활하고 있어요. 20대 교사 시절에 건강은 괜찮은 편이었지만 30대가 되면서부터는 제 몸과 마음이 예전과 같지 않음을 느끼면서 많이 염려가 되어요. 휴식이 정말 필요한 것은 알지만 처리하지 못한 일들 때문에 평일은 항상 늦게 퇴근을 해요. 주말에는 집 밖으로 나가지 않고 잠을 자는 편이에요.

최 교사 : 저도 예전에 몸이 약한 편이었는데 아이들과 함께 행복한 시간을 보내려면 체력이 매우 중요하다는 것을 알게 되면서 오래전부터 운동을 규칙적으로 하기 시작했어요. 근무시간 중에 집중적으로 일하고 퇴근 후에 운동도 하면서 저만의 시간을 꾸준하게 갖는 편이에요. 주말에는 동네 서점을 찾아가서 책을 골라 읽기도 하고요. 아침에는 일찍 출근해서 차분히 앉아 차 한 잔을 마시는 저만의 시간을 매일 10분 정도 갖고 있어요. 이러한 생활 패턴이 저에게 마음의 여유를 주는 것 같아요. 제가 마음이 차분해져야 아이들과 대화할 때 그 마음이 잘 읽어지더라고요.

토론 질문

1. 박 교사와 최 교사의 차이점을 찾아보고, 자신은 어떤 유형의 생활패턴을 가지고 있는지 짝과 함께 이야기해 보시오.

2. 이와 같은 자기 관리가 유아교사에게 필요한 이유를 함께 생각해 보시오.

2 자기 관리 방법

유아교사의 자기 관리는 건강한 심리적 상태와 신체를 관리하는 능력에서 출발한다. 유아교사의 건강한 정신과 신체, 그리고 삶의 태도는 관계중심의 교직 수행에 많은 영향을 미칠 수 있으므로 유아교사는 항상 긍정적 삶의 태도를 가지고 자기 관리를 해야 한다.

유아교사가 유아들을 가르치는 직무를 수행하면서도 신체적 · 정신적 건강 유지를 위해 기초체력을 형성하고 스트레스를 관리하는 능력은 중요하다. 이와 함께 다른 사람들과 효율적으로 소통하는 능력과 시간관리 능력을 형성한다면 교사로서의 전문적 능력은 물론 개인적인 정서도 관리할 수 있을 것이다. 전문 분야는 물론 교직과 관련된 학문 분야 관련 서적을 통해 지혜를 쌓고 체력을 단련하면서 열린 마음을 갖는 습관을 생활화해야 한다. 나아가 유아교사는 동료 교사와 소통하고 긍정적인 상호 지지와 협조를 통해 합리적인 의사결정 능력도 길러야 한다.

1) 지혜 쌓기

유아의 특성은 여러 가지가 있으나 그중 하나는 끊임없이 질문을 하는 것이다. 유아들은 질문하는 것을 좋아하고 질문하면서 배운다. 그래서 유아들은 궁금한 것이 있으면 거침없이 교사에게 질문을 던진다. 이때 교사는 당황하지 않고 유아들의 질문에 적절히 대답해야 한다. 물론 유아들의 질문에 완벽하게 대답할 수 있도록 교사가 모든 지식을 담고 있어야 한다는 의미가 아니다. 교사도 유아들처럼 평소 지적 호기심을 가져야 하며 이를 해결하기 위해 독서하는 습관이 필요하다. 독서에서 중요한 것은 책을 읽는 즐거움을 가지는 것, 그리고 책 읽는 습관을 형성하는 것이다. 예비교사가 되기 전 대학 입시를 위해 책을 수동적으로 읽었다면 이제는 스스로 책을 가까이 하고 하루에 30분 이상씩 책 읽는 습관을 길러보는 것도 필요하다. 올바른 독서 습관을 위해 책을 읽고 나서 '독서 노트'를 작성해 보면서 느낀 점은 무엇인지, 어떠한 부분에서 감동을 받았는지, 주변 사람들과 어떠한 부분을 나누고 싶은지 자신의 생각을 정리해 보는 것도 도움이 될 수 있다(신재한, 2016).

또한 유아교사는 평소 유익한 서적이나 다큐멘터리를 즐겨 보고 다양한 직업을 가진 사람들과 대화를 하면서 끊임없이 배워야 한다. 미술관 관람이나 여행을 하는 것도 도움이 된다. 이와 같이 평소 삶의 지혜를 쌓는 생활 태도는 교실 안에서 펼쳐지는 유아들과의 이야기 나누기, 자유선택활동, 미술활동 진행에 많은 도움이 될 수 있다.

| 최 교사가 예비유아교사들에게 추천하고 싶은 TV 동영상 |

- Net Geo 채널 동물의 세계 '파브르 곤충기'
- 디스커버리 채널 '국제우주정거장의 개발 및 건설 과정'
- EBS 지식채널e '유치원에서 생긴 일'
- EBS 다큐 프라임 동기 '배움의 씨앗'

| 내가 추천하고 싶은 예비유아교사를 위한 TV 동영상 |

제목	출처	추천 이유

| 최 교사가 추천한 예비유아교사들에게 도움이 될 수 있는 도서 분야 |

- 유아 동화, 성인 동화
- 국어사전(국립국어원 표준국어대사전), 백과사전(사회, 과학지식 등)
- 교사의 역할을 이해하는 데 도움이 되는 전문도서
- 학부모 상담에 도움이 되는 전문도서
- 현대 사회를 이해하는 데 도움이 되는 교양도서
- 미래 사회를 이해하는 데 도움이 되는 교양도서

| 내가 나누고 싶은 예비유아교사를 위한 도서 |

제목	저자	출판사

| 최 교사가 예비유아교사들에게 추천하는 여행지 |

장소	위치	특징
대관령 양떼목장	강원도 평창군	우리나라 유일한 양 목장
고성 공룡박물관	경상남도 고성군	국내 최초의 공룡 전문 박물관
국립중앙박물관	서울특별시 용산구	국보급 유물, 국내외 유수 소장품 전시 기관
성균관	서울특별시 종로구	고려 말과 조선시대 최고의 교육기관
국립어린이청소년도서관	서울특별시 강남구	국내 유일 어린이와 청소년을 위한 도서관
국립생태원	충청남도 서천군	세계 5대 기후와 그곳에서 서식하는 동식물이 있는 전시 및 교육 공간
고려청자박물관	전라남도 강진군	고려청자의 시작부터 발전, 쇠퇴를 한눈에 살펴볼 수 있는 곳
별마로 천문대	강원도 영월군	별을 보는 고요한 정상

| 여름 또는 겨울 방학에 내가 가 보고 싶은 장소 |

방문지	방문하고 싶은 이유

2) 체력 단련하기

운동이 부족해지기 쉬운 20대부터 자신의 체력을 향상시키기 위해 누구나 노력해야 한다. 특히, 유아교사은 유아들과의 신체 운동활동에서 뛰기도 하고, 장시간 서서 움직이는 경우가 많다. 따라서 교사는 자신의 체력을 유지하기 위해서 하루에 15분씩이라도 시간을 내어 유산소운동과 근력 운동을 할 필요가 있다. 유아교사의 체력 관리는 신체적, 정신적 건강을 유지하면서 교직생활을 하는 데 도움이 될 것이다. 규칙적인 운동은 심장과 폐의 기능을 강화시키고 신체유연성도 높이며 정신건강을 유지하는 데 기여한다(신재한, 2016).

15분 건강 체조

1. 준비 유연 운동(3분) : 숨쉬기 → 깍지 낀 상태로 뒷목과 가슴 늘이기 → 천천히 좌우로 목 돌리기 → 옆구리 늘이기 → 어깨 돌리기 → 전신 위로 늘이기 → 깍지 낀 손을 앞으로 뻗어 상체 앞으로 굽히기 → 땅 짚기 → 승마 자세에서 다리 벌려 안쪽 허벅지 근육 늘이기
2. 심폐 기능 운동(5분) : 원 그리며 걷기, 손뼉 치며 앞뒤로 걷기, 무릎 돌기와 킥
3. 파워 근력 운동(5분) : 가볍게 걷기, 크게 걷기, 옆구리 운동, 무릎 펴고 서서 양팔의 팔꿈치를 앞으로 모아 위를 향하며 가슴운동
4. 정리 유연 운동(2분) : 숨쉬기, 옆구리 스트레칭, 팔과 목 스트레칭, 마지막 숨쉬기

■ 건강체조의 육체적 효과

1. 척추가 바르게 서고 몸의 좌우 균형이 바르게 유지될 수 있다.
2. 피로를 회복시켜 줄 수 있다.
3. 전신의 혈액순환에 도움이 된다.
4. 목소리에 생기가 돋을 수 있다.
5. 몸의 유연성을 기를 수 있다.

■ 건강체조의 정신적 효과

1. 잠깐이라도 마음의 안정을 되찾을 수 있다.
2. 뇌에 산소를 공급할 수 있기 때문에 머리가 개운해진다.
3. 스트레스 해소에 도움이 된다.
4. 자신의 몸 상태를 점검할 수 있으며 집중력 향상에 도움이 된다.
5. 매사에 적극적이고 자신감을 얻을 수 있다.

■ 15분 건강체조 후 나의 느낌 적어보기

- 신체적인 측면:

- 정신적인 측면:

유아교사는 평소 바르게 앉고 서는 자세를 가져야 한다. 바르게 앉거나 서는 자세는 유아들에게 모델이 되며, 타인에게 자신감 있는 모습을 보여줄 수 있다. 특히, 유아들과의 수업은 물론 학부모와의 상담과정에서 유아교사는 등을 펴고 다리를 모은 자세로 바르게 앉고 서는 올바른 자세를 유지해야 한다. 예비교사 시절부터 평소 바른 자세를 갖는 습관을 갖도록 노력한다.

3) 스트레스 관리하기

유아교사는 직무 자체뿐 아니라 타인과의 관계에서 발생하는 스트레스를 경험한다. 스트레스 중 개인에게 의미있는 것으로 지각되는 외적, 내적 자극으로 일상적으로 경험하는 괴로운 스트레스를 디스트레스(distress)라고 하고, 좋은 일이지만 자율신경계가 스트레스 반응을 보이는 것을 유스트레스(eustress)라고 한다(우남식, 2016). 일반적으로 스트레스를 잘 관리하면 내성이 생기지만 스트레스가 반복되어 해소할 수 없게 되면 신체적 질환으로 이어지게 된다. 따라서 인간은 평소 자신의 스트레스 상태를 인식하고 스트레스 원천을 찾아 극복해 나가야 한다. 유아교사는 정서적으로 편안한 상태를 유지해야 유아들과 긍정적인 상호작용을 할 수 있으므로 평소 정신건강을 관리할 수 있는 태도를 형성할 필요가 있다.

다음의 표를 통해 자신의 스트레스 수준을 점검해 보고, 스트레스 관리를 위한 방법을 찾아보도록 하자.

| 나의 스트레스 점검하기 |

1. 최근 보름 간 나의 상태를 잘 생각해 보고 해당되는 부분에 √표를 한다.

	질문	전혀 없음 (0점)	가끔 있음 (1점)	자주 있음 (2점)
1	아침에 눈 뜨는 게 두려운 적이 있다.			
2	잠을 잘 못 들거나 깊은 잠을 못 자고 자주 잠에서 깬다.			
3	늘 쫓기는 느낌이 든다.			
4	식욕이 없어 잘 안 먹거나 갑자기 폭식을 한다.			
5	매사에 집중이 안 되고 일의 능률이 떨어진다.			
6	기억력이 나빠져 잘 잊어버린다.			
7	텔레파시, 육감, 사주를 믿는다.			
8	만사가 귀찮고 피로감을 자주 느낀다.			
9	나에 대한 안 좋은 뜬소문에 시달린 적이 있다.			
10	말과 행동이 거칠어졌다.			
11	느닷없이 화가 치밀어 오르는 때가 있다.			
12	남들과 터놓고 속 이야기하기를 꺼린다.			
13	귀가 얇은 편이다.			
14	집안 식구들로부터 가정에 소홀하다는 이야기를 들었다.			
15	내 일이 지겹게 느껴진다.			
16	동료(학과 친구)가 제멋대로 행동한 적이 있다.			
17	납득할 수 없는 요구 때문에 골치가 아팠다.			
18	업무 중 도망가고 싶은 적이 있다.			
19	시간 약속 때문에 압박감을 느껴 본 적이 있다.			
20	리액션이 과하다는 말을 종종 듣는다.			
21	생각이 많아 일이 늦어진다.			
22	나는 남들보다 특별했으면 좋겠다.			
23	쉽게 부끄러워하고 반응에 몹시 민감하다.			
24	동료(학과 친구)와 말다툼을 한 적이 있다.			
25	내 의지와는 전혀 상관없는 일을 한 적이 있다.			

	질문	전혀 없음 (0점)	가끔 있음 (1점)	자주 있음 (2점)
26	나의 의견이 무시당한 적이 있다.			
27	이직을 생각한 적이 있다.			
28	아무런 이유 없이 나를 괴롭히는 사람이 있다.			
29	공개적으로 혼난 적이 있다.			
30	일의 분배가 불공정하게 이루어진다고 생각한 적이 있다.			

〈스트레스 자가 진단 테스트 결과〉
0~15점: 현재 특별한 정서적 불편을 느끼지 않는 상태
16~25점: 약간의 스트레스가 의심되며 예방책이 필요함
26~40점: 중증도 스트레스가 있으며 적극적인 도움을 받아야 함
41~60점: 고도의 스트레스로 인해 반드시 전문적인 치료를 받아야 함

출처: 우남식(2016). pp. 245-247.

2. 결과를 분석해 본다. 자신의 점수: 총 ________점

3. 자신의 스트레스를 관리하기 위해 어떠한 것을 먼저 실천하고 싶은지 메모해 본다.
   1) ____________________
   2) ____________________
   3) ____________________

출처: Manz(1998)

정신건강 10가지 수칙

1. **긍정적**으로 세상을 본다.
2. **감사**하는 마음으로 산다.
3. 반갑게 마음이 담긴 **인사**를 한다.
4. 하루 세끼 **맛있게 천천히** 먹는다.
5. **상대**의 입장에서 생각해 본다.
6. 누구라도 **칭찬**한다.
7. 약속시간에 **여유** 있게 가서 기다린다.
8. 일부러라도 **웃는 표정**을 짓는다.
9. 원칙대로 **정직**하게 산다.
10. 때로는 **손해**볼 줄도 알아야 한다.

출처: 보건복지부

4) 소통능력 기르기

유아교사는 교실에서 유아들과 일상적인 상호작용을 하며, 동료교사나 원장과 수시로 업무수행을 위해 협의하므로 효율적인 소통능력을 갖는 것은 매우 중요하다. 뿐만 아니라 매년 새롭게 만나는 유아와 학부모와 원만한 관계를 형성하기 위해서 효율적인 의사소통능력을 갖는 것이 중요하다. 자신만의 특별한 의사소통 방식을 가지는 것은 다른 사람들에게 좋은 인상을 줄 수 있으며, 다른 사람과 좋은 관계를 맺는 데 기여할 수 있다(고선미, 김정아, 류병진, 2017). 따라서 유아교사는 자신이 전달하고자 하는 내용을 효과적으로 표현할 수 있는 방법이 무엇인지 평소 관심을 가질 필요가 있다. 다른 사람들과의 효과적인 의사소통은 상대방의 말을 경청하는 것에서 시작하며, 상대방의 특성을 고려하여 대화하는 것이다. 그렇다고 유아와의 대화에서 유아어(예: ~한다요)를 사용하거나, 목소리 톤을 아주 높여 대화하는 것은 효과적인 방법이 아니다. 상대방과 대화하면서 자신에게 익숙한 말이나 표현만 계속한다면 상대가 집중하기 어려울 것이다. 교사로서 나의 의견을 상대방에게 인상적으로 전달하기 위해서는 먼저 상대가 어떠한 사람인지, 상대의 특징은 무엇인지 파악하여 상대의 마음을 끌어당길 수 있는 표현법을 사용하는 것이 바람직하다. 교사로서 지녀야 할 의사소통의 기본 태도를 제시하면 다음과 같다.

(1) 의사소통의 기본 태도

① 상대방을 바라보면서 경청하고 공감하라.

대화의 기본은 상대방의 말을 적극적으로 경청하는 것이다. 적극적으로 경청하는 것은 상대방의 말을 수동적으로 듣기만 하는 것이 아니라, 상대방이 전달하고자 하는 말의 내용은 물론, 그 내면에 깔려 있는 동기나 정서에 귀를 기울여 듣고 이해된 바를 상대방에게 피드백해 주는 것이다(최상복, 2004). 누구나 상대방이 자신의 이야기에 공감하고 이해해 주기를 진심으로 바랄 것이다. 다른 사람과 대화할 때는 상대방의 말을 경청하면서 작은 마음도 깊이 이해한다는 표현을 적절히 한다. 상대방의 말에 대해 다르게 생각하는 점이 있을지라도 일단 상대방의 말이나 감정에 공감하고 이후에 자신의 입장을 설명하는 편이 효과적이다.

예 ○○ 선생님께서 왜 이렇게 말씀하시는지 저도 이해가 됩니다.

○○ 어머님! 실망이 매우 크셨을 것 같네요.

② 독단적으로 의사 결정하지 않고 상대와 함께 협의하라.

어떤 문제가 생겼을 경우 그 결과를 직설적으로 상대방에게 통보하거나 명령하기보다는 함께 이야기 나누면서 문제의 해결방안을 살펴본다. 이런 과정을 거칠 때 상대방도 문제에 대한 해결방안을 함께 결정했다고 느끼고 실천하는 것에 동기화될 수 있다.

예 ○○ 어머님! 혹시 이것이 어려울 경우 또 다른 방법이 있을까요?

○○ 선생님! 제 생각에는 이렇게 하면 좋을 것 같은데 선생님 의견은 어떠세요?

③ 상대방의 의사를 파악하고 상대방에게 감사함을 표현하라.

대화의 과정에서 상대방의 의사표현에 대한 의도를 파악하고, 그러한 의도에 대한 감사함을 표현할 필요가 있다. 특히, 의사를 표현한 상대방에게 감사함을 표현하고 서로가 서로를 중요한 사람이라고 느낄 수 있는 말과 행동을 하도록 한다.

예 ○○ 어머님! 저희 반에 도움이 되는 말씀 감사드립니다.

○○ 선생님! 따뜻한 말씀 해주셔서 고맙습니다. 선생님도 바쁘실 텐데 이렇게 알려 주셔서 감사합니다.

○○님! 따뜻한 말씀 고맙습니다(감사의 표현).

(2) 효과적인 의사소통 방법

최근 우리사회에서 조직 내 민주적 의사결정에 대한 관심이 부상하면서 유치원과 같은 소규모 조직에서도 교사들의 효과적인 의사소통 방법이 강조되고 있다. 효과적인 의사소통이 이루어지기 위해서는 일방적인 의사전달이 아니라 대화에 참여하는 사람들 간에 민주적인 의사교환이 필요하다. 특히, 반대의견을 표현할 때 대화과정에서 기본적인 예의를 지키고, 타인이 들었을 때 편안한 음성과 말을 사용하는 것이 중요하다.

교사들 간 효과적인 의사소통이 중요한 시간은 바로 교사회의 시간이다. 원장이나 직급이 높은 교사가 대화를 주도적으로 이끌어 가고, 다른 교사들은 경청만 한다면 이러한 시간은 업무 지시일 뿐 대화와 협의시간이 되지 않는다. 대화는 전달자와 수신자 간의 끊임없는 상호작용이라 할 수 있다. 즉, 전하고자 하는 의사를 가진 사람, 즉 전달자가 메시지를 수신자에게 전달하고 수신자는 그에 대한 반응을 전달자에게 되돌려 주는 방식이 끊임없이 순환적으로 진행된다(고선미 외, 2017). 따라서 대화가 잘 이루어지기 위해서는 이야기를 잘 하는 것도 중요하지만 상대방의 메시지를 잘 들어 이해하고 그 의미를 파악하는 것이 우선되어야 한다.

① 올바른 화법 사용하기

의사소통을 효과적으로 하기 위해서 올바른 화법 사용 습관이 중요하다. 다음과 같이 올바른 화법을 몇 가지로 요약할 수 있다. 첫째, 123화법을 사용하는 습관이다. 123화법이란 나의 이야기는 1번 말하고, 상대방의 이야기는 2번 듣고, 상대방의 이야기에 3번 공감한다는 의미이다. 123화법은 하루 만에 활용될 수 없으며, 꾸준한 연습이 필요하다. 둘째, 직설적인 문장이나 명령적 표현은 피하고 질문법을 사용하는 것이다. 질문법이란 상대방이 무슨 생각을 하고 있는지, 나에게 무엇을 원하는지를 알아볼 수 있는 대화기법이다. 예를 들면, "~가 궁금하네요", "~어떨까요?"와 같은 표현이다. 이러한 질문 형식은 상대방의 생각을 먼저 알아볼 수 있으며 새로운 정보를 얻을 수 있다는 장점이 있다. 질문은 내가 열린 마음을 가지고 상대의 의견에 귀 기울이고 있다는 신호를 줄 수 있다. 대화기법 중 질문법을 잘 활용하면 상대방과 내가 서로 설득하려고 하였으나 상대방의 의견을 듣고 난 후 설득당하는 경우도 발생한다(예: ○○선생님, 이 교구를 사용하세요. → ○○선생님, 이 교구를 사용하면 어떨까요?). 이와 같이 의사소통에서 질문을 사용하는 것은 효율적인 대화를 나눌 수 있는 원동력이 된다.

② 상대방의 현재 감정 존중하기

상대방의 현재 감정을 존중하는 것은 대화 과정에서 기본적인 요소이지만 가장 소홀하기 쉽다. 대화를 할 때 상대가 자신을 무시하지 않고 배려해 준다는 것을 느끼게 되면 대화에 더 집중할 수 있다. 따라서 상대방의 감정을 존중하면서 대화하는 태도는 매우 중요하다. 만약 대화의 과정에서 의견이 맞지 않아 서로 감정이 악화되어 긴장 상태가 유지되더라도 상대방의 부정적 발언을 꼬투리잡거나 공격하는 말은 삼가도록 한다.

자신이 생각하기에 문제의 발생 원인이 내가 아닌 상대방에게 있다 하더라도 상대방의 말이나 행동에 대한 비난은 되도록 삼가도록 한다. 상대방의 감정을 존중하는데 있어 가장 중요한 것은 바로 역지사지 마음을 갖는 것이다. 상대방의 입장에서 생각해 보고 상대방의 현재 기분을 이해하는 것이 중요하다.

③ 상대방이 알아들을 수 있는 언어로 표현하기

원활한 의사소통을 위해서는 상대방이 납득할 수 있는 언어를 사용하는 것이 중요하다. 일방적 정보 전달보다는 상대방의 상황을 파악하여 이해하기 쉬운 말과 언어

공감 능력 키우기 짝활동

| 활동 예상 시간 | 30분

| 활동목표 |

1. 효과적인 의사소통 방법을 사용해 본다.
2. 짝활동을 통해 공감 능력을 기를 수 있다.

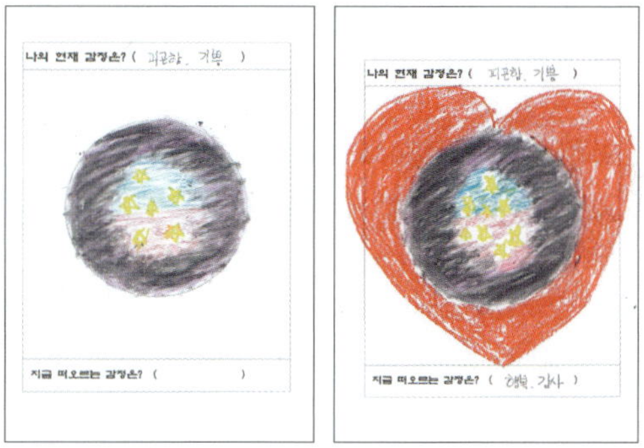

| 활동 준비물 | (큰 원이 그려져 있는) 활동지, 크레파스, 연필

| 본 활동 |

1. 자신의 감정을 드러낼 수 있는 단어 2~3가지를 위에 적는다.
2. 원 안에 자신의 감정이 잘 드러나도록 그린다.
3. 짝과 함께 자신의 감정과 그림을 설명한다.
4. 그림을 교환하여 원 밖 네모 부분에 상대방을 위한 그림을 각자 그려 준다.
5. 상대방을 위해 그린 그림을 설명하고 돌려준다.
6. 상대방의 그림을 보고 지금 떠오르는 감정을 드러내는 단어 2~3가지를 아래 적는다.
7. 활동 후 소감을 서로 나눈다.

로 설명해야 한다. 이와 같은 과정은 서로의 의사소통에 많은 도움이 되므로 직무 수행을 할 때도 필요하다. 상대방이 대화를 통해 조언과 정보의 제공을 쉽게 이해할 수 있기 때문에 신뢰 구축에도 도움이 될 수 있다.

5) 시간 관리하기

현대를 살아가는 사람의 공통적인 특성 중의 하나는 바쁜 삶을 산다는 것이다. 우리는 일상적인 업무 등으로 매일 시간에 쫓기면서 생활한다. 그러면서도 시간을 효율적으로 관리하는 일에는 관심을 덜 가지는 편이다. 유아교사의 일상도 매우 바쁘게 진행되므로 시간을 잘 관리하는 지혜가 필요하다. 매일 유아들을 위해 챙겨야 할 것도 많지만 예상하지 못했던 일들 때문에 추가적으로 시간을 할애해야 하는 일들이 생기기 때문이다. 러시아의 곤충학자 류비셰프(Lyubishev)는 인생을 살면서 자신의 일과를 잘 계획하고 실천한 사람으로 우리에게 알려져 있다. 이 학자는 평생 동안 70여 권의 학술 서적과 1만 2,000편 정도의 논문을 완성하는 업적을 남겼다. 그는 타고난 대단한 천재는 아니었지만 50년 동안 하루도 빠짐없이 시간 통계를 내면서 자신의 하루 일과를 계획하고 실천하고 또 반성하는 자기 주도적 삶을 살았다. 유아교사도 바쁜 일과 속에서도 하루를 계획하고 실천하고 반성하는 삶을 사는 습관이 필요하다. 이러한 습관은 하루 아침에 형성되기 어렵기 때문에 지금부터 천천히 노력하는 것이 중요하다. 시간관리를 위해 필요한 요소를 제시하면 다음과 같다.

(1) 자기 분석

효율적인 시간 관리는 자신이 어떻게 시간을 사용하고 있는지 스스로 점검하는 것에서 출발한다. 하루 일과를 플래너에 적어 가면서 일하는 시간을 제외하고 독서하는 시간, 여가시간 등을 점검하면 평소 자신의 생활 습관을 알 수 있다. 매일 똑같은 일상을 제외하고도 특별한 요일, 주말 활동 등은 어떻게 보내고 있는지 분석해 본다.

(2) 목표 설정

시간 관리에 대한 자기 분석이 끝났다면 자신이 어떠한 목표를 가지고 생활할지 생각해 본다. 실제적으로 어떠한 일을 우선 순위로 정할 것인지, 독서 시간이나 운동 시간은 언제로 할지 등을 결정한다. 이와 같은 목표 설정 과정에서 나의 인생 목표와 장기적인 목표뿐 아니라 하루 일과와 같은 단기적 목표까지 함께 생각해 본다.

(3) 계획 수립

목표가 설정되었다면 체계적이고 세부적인 계획을 세워 나간다. 체크리스트를 만들어 구체적인 내용을 정하고, 동기부여를 할 수 있는 강화물 등도 구체적으로 계획하면 실천에 도움이 된다(예: 선배 교사와 멘토링을 위해 매달 첫 번째 수요일 오후 4시 티타임, 교사학습공동체 참여를 위해 셋째 주 금요일 오후 4시 교육청 방문 등). 특히, 1년의 계획을 수립할 때 자신만의 계획을 세우기보다는 근무하고 있는 유치원의 학사일정 등을 미리 검토하여 실천 가능한 계획을 세우도록 한다.

(4) 실행

목표를 세우고 구체적인 계획을 실천하기 위해서는 자기 관리 능력이 요구된다. 사정에 의해 계획대로 실천되지 못할 경우 그 이유를 함께 기록해 보도록 한다. 계획이 실행되지 못한 이유가 자신에게 있었는지 아니면 외부의 요인에 의한 것인지를 면밀히 분석하여 이를 다음 실행을 위한 계획에 반영하도록 한다.

(5) 평가

평가는 자신이 시간 관리를 잘 하고 있는지 스스로 평가하는 과정이다. 실행 과정을 돌아보면서 계획에 따른 결과를 점검하고 잘된 점과 아쉬운 점을 분석해 본다. 이러한 평가 과정은 자기 관리 능력을 향상시키는 데 많은 도움이 되기 때문에 정기적으로 실천한다. 유아교사는 1년 동안 한 학급을 맡아 생활하므로 매 학기 또는 1년마다 자신의 시간 관리를 평가해 보는 것이 좋다. 교사 경력에 따라 정도의 차이가 있겠지만 매 학기 스스로 어떠한 목표를 가지고 있었으며, 이를 어떻게 실행하려고 노력하였는지 살펴보는 것은 교사에게 꼭 필요한 일이다.

(6) 수정과 보완

수정과 보완은 자신의 시간 관리 운영에 대한 평가를 통해 부족한 점은 수정하고 목표, 계획, 방법을 다시 설정해 보는 과정이다. 실제 시간 관리 운영이 미흡했더라도 지속적으로 수정과 보완을 위해 노력한다면 점점 나아지는 자신의 모습을 발견할 수 있을 것이다.

시간 관리를 위한 계획표 작성 시 Tip

1. 계획표는 절대 불변의 지침서가 아니기 때문에 필요한 경우 수정하고 메모를 한다.
2. 자꾸 계획이 지켜지지 않더라도 나의 문제점을 점검할 수 있기 때문에 꾸준히 계획표에 메모하며 기록한다.
3. 처음에는 한 달씩 계획을 세워 생활해 보고 차차 계획 기간을 구체적으로 늘려 가면서 성취감을 느끼도록 한다.
4. 어떤 상황에서도 계획표를 항상 자기 곁에 두고 지켜나가는 습관을 기른다.

| 자신의 시간 관리 계획 살펴보기 |

1. 평소 시간 관리 계획을 세우는가? 예______ 아니오______
2. 만약 평소 시간 관리 계획을 세운다면 어떤 것들을 메모하는가?

____

3. 교사로서의 첫 날, 시간 관리 계획표를 작성한다면 어떤 것을 포함하고 싶은가?

____

____

---

6) 이미지 관리하기

유아교사의 표정은 유아들뿐만 아니라 함께 일하는 동료 교사에게도 많은 영향을 미칠 수 있다. 자주 거울을 보면서 자신의 표정을 확인해 보고 현재 기분 상태가 어떠한지 인지해 보도록 한다. 만약 교사가 노래 부르기 활동을 지도할 때 심각한 표정을 짓는다면 유아들은 교사의 표정을 모방하여 심각한 표정을 지으며 노래를 부를지도 모른다. 또한 어느 한 교사가 어두운 표정으로 교사회의에 참석했을 때 분위기가 침체되어 의사소통이 활발히 이루어지지 못할 수도 있다. 유아교사는 항상 눈과 얼굴을 보면서 상대방과 대화하는 직업이기 때문에 평소 자신의 표정이 어떠한지 의식적으로 살펴볼 필요가 있다.

우리의 교직문화는 아직 보수적인 경향이 있다. 유아교사는 자신의 복장과 헤어스타일이 너무나 개방적이지 않은지 스스로 점검해 보는 자세가 필요하다(예: 너무나 밝은 색의 머리카락 염색, 짧은 미니스커트, 긴 손톱과 짙은 색의 매니큐어). 근무기관에 따라 복장 규정이 다를 수 있으므로 취업 전 관련 정보를 미리 살펴보는 것이 바람직하며 근무하는 동안 그 복장 규정을 엄격히 따르는 자세가 필요하다.

이 장의 내용을 종합하면서 아래의 심화 질문에 대해 스스로 생각해 보고 다른 사람들과 논의해 보길 바란다.

심화 질문

1. 자기 관리 방법 중에서 가장 실천하기 어려운 것은 무엇이라 생각하는가?
2. 초임교사는 어떠한 측면의 자기 관리가 필요하다고 생각하는가?
3. 관리자(주임교사, 원감, 원장 등)는 어떠한 측면의 자기 관리가 필요하다고 생각하는가?
4. 전문성을 증진하기 위한 교사학습공동체 참여 시 어떠한 자세가 필요하다고 생각하는가?

심화 활동

현장교사 10분 인터뷰

1. 인터뷰를 진행할 대상을 섭외하고 인터뷰 방법을 결정한다.

   ○○유치원 만 ____세반 교사____○○○경력 ○○년차

2. 인터뷰 전 사전 질문을 5가지 정도 미리 생각해본다. 사전 질문은 '예' 또는 '아니오' 대답보다는 구체적인 정보를 얻을 수 있도록 준비한다.

   1) 예: 예비교사로서 전문성을 증진하기 위해 지금 어떠한 준비를 하면 좋을까요?

   2) ______________________________

   3) ______________________________

   4) ______________________________

   5) ______________________________

3. 인터뷰를 진행한다.

   인터뷰 방법: 대면(　　) 온라인(　　) 전화(　　)

   소요 시간: (　　)분

4. 인터뷰 후 그 결과를 간단히 기록하고 자신의 한 줄 생각을 기술해 본다.

인터뷰 내용	
한 줄 생각	

chapter 3

유아교사로서의 삶 찾아가기

유아교사로서의 삶 찾아가기

오늘날 유아교사들은 단순히 지식과 기술을 가르치는 역할뿐 아니라 유아들의 권리 증진과 복지를 도모하는 역할도 수행해야 한다. 이를 위해 유아교사들은 높은 수준의 윤리의식을 가져야 하며 교육의 공공성을 인식하고 이를 실천하기 위한 책무성을 갖추어야 한다. 본 장에서는 유아교사로서 갖추어야 할 기본적인 윤리의식을 알아보고 이러한 윤리의식을 실천하기 위한 첫 직장 입문 준비를 해보기로 한다. 본 장의 내용을 통해 학습자는 의사소통능력을 기르고 교사로서 갖추어야 할 직업 윤리 역량을 형성할 수 있을 것이다.

1 교직 윤리

교직 수행에서 교사는 많은 자율성을 가지고 있다. 유아교사는 자신이 가르치고 있는 유아들의 학급 실정에 맞도록 교실 수준의 교육과정을 직접 개발하고, 유아들의 흥미와 욕구에 맞는 다양한 교육활동을 직접 선택하여 운영할 수 있는 자율권이 있다. 그러나 교직 수행에서 자율성과 책임은 필수불가결한 요소이므로(Katz, 1995), 교사의 모든 선택에 있어 자율성이 주어지는 만큼 이에 대한 책임이 뒤따른다. 이러한 자율성과 책임은 교육의 기반을 형성하며, 교직 윤리는 교사의 의사결정에 준거가 될 수 있다. 따라서 유아교사들은 교사로서 윤리적 규범을 준수하면서 올바른 의사결정을 할 수 있도록 교직 윤리를 잘 이해하고 있어야 한다.

1) 교직 윤리의 중요성

교육기본법 제14조 제2항에 의하면, “교원은 교육자로서 갖추어야 할 품성과 자질을 향상시키기 위하여 노력하여야 한다.” 이는 교사는 항상 사표(師表)가 될 수 있도록 품성과 자질을 기르고 교육전문가가 되기 위해 자기 개발에 힘써야 하는 법적 의무가 있다는 것이다. 또한 교사는 학습자들의 인지적 측면뿐 아니라 사회적 측면을 함께 가르쳐야 한다. 이와 더불어 교사들은 학습자들이 인간답게 살 수 있도록 조력해야 한다. 법과 같은 공식적 규범체계에서 교사들은 학습자들을 가르치는 데 있어 도덕적 의무를 다하기 위해 최선을 다하도록 한다.

그러나 교직은 다른 전문직과 달리 전문적 자율성, 숙달된 기능, 헌신과 봉사하는 정신을 함께 요구하며, 무엇보다 개인의 윤리의식이 강조되는 직업이기 때문에 공식적인 법적 의무뿐 아니라 비공식적인 교직 윤리도 중요하다. 교사라는 직업은 다른 직업에 종사하는 사람들에 비해 높은 수준의 도덕성을 요구하기 때문에 부도덕한 행동을 하였을 때 다른 사람들로부터 받는 비난의 수준이 높은 편이다. 특히, 전통적으로 우리나라에서는 교사는 세상 사람들의 본보기가 되며 높은 학식과 인격을 요구하는 직업 중 하나였다. 동일한 실수를 범하더라도 대중매체에서는 교사의 실수를 크게 확대하여 보도하는 편이며 교사 집단 전체에게 영향을 줄 만큼 여론의 비난이 쏟아지는 것을 보았을 것이다.

교직 윤리는 교직전문가로서의 유아교사가 교직을 실천하는 과정에서 마땅히 지켜야 할 것으로 기대되는 사회적 행동규범이자 교사 스스로 교육적 활동을 최대화시키기 위한 자발적 행위와 규범이라 할 수 있다(문용린, 1993, 1998; 진병춘, 2000). 이와 같은 교직 윤리는 교사가 직무를 수행하는 과정에서 일어날 수 있는 다양한 가치 판단의 문제에서 최우선적으로 고려해야 하는 사항을 결정할 때 중요한 지침이 될 수 있다(조형숙, 2007; 최문기, 2007). 교사는 교직 윤리를 바탕으로 학습자는 물론 가정과 지역사회의 사람들과 어떻게 관계를 맺고 처신할 것인지 결정해야 한다. 교사는 교직사회라는 특정한 분야의 윤리로 교직사회 속에서 지켜야 할 사회규범이자 행동준칙인 교직 윤리를 준수해야 하는 의무를 가지고 있기 때문이다(임승렬, 2002).

윤리를 각 개인이 우리 사회에서 생활하면서 지켜야 할 도덕적 행위의 규범이자 의무라고 한다면, 교직 윤리는 법적인 의무는 아니더라도 교사가 사명감을 가지고 학습자를 위한 교육활동을 진행하면서 다른 사람들의 사표로서 행동하기 위해 따르고 지켜야 하는 자발적인 도덕적 행위의 규범이자 의무라고 할 수 있다. 교직 윤리는 비공식적 규범이라는 특징이 있으며 강제성이나 법적 의무도 아니다. 그러나 교직 윤리는 교사 개인의 자율적이고 능동적인 행동규범으로 작용하기 때문에 학습자에게 미치는 영향은 지대할 수 있다. 왜냐하면 교직 윤리는 교사의 의사결정에 직접적인 영향을 미칠 수 있으며 교육의 목적이나 방향을 결정하는 것과도 연결될 수 있기 때문이다. 따라서 교사의 윤리적 사고 과정은 곧 의사결정 과정이라 할 수 있을 정도로 교사의 윤리관 확립과 교육 실천에 있어 매우 중요하다. 교사의 높은 교직 윤리 의식은 교사의 실천적인 행동 강령의 역할에 큰 영향을 미칠 수 있으며 나아가 교육의 질을 결정하는 요소로 작동할 수 있기 때문에 최근 교사의 교직 윤리 제고에 대해 사회적 관심이 모아지고 있다.

2) 유치원 교사 헌장과 강령

교직 윤리를 실천하기 위해 유아교사는 스스로 직면한 다양한 상황에 대한 도덕적이고 윤리적인 민감성을 길러야 한다. 이러한 도덕적이고 윤리적인 민감성은 유아교사의 윤리적 행동으로 바로 옮겨질 수 있기 때문이다(박찬옥, 김지현, 2015). 교직윤리는 자율적, 자발적, 능동적, 비공식적인 책무성을 포함한다. 유아교사에게 필요한 교직윤리는 유아를 가르치기 위해 가장 기본적으로 지켜야 할 도덕적 의무라 할 수 있다. 그러나 강제성이 없기 때문에 유아교사들이 소홀히 하거나 무시할 수 있는 규범이 될 수도 있다. 따라서 유아교사는 유아의 전인 발달과 교육과 보호를 담당하는 권위와 사회적 책임을 다하기 위해 무엇보다 교직 윤리를 직무의 중심에 둘 수 있도록 노력해야 한다(조형숙, 2007; 임승렬, 2002).

최근 유아교사의 교직 윤리 의식에 대한 관심이 높아지면서 우리나라 유아교육학계 및 단체들은 유아교사들이 맺는 다양한 관계 속에서 반드시 지켜야 할 윤리지침을 유치원 교사 헌장과 강령으로 명시해 놓았다. 이와 같은 윤리지침은 유아를 가르치는 일에서 유아에 대한 존중이 중심이 되어야 함을 강조한다. 유아교사는 교육전문가로서 유아, 가정, 동료, 사회, 교사 개인에 대한 윤리적 행동지침을 따르면서 일상 속에서 교사로서 합리적 의사결정을 할 수 있어야 한다.

유치원 교사 헌장을 통해 유아교사가 어떻게 행동해야 하는지 알 수 있다. 유아교사는 한 개인의 생계를 위한 직업만이 아니라 공공성을 띠는 직업이기 때문에 소명의식이 필요하다.

유치원 교사 헌장

유아교육은 유아의 삶에 초석이 되며, 우리 사회와 국가의 미래를 결정한다. 우리는 국민의 생애초기 교육을 책임지며 사회로부터 존경받는 교사로서 자신을 연마하고 소명의식을 가지고 유아 교육자로서 가야 할 길을 밝힌다.

1. 우리는 유아를 사랑하고 개성을 존중하며 전인 발달을 지원하고 평화로운 교실문화를 조성한다.
2. 우리는 미래지향적이며 질 높은 교육을 계획하고 실천하여 교육자로서의 책임을 다한다.
3. 우리는 가정에 대한 이해와 연대를 강화하여 교육복지 사회 구축에 공헌한다.
4. 우리는 사회의 변화와 요구에 적극 부응하여 유아교육의 혁신과 발전을 위해 노력한다.
5. 우리는 교육자로서의 품위를 유지하고 부단한 자기 개발을 통해 유아교육 전문가로서의 위상을 갖춘다.

출처: 유치원교원양성 · 임용제도개선연구단(2010)

유아교사는 항상 성실과 열정으로 직무에 임해야 하며 맡은 바 책임을 다하기 위해 노력해야 한다. 또한 유아는 물론 유아의 가정, 지역사회를 항상 염두에 두고 교육을 계획해야 하고 실행해야 한다. 이는 유아교사가 누군가를 가르치는 전문가일 뿐 아니라 교육을 통해 기예(art)를 실천하는 전문가가 되어야 함을 의미한다.

그럼에도 불구하고 교사는 교직을 수행하면서 자신의 결정이 올바른 것인지 고민하는 경우가 많다. 이미 관행화되어 있어서 당연시 여기는 것에 대한 의문을 품는 경우도 있으며 잘못된 것을 어떻게 수정하는 것이 좋은지 쉽게 판단내리지 못하는 경우도 있다. 이러한 윤리적 쟁점 사항에 대해 유아교사는 다음과 같은 윤리강령을 바탕으로 의사결정을 하는 것이 바람직할 것이다. 유치원 교사 윤리강령은 교사로 하여금 유혹에 빠지지 않고 자신의 행동을 스스로 규제하여 유아교사집단의 품위와 권위를 형성하는 데 도움이 된다.

| 소그룹 활동 | '유치원 교사 윤리강령' 문서 토의

| 활동 준비 |

1. 8~10명 정도의 소그룹을 구성하여 서로 마주 보며 둘러앉는다.
2. 형광펜과 '유치원 교사 윤리강령' 문서를 준비한다. 이 문서를 함께 읽는 활동을 하면서 내용 중에서 특별히 중요하다고 생각하는 문단, 문장, 단어에 각자 표시할 것을 예고한다.
3. 큰 전지와 유성펜을 준비한다.

| 본 활동 |

1. 한 사람씩 돌아가면서 유치원 교사 윤리강령을 한 문장씩 소리 내어 읽는다. 이때, 각자 의미 있다고 생각하는 문장을 형광펜으로 표시해 둔다.
2. 함께 읽고 난 후, 한 사람씩 돌아가면서 특별히 중요하다고 생각한 문장을 1개씩 소리내어 읽는다(예: "우리는 유아를 사랑하며 유아의 인격을 존중한다.").
3. 이번에는 개별적으로 다시 한 번 읽으면서 특별히 중요하다고 생각한 문구(문장보다 작은 단어)에 형광펜으로 강조 표시를 한다.
4. 자신이 특별히 중요하다고 생각한 문구를 돌아가며 읽는다. 이때, 서기는 큰 전지에 그 문구들을 기록한다. (예: "유아의 인격", "평등")
5. 전지에 기록되어 있는 문구나 단어를 보면서 무엇을 의미하는지, 중요하다고 생각한 이유는 무엇인지 등에 대해 함께 논의한다.

01 유치원 교사와 유아

■■핵심개념 사랑, 평등, 개성 존중, 전인교육, 안전과 보호

1. 우리는 유아를 사랑하며 유아의 인격을 존중한다.
2. 우리는 유아의 개인적 · 가정적 배경에 관계없이 모든 유아를 평등하게 대한다.
3. 우리는 유아의 개성을 존중하며 개인의 흥미와 잠재력에 적합한 교육을 제공한다.
4. 우리는 유아의 전인 발달을 지원하는 교육과 환경을 제공한다.
5. 우리는 유아의 안녕을 위협하는 가정적 · 사회문화적 · 경제적 상황을 적극적으로 파악하고 유아를 보호하기 위해 노력한다.

유치원 교사와 가정 02

▪▪핵심개념 가족에 대한 이해, 권리 보호, 협력, 지원

1. 우리는 유아를 교육하고 지원하기 위해 가정과 연계하고 협력 관계를 구축한다.

2. 우리는 교육적 목적으로 수집한 가족 정보에 대해 기밀을 유지하고 가족의 사생활을 보장한다.

3. 우리는 유치원에서 일어난 안전사고나 위험 상황에 대해 가족에게 충분히 설명한다.

4. 우리는 가족에게 유치원을 개방하며 필요한 정보를 제공한다.

5. 우리는 유치원 운영에 관련된 중요한 의사결정 과정에 부모를 참여시킨다.

6. 우리는 가족에게 필요한 지역사회 자원에 대한 정보를 구축하고 이를 가족에게 적극 제공한다.

03 유치원 교사와 사회

▪▪핵심개념 사회에 대한 이해, 교원의 지위 향상, 유아교육 위상 강화, 교직문화, 지역사회와의 협력

1. 우리는 사회의 흐름을 파악하고 이를 교육에 반영하고자 노력한다.

2. 우리는 유아에 관련된 법률과 정책을 이해하고, 이를 개선하기 위한 활동에 적극 참여한다.

3. 우리는 교직 관련 단체와 전문가 협회를 통해 교권 확립을 위한 활동에 참여한다.

4. 우리는 유치원 교육을 사회에 널리 알려 유아교육의 위상을 높인다.

5. 우리는 교직원 간의 상호존중과 협력을 통해 건전한 교직문화를 형성한다.

6. 우리는 유치원과 연계하여 지역사회의 생활과 문화 향상에 기여한다.

유치원 교사의 책무 04

■ ■ 핵심개념 직업의식과 긍지, 인성(열정, 개방성, 창의성, 자율성), 교사로서의 품위, 연구와 자기개발

1. 우리는 교육전문가로서의 직업의식을 갖는다.
2. 우리는 건전한 국가관과 확고한 교육관을 가지고 교직에 종사한다.
3. 우리는 유아에게 최적의 교육을 제공하기 위해 열과 성을 다한다.
4. 우리는 건전한 언행과 생활태도로 유아에게 모범이 되도록 한다.
5. 우리는 열린 사고와 개방적 태도를 가지고 전문성 향상에 매진한다.
6. 우리는 다양한 분야의 전문가와 교류하고 새로운 지식과 정책을 비판적으로 수용한다.

출처: 유치원교원양성 · 임용제도개선연구단(2010)

3) 유치원 교사 복무 자세

유치원 교사의 복무 자세는 유치원 교사의 신분으로 교직생활을 하면서 지켜야 할 전반적인 자세와 행동 규범이다. 유치원 교사의 복무 자세에 포함되는 근무, 휴가, 휴직(복직) 등에 관한 사항은 근무 기관에 따라 차이가 있을 수 있으니 신규 임용 전 꼭 확인할 필요가 있다. 공 · 사립 기관 구분 없이 모든 유치원 교사는 성실히 교사 임무를 수행하여야 하며 직무상 알게 된 비밀을 엄수하는 비밀 엄수의 의무와 직무와 관련하여 직 · 간접을 불문하고 사례, 증여 또는 향응을 수수할 수 없는 청렴의 의무를 지켜야 한다. 또한 교사로서 품위를 손상하는 행위를 하지 않는 품위 유지의 의무를 준수하고 교육자로서 갖추어야 할 품성과 자질을 향상시키기 위해 노력해야 한다. 특히, 유치원 교사는 유아들의 1년 생활을 책임지고 교육해야 한다. 따라서 특수 상황(예: 임신과 출산 등)을 제외하고 임용 후 적어도 1년은 근무하며 담임교사로서의 의무를 충실히 이행하도록 한다.

유치원 교사의 복무 규정의 예

1. 교사로서 품위를 유지할 수 있는 복장을 입도록 한다. 민소매 옷과 짧은 하의, 레깅스 등 신체에 붙은 옷은 입지 않는다.
2. 교사 질병 발생 시 유아들의 건강을 위해 즉각 병원을 방문하여 담당 의사와 상담한다. (예: 눈병, 법정 감염병 등)
3. 출퇴근 시간을 반드시 준수하고 출퇴근부는 본인이 직접 날인한다.
4. 휴식시간을 제외하고 외출할 경우 반드시 기관장의 허락을 받는다.
5. 휴업일은 방학, 개교기념일, 재량휴업일 등이 포함되며 유아들은 등교하지 않는다. 원칙적으로 교사는 휴업일에 출근해야 하고 기관장의 허가 없이 근무지를 이탈할 수 없다.
6. 출장의 절차는 신청서를 작성하여 기관장의 허가를 받아야 한다.
7. 유아들의 낮잠 시간도 교사 근무시간이기 때문에 교사가 아이와 함께 낮잠을 자지 않는다.
8. 유아 및 부모의 개별 신상 정보를 절대 누출하지 않는다.
9. 유아들의 하원 시 부단히 수업 계획와 실행에 대한 연구 시간을 갖는다.
10. 안전사고 및 아동폭력 발생 시 즉시 주임교사, 원감, 원장에게 보고하고 처리한다.

유아교사는 전문적인 지식과 적절한 자질을 바탕으로 자신이 이행해야 할 책임이 무엇인지 이해하고 있어야 한다. 아래의 문제 사례는 김 교사가 교육과정 운영자로서 자신의 역할과 책임은 무엇인지 고민하면서 겪는 딜레마를 제시한 것이다. 김 교사와 같이 유아교사들은 자신이 계획한 교육활동이 유아의 발달 수준과 흥미에 적합한지, 유치원이나 지역사회의 특성 및 학부모의 요구 등을 고려하고 있는지 지속적으로 관심을 기울여야 한다. 이를 위해 유아교사는 장기간의 사전교육과 현장교육을 통해 전문성을 신장시켜야 하며 교사로서 지켜야 할 교직 윤리에 따라 자율성을 가지고 교직 업무를 충실히 이행해야 한다.

문제 사례

사립유치원에 근무한 지 10년차 경력을 가진 김 교사는 이사를 하면서 새로운 유치원에서 일하게 되었다. 그동안 근무했던 유치원에서는 방과후 특별활동을 진행하지 않고 오후 실내외 자유선택활동과 교사들이 준비한 소그룹활동으로 오후 일과를 진행했었다. 그러나 새로 부임한 유치원은 오후 일과로 외부 강사들에 의한 다양한 특별활동을 진행하고 있었다.

김 교사는 오후에 교실에서 아이들을 가르치지 않아 몸도 마음도 덜 피곤하였다. 그러나 담임 교사임에도 직접 가르치며 돌보지 않고 있다는 점과 추가적인 비용을 부담하면서까지 진행되는 낯선 외부 강사에 의한 수업이 과연 유아들에게 의미가 있는 활동인지 의문이 들면서 왠지 마음이 불편하였다. 새로 부임한 유치원이라 이에 대해 선뜻 자신의 의견을 내세우지도 못하였다. 오후 시간을 어떻게 보내는 것이 아이들의 성장과 발달에 도움이 될지 고민만 계속하고 있다.

토론 질문

1. 만약 자신이 김 교사의 상황이라면 어떻게 대처할지 적어보고, 짝과 함께 이야기 나누어 보시오.
2. 교육의 공공성 측면에서 방과후에 이루어지는 특별활동에 대해 찬성하는지, 혹은 반대하는지 그 이유와 함께 생각해 보시오.

2 유치원 교사 임용

1) 유치원 교사 자격

유치원 교사가 되기 위해서는 법정 자격을 갖추어야 한다. 국가에서 승인한 교원 양성기관(예: 사범대학 및 일반대학의 유아교육과, 일반대학 교직과정, 교육대학원 등)에서 필수과목들을 이수한 후 무시험검정을 통해 발급한 유치원 정교사 2급 자격증이 반드시 있어야 유치원 교사로 임용될 수 있다.

| 교원의 자격(유아교육법 제22조) |

① 원장 및 원감은 [별표 1]의 자격 기준에 해당하는 사람으로서 대통령령으로 정하는 바에 따라 교육부장관이 검정 · 수여하는 자격증을 받은 사람이어야 한다.

② 교사는 정교사(1급 · 2급) · 준교사로 나누되, [별표 2]의 자격 기준에 해당하는 사람으로서 대통령령으로 정하는 바에 따라 교육부장관이 검정 · 수여하는 자격증을 받은 사람이어야 한다.

③ 수석교사는 제2항의 자격증을 소지한 사람으로서 15년 이상의 교육 경력(「교육공무원법」 제2조 제1항 제2호 및 제3호에 따른 교육전문직원으로 근무한 경력을 포함)을 가지고 교수 · 연구에 우수한 자질과 능력을 가진 사람 중에서 대통령령으로 정하는 바에 따라 교육부장관이 정하는 연수 이수 결과를 바탕으로 검정 · 수여하는 자격증을 받은 사람이어야 한다.

| 원장 · 원감 자격 기준(유아교육법 별표 1) |

자격 종별	자격 기준
원장	1. 유치원의 원감자격증을 가지고 3년 이상의 교육 경력과 소정의 재교육을 받은 자 2. 학식 · 덕망이 높은 자로서 대통령령이 정하는 기준에 해당한다고 교육부장관의 인정을 받은 자
원감	1. 유치원 정교사(1급) 자격증을 가지고 3년 이상의 교육 경력과 소정의 재교육을 받은 자 2. 유치원 정교사(2급) 자격증을 가지고 6년 이상의 교육경력과 소정의 재교육을 받은 자
비고 1. 원장 · 원감, 초 · 중등교육법의 규정에 의한 교장 · 교감, 교육장 · 장학관 · 장학사 · 교육연구관 · 교육연구사의 경력연수는 교육경력 연수로 볼 수 있다.	

| 교사 자격 기준(유아교육법 별표 2) |

급별 \ 자격	자격 기준
정교사 (1급)	1. 유치원 정교사(2급) 자격증을 가진 자로서 3년 이상의 교육 경력을 가지고 소정의 재교육을 받은 자 2. 유치원 정교사(2급) 자격증을 가지고 교육대학원 또는 교육부장관이 지정하는 대학원의 교육과에서 유치원 교육과정을 전공하여 석사학위를 받은 자로서 1년 이상의 교육 경력이 있는 자
정교사 (2급)	1. 대학에 설치하는 유아교육과 졸업자 2. 대학(전문대학 및 이와 동등 이상의 각종 학교와 「평생교육법」 제31조 제4항에 따른 전문대학 학력인정 평생교육시설을 포함) 졸업자로서 재학 중 소정의 보육과 교직학점을 취득한 자 3. 교육대학원 또는 교육부장관이 지정하는 대학원의 교육과에서 유치원 교육과정을 전공하고 석사학위를 받은 자 4. 유치원 준교사 자격증을 가진 자로서 2년 이상의 교육 경력을 가지고 소정의 재교육을 받은 자
준교사	1. 유치원 준교사 자격검정에 합격한 자
비고 1. 원장 · 원감, 초 · 중등교육법의 규정에 의한 교장 · 교감, 교육장 · 장학관 · 장학사 · 교육연구관 · 교육연구사의 경력연수는 교육경력 연수로 볼 수 있다. 2. 이 표 중 전문대학에는 종전의 초급대학 · 전문학교 및 실업고등전문학교를 포함한다.	

2) 유치원 교사 신규임용

(1) 국공립 유치원 신규임용

국공립 유치원 교사의 신규채용은 현재 한국교육과정평가원에서 출제하는 유치원 교사 임용고사에 의해 이루어지는데, 매년 하반기에 임용고사 공고문과 함께 각 시도별 교육청에서는 채용인원을 발표한다. 1차는 전공 및 교직논술(11월경), 2차는 면접 및 수업실기 방식(1월경)으로 시행되는데 2019년 임용고사부터 수업실기 부분에 더 많은 점수(25점 → 30점)를 부여하는 것으로 변경되었다. 이는 유치원 교사 신규 임용에서 예비교사의 실제 수업 역량이 강조되고 있다는 것을 보여준다. 1차 전형에서 합격을 해야 2차 전형에도 응시할 수 있으며 1차 전형은 전국 단위, 2차 전형은 각 시도 단위로 이루어진다. 1차 전형 기출문제는 한국교육과정평가원 홈페이지(www.kice.re.kr)의 자료마당에 매년 공개되고 있다.

(2) 사립 유치원 신규임용

사립 유치원의 경우 국공립 유치원 신규임용과 달리 기관별 개별 채용 방식으로 이루어진다. 따라서 사립 유치원 임용에 관심이 있는 예비교사는 개별적으로 교사를 모집하고 있는 사립 유치원과 접촉해야 한다. 최근 인터넷의 발달로 유치원 교사 모집과 관련된 홈페이지를 접속하면 많은 정보를 쉽게 찾을 수 있다.

출처: 고가네 포럼 홈페이지(http://www.gogane.com)

대부분의 사립 유치원은 홈페이지에 기관에서 추구하는 교육의 방향과 관련 교육활동을 홍보하고 있기 때문에 홈페이지를 활용한 정보 수집은 도움이 될 수 있다. 또한 지원하고자 하는 사립 유치원 관련 사회적 평판을 미리 알아보고 지인을 통해 유치원 정보를 수집하는 것도 중요하다. 교사로 발을 내딛는 첫 직장이기 때문에 시간과 노력을 아낌없이 쏟아 부어 정보를 수집하고, 과연 내가 오랜 기간 머무를 수 있는 직장이 될 수 있을 것인지 사전 정보를 통해 점검해 보도록 한다.

사립 유치원 신규 임용 지원 시 고려사항

1. 나의 교육적 신념과 유치원의 교육 철학 및 방향이 일치하는가?
2. 내가 추구하고자 하는 교육과 유치원의 교육 프로그램 방식이 유사한가?
3. 교사 전문성을 증진할 수 있는 여건을 갖추고 있는가?
4. 사적인 이익보다는 교육의 공공성을 추구하는 기관인가?
5. 적합한 보수 체계와 복지 여건을 갖추고 있는가?

| 내가 추가로 고려해야 할 사항 |

예 지원하고자 하는 유치원이 내가 20분 이내에 통근할 수 있는 거리에 있는가?

–
–
–

3 이력서 작성

이력서는 취업을 위한 면접 기회를 얻기 위해 회사나 기관 등에 제출하는 문서로 개인의 신상정보와 학력 및 경력을 시간 순서로 요약하여 제시하는 것이다. 이력서란 한자로 履(신발 이) 歷(지날 력) 書(기록 서)는 '신발이 지나 온 기록'이라는 의미로 자신이 살아온 주요한 흔적을 나타낸다. 영어와 프랑스어의 레쥬메(résumé)는 '요약된' 자료라는 의미를 갖고 있다. 단어의 의미에서 이해할 수 있듯이 이력서는 구조화된 형식에 따라 간단한 정보를 제공하는 것이다. 유치원의 채용 담당자가 교직원을 채용할 때 가장 먼저 접하게 되는 문서가 바로 이력서이며, 자기소개서와 함께 검토한 후 면접 진행 여부를 결정하는 근거가 된다. 따라서 이력서는 간단하면서도 본인의 장점을 잘 부각시켜 작성하는 것이 중요하다. 유사한 경력을 가졌다 할지라도 이력서를 어떻게 작성하느냐에 따라서 채용 담당자에게 다른 인상을 줄 수 있으므로 작성 시 주의해야 한다. 유치원의 양식이 있는 경우 다운로드 받아 작성하면 되지만, 특별한 양식이 없는 경우 일반서식을 활용하여 자신이 지원하려는 분야의 직무에 맞추어 작성한다.

1) 이력서 작성의 원칙

이력서는 자신을 다른 사람에게 소개하는 문서이다. 따라서 자신의 능력을 객관적인 사실에 기초하여 기술하도록 한다. 자신의 능력을 지나치게 과장해서도 안 되지만 필요한 부분을 빠뜨려서도 안 된다. 이력서 작성 시에는 채용 관계자가 관심 있거나 중요하게 고려할 내용을 중심으로 기술함으로써 자신이 유아교사로 근무할 수 있는 준비된 인재임을 강조할 수 있어야 한다.

경력교사라면 이력서에 그간의 교육이나 교직 경력을 기록하는 데 큰 문제가 없으나 처음 취업하는 경우라면 어떤 부분을 어떻게 기록할 것인지 막막하다. 신입교사라 할지라도 그동안 유치원 교사가 되기 위한 여러 가지 준비과정을 업무관련성에 따라 기록하도록 한다.

이력서 작성 시 지켜야 할 원칙을 간단히 제시하면 다음과 같다.

첫째, 객관적인 사실을 정확하게 기록한다.

이력서는 채용 담당자가 이후 면접 등을 실시할지 결정하는 중요한 근거가 되는 서류이다. 따라서 무엇보다 사실에 근거해 정확하게 기록하는 것이 중요하다. 부정확한 내용이나 허위로 작성된 기록은 진실성에 문제가 되며 추후 취업 후에도 불이익이 있을 수 있다. 따라서 평소 이력서 준비를 위하여 자신에게 중요한 경력은 관련한 날짜와 내용을 기록해 두고, 본인이 취득한 자격증의 명칭은 물론 자격증을 발급한 기관명, 취득일자 등을 정확하게 확인하여 보관하도록 한다.

둘째, 이력서에 제시된 항목을 빠짐없이 성실하게 기록한다.

아무리 좋은 경력을 가졌다 할지라도 성의없이 작성된 이력서에 대해서는 구직 신청자의 성실성이나 준비성을 낮게 평가할 수밖에 없다. 또한 제출한 기관에 대한 취업의사의 진정성을 의심하게 된다. 객관적인 정보만을 기술하는 이력서에 성의와 정성이 표현될 수 있을까 생각할 수도 있지만 채용 담당자의 관점에서 본다면 분명히 알 수 있다. 가장 기본적인 것은 빈 칸을 두지 않고 빠짐 없이 기록하는 것이다. 다운로드 받은 이력서의 양식을 사용할 때 해당되는 항목에 적절한 내용이 없어 빈칸으로 두어야 한다면 '해당 없음'으로 표기하거나 양식 수정이 가능하다면 칸을 지울 수 있다. 내용에 오탈자가 없는지도 꼼꼼하게 살펴야 한다. 날짜 표기 등의 방식에 있어서는 일관성을 갖춰 작성한다.

셋째, 편집, 출력 상태, 용지나 파일 형식 등을 확인한다.

서류를 직접 제출하는 경우에는 깨끗한 용지를 사용하고 출력 상태를 확인한다. 편집 및 출력 상태에 따라 정성스럽고 깔끔하게 작성된 문서라는 인상을 줄 뿐만 아니라 자연스럽게 문서 작성 기술을 평가할 수 있다. 작성 후에는 표 및 전체 문서의 정렬, 폰트 크기 등을 보기 좋게 정리하도록 한다. 문서에는 지나치게 꾸밈이 있는 글꼴보다 깔끔하게 보이는 일반적인 폰트를 사용하는 것이 좋다. 최근 이메일 등으로 이력서를 제출하는 경우가 많다. 유치원에서 가장 많이 활용하는 한글 프로그램을 이용하거나, MS 워드로 작성 후 PDF 파일로 제출한다.

2) 이력서 구성 항목

이력서 구성의 기본 항목은 인적사항, 학력사항, 경력사항, 자격증 및 보유능력 사항, 기타 활동사항 등으로 구분된다. 항목별로 표기해야 할 기본적인 내용은 다음과 같다.

표 3-1 이력서의 구성 항목별 내용

구성 항목	내용
지원 분야	지원 분야를 오른쪽 상단이나 눈에 잘 띄는 곳에 기재
인적사항	성명(한글, 한자, 영문), 생년월일, 주소, 전화번호, 휴대폰번호, 이메일 주소, 사진 학력사항 학교, 전공, 기간, 학점 등의 내용을 포함하되 최근 순으로 고등학교 졸업까지 기재
경력사항	자신의 지원 분야에 적합한 경력 위주로 작성하되 최근 경력 순으로 작성, 신입교사라면 실습 경력 등을 기록에 포함
자격증 및 능력사항	전공 또는 지원 분야 관련 자격증, 컴퓨터 관련 자격증 혹은 활용능력, 어학관련 인증 등
기타 활동사항	인성 관련 활동, 봉사활동, 과내활동, 동아리활동, 해외연수 경험, 공모전 수상실적, 장학금 수령, 자격증 사항에 포함되지 않는 교육훈련 등 기타 가족사항은 필요시 작성
서명 날인	'위 기재사항은 사실과 다름없음'이라고 쓰고 지원 일자와 성명을 쓴 후 도장이나 서명 날인

각 항목의 내용과 작성 방법, 주의점을 자세히 살펴보면 다음과 같다.

(1) 지원 분야 및 인적사항

- 취업대상기관에서 한 가지 분야 이상의 인력을 채용하는 경우 지원자의 지원 분야를 분명히 알 수 있도록 지원 분야를 반드시 기록한다. 한 가지 분야만 채용이 있다 하더라도 지원 분야를 기록하는 것은 취업 담당자에게 본인이 지원하는 분야에 대해 명확히 인식하고 있음을 알리는 방법이 된다.
- 이력서는 취업을 위한 공식적인 서류이므로 목적에 맞는 사진 선택에 유의한다. 최근 블라인드 채용 등에서 사진을 부착하지 않는 경우도 있으나, 아이들과 학부모를 주로 상대해야 하는 유치원 교사의 경우에는 채용 시에 사진을 통해 지원자의 인상을 판단할 수 있으므로 매우 중요하다.
- 셀프카메라로 촬영한 것이나 지나치게 보정된 사진은 사용하지 않는다. 다른 사람과 함께 찍은 사진을 부분적으로 자르거나 해상도가 떨어지는 사진도 사용하지 않는다. 이력서용으로 별도로 사진 촬영을 하며 복장과 용모를 다듬은 후 미소를 띠고 단정하게 찍는다.
- 이메일로 제출하는 경우에는 규격에 맞추어 사진의 크기를 조정하되 가로세로 비율을 임의로 조정하지 않는다.
- 이름은 한글, 한자, 영문을 모두 적는 것이 좋으며 김대한(金大韓, Kim Dae Han)과 같은 형식으로 기록한다. 한글, 한자, 영문의 칸이 구분되어 있는 경우에는 양식에 따라 작성한다.
- 주민등록번호 대신 생년월일을 기록하는 것이 일반적이지만, 주민등록번호 기재를 요청한 경우 포함시키도록 한다.
- 주소지는 기본적으로 주민등록상의 주소를 기입하되 현주소와 상이할 경우에는 현재 거주하며 직접 연락이 가능한 주소를 기록한다. 주소지는 출퇴근 시간을 가늠하는 기준이 될 수 있으므로 취업 후 인근으로의 이사 계획이 있다면 이러한 사실을 이력서에 기록한다.
- 연락처는 직접 연락을 받을 수 있는 핸드폰 번호와 이메일 주소 등을 기록한다.

(2) 학력사항

- 학력사항은 기간, 학교명, 전공, 학점 등의 내용을 최근의 기록부터 작성하도록 한다. 대학의 경우 졸업(예정)과 입학은 각각의 항목으로 기록한다.
- 연도뿐 아니라 정확한 날짜를 기입해야 하는 경우라면 입학일자와 졸업일자는 관련 증명서에 기재된 날짜와 동일하게 기재한다.
- 학력사항은 고등학교까지만 기록하며, 고등학교의 경우에는 입학년도 없이 졸업에 관한 내용만 기재하는 것이 일반적이다.
- 평균학점의 경우 기준학점과 함께 제시하도록 한다. 그러나, 평균학점이 높지 않고 취업하고자 하는 기관에서 요구하는 것이 아니라면 반드시 기재하지 않아도 된다. 학점과 관련하여 성적우수장학금 등을 수혜한 경우가 있을 때는 학년 학기 장학금명 등을 정확하게 기재한다.

(3) 경력사항

- 경력교사라면 그동안의 근무기관과 경력을 정확하게 작성하는 것이 좋다. 이후의 경력 관리를 위하여 이력서에 기재되는 근무 경력이 1년 미만이거나 자주 이직하는 경우에는 서류심사에서 불리할 수 있음을 기억한다.
- 경력사항은 지원 분야와 관련된 것이나 전공과 관련된 것을 기록한다. 지원 분야와 무관한 아르바이트 등을 기록하는 것은 취업에 도움이 되지 않을 수 있으므로 주의한다.
- 예비 졸업자라면 실습 경력을 기록할 수 있다. 이때 실습 기관, 실습 기간, 실습 형태, 실습시 담당한 유아의 연령을 함께 기재한다.

(4) 자격증 및 능력사항

- 자격증 사항에는 보유 자격증이나 이수한 과정, 보유능력 등을 포함한다.
- 기록 순서는 최근에 취득한 것을 먼저 기록한 후 순서대로 제시하되, 취득일과 자격증 이름, 발행기관을 정확하게 명시한다.

- 유아교육 분야의 경우 대학, 평생교육, 사설기관 등에서 발급하는 다양한 자격증 및 이수과정이 있으므로 관련된 것을 준비하여 기록하는 것이 좋다. 이수과정이라면 이수일자 혹은 이수기간이나 시간 등을 명시하는 것이 신뢰성을 높일 수 있는 방법이다.
- 컴퓨터 활용능력의 경우는 특별한 자격증이 없어도 활용할 수 있는 프로그램이나 활용 수준을 기록하는 것이 유리하다. 최근 교사의 디지털 역량 강화 요구로 이 부분의 중요성이 부각되고 있으므로 자신이 충분히 활용할 수 있는 능력을 중심으로 기록한다.

(5) 기타 활동사항

- 기타 활동사항에는 위의 내용에 포함되지 않는 것 중에서 직무와 관련된 본인의 역량이나 다양한 경험, 특성 등을 객관적으로 나타낼 수 있는 것을 기록한다.
- 날짜나 업무관련성 순서 등으로 기록하거나 관련 기관을 묶어 기록할 수 있다.
- 기타 활동으로 기록할 수 있는 내용은 다음과 같다.
  - 교내 · 외의 수상경력이나 공모전, 장학금 수령 등 능력을 드러낼 수 있는 내용
  - 인성캠프, 교육봉사, 자원봉사 등 인성과 관련된 내용
  - 교내 · 외 동아리나 학술제 등 관련 분야의 단체 활동
  - 해외연수나 교환학생 프로그램 참여 기록
  - 주일학교 등에서의 교사 경험
  - 기타

이력서 양식은 정해진 한 가지 양식이 있지 않으므로 채용 관련 사이트에서 다운로드 받거나 위의 내용에 맞추어 직접 작성할 수 있다. 다음의 작성된 이력서를 채용 담당자의 입장에서 검토해 보고 채용 여부에 영향을 미칠 수 있는 부분이 어떤 것이 있는지 살펴본다. 또한 이력서를 수정한다면 어떤 부분의 수정이 필요할지 토론해 본다.

잘못된 이력서 예시

이 력 서

| 인적사항

지원 분야: 유치원 정교사

사진	성명	박OO (朴OO, Park OOO OOO)			
	생년월일	2000.05.05			
	연락처	000-0000-0000			
	이메일	0000@0000.000			
	주소	경기도 성남시 분당구 OO로 OOO 205호			
	가족사항	관계	성명	연령	직업
		부	이OO	58	회사원
		모	최OO	56	주부
		언니	이OO	31	회사원

| 학력사항

기간	학교명	구분	전공	평균학점
2000.02.23	**OO대학교**	졸업예정	유아교육학과	3.75/4.3
2000.03.02	**OO대학교**	입학	유아교육학과	-
2000.2	**OO고등학교**	졸업	인문계	-
2000.2	**OO중학교**	졸업		

| 경력사항

기간	기관명	내용
2000년	OO유치원	유치원 교육실습
2000-2000년	유아시터	4세 남/여아, 2세 다문화가정 남아
2000-2000년	편의점	아르바이트
2000년	과외	초등학생

| 자격증 및 능력사항

취득일자	자격 관련 내용
2000년	유치원 정교사 2급
2000년	바리스타 자격증
2000년	영어 TOEIC 785점 취득
2000년	운전면허 2종 보통

| 기타 사항

기간	내용
2000.04	한국어린이OO교육원 교육봉사 (40시간)
2000.03~2000.03	여행 동아리
2000.06~2000.08	영국 OOO 칼리지 어학연수

위 내용은 사실과 다름이 없음을 확인합니다.

2000년 1월 25일

지원자 박OO (인)

채용 담당자 입장에서 이력서를 검토한 후 논의 내용을 기록해 본다.

이력서를 보고 다음의 항목에 따라 수정해야 할 사항을 정리해 본다.

항목	개선사항
서체, 글자 크기	
표 크기, 정렬 방식, 행, 칸의 편집 상태	
인적사항	
학력사항	
경력사항	
자격증 및 능력사항	
기타 사항	

다음의 이력서는 올바르게 작성된 이력서의 예시이다. 이를 참고하여 자신의 이력사항을 정리한 후, 〈서식 1〉과 같이 문서 파일을 활용하여 직접 작성해 보도록 한다.

올바른 이력서 예시

이 력 서

지원 분야	담임 교사

사진	성명	김OO (金OO, Kim OO OOOO)		
	연락처	OOO-OOOO-OOOO	생년월일	2000.06.09
	이메일	OOOO@OOO.OOO		
	주소	인천광역시 남구 OO로 OOO번길 (취업 시 인근 이사 예정)		

학력사항	학교명	기간	전공	평균학점
	OO대학교 졸업예정	2000.02.22	유아교육과	4.25/4.50
	OO대학교 입학	2000.03.02	유아교육과	-
	OO고등학교 졸업	2000.02.28	인문계	-

경력사항	기관명	기간	연령	내용
	OO유치원	2000.09 ~ OOOO.11	만5세	사후실습
	OO어린이집	2000.07.03 ~ 2000.07.14	만3세	보육실습
	OO유치원	2000.04.03 ~ 2000.04.28	만5세	교육실습
	OO대학교 부속유치원	2000.09 ~ 2000.11	만4세	관찰실습

자격증 및 능력사항	자격증명	취득일자	발행기관
	유치원 정교사 2급	2000.02	교육부
	보육교사 2급	2000.02	보건복지부
	한국사능력검정시험 3급	2000.08	국사편찬위원회
	아동학대 의무신고자 교육	2000.09	굿네이버스
	안전교육 이수	2000.09	보라매 안전체험관
	심폐소생술 이수	2000.05	적십자
	컴퓨터 활용능력	한글, 파워포인트, MS워드, 포토샵, 엑셀(중상), 줌활용(중상), 영상편집(중상)	

활동 및 기타	기관명	기간	활동내용
	OO대학교	2000.03 ~ 2000.12	성적 우수 장학금
	OO대학교	2000.09.20	교육부평가 수업시연 대상자
	OO대학교	2000.08 ~ 2000.12	반대표
	OO대학교	2000.03 ~ 2000.12	인형극 동아리 'OOOO' 기장
	OO교회	2000.01 ~ 2000.12	교회학교 유치부 교사
	OO선교센터	2000.08, 2000.08	교회 내 유치원 교육 선교
	OO유치원	2000.07.13 ~ 2000.07.22	교육 봉사

가족사항	성명	관계	연령	직업
	김OO	부	52	자영업
	박OO	모	49	주부

위의 사실이 틀림없음을 확인합니다.

2000년 12월 5일

지원자 김 O O (인)

4 자기소개서 작성

이력서가 취업과 관련한 개인의 객관적이고 요약적인 기록이라면 자기소개서는 지원자의 주관적인 서술을 통해 취업 동기와 직무 관련 분야에 대한 열정과 능력, 비전을 나타낼 수 있는 자료이다. 유아교사는 업무 특성상 유아, 부모, 교직원 등 많은 사람과 상호작용이 필요하기 때문에, 채용 시 전공 관련 능력과 더불어 인성과 됨됨이를 중요한 기준으로 생각하고 있다. 자기소개서에 제시된 성장 배경, 성격의 장단점, 학창 시절이나 이전 경험, 지원 동기, 입사 후 포부 등을 통해 인성뿐 아니라 가치관, 성격, 개인적인 특성이 드러난다. 비슷한 출발점을 갖고 있는 예비유아교사라면 자기소개서가 이후 면접 진행 결정 여부에 중요한 영향을 미치는 자료가 된다.

자기소개서를 작성하기에 앞서 반드시 취업하고자 하는 분야에 대해 자신의 진로와 미래 삶에 대해 진지하게 고민하는 과정이 필요하다. 자기소개서는 본인이 그간 쌓아온 능력이나 특성, 포부를 고려하여 왜 이 기관에 취업하고자 하는지에 대한 자신의 의지를 진솔하게 작성하는 것이 좋다. 그렇다고 자기소개서 작성과정에서 본인의 능력이나 경험을 지나치게 극화하거나 자신의 이야기가 아닌 인터넷에 있는 자료를 편집하여 작성하는 것은 진실성이 결여될 뿐만 아니라 면접 과정에서 거짓임이 드러나면 오히려 불리한 요인이 된다. 자기소개서의 분량은 A4 용지를 기준으로 1~2페이지 내외로 작성하는 것이 좋다. 충분한 분량을 작성하지 않으면 성의가 없는 것으로 보이기도 하고, 자신만의 특성을 드러내기도 어렵다. 반면 지나치게 길고 지루한 자기소개서는 채용 담당자의 주의를 산만하게 하고 전달하고자 하는 핵심에 집중하지 못하게 한다.

1) 자기소개서 작성 내용

자기소개서는 나를 소개하는 자료이지만 이 글은 채용 담당자가 읽는 것임을 고려하여 작성하여야 한다. 따라서 채용 담당자가 자기소개서를 통해서 나에 관하여 알고 싶어할 내용은 무엇일지를 생각한 후 작성하는 것이 중요하다. 일반적으로 유아교사에게 요구되는 인재상과 역량을 파악한 후에, 유치원 홈페이지나 카페 등에 소개된 개별 유치원이 진행하는 프로그램 내용이나 특성을 알아본다. 자신이 취업하려고 하는 유치원에 적절한 인재인가를 스스로 생각해 볼 수 있는 기회를 가짐으로써 취업가능성을 높일 뿐만 아니라 취업 후에 필요한 역량을 강화하기 위한 방향을 찾고 직무만족도와 효능감을 높일 수 있다.

이력서에 제시된 내용을 나열식 문장으로 다시 제시하는 형식이 아닌 나를 효과적으로 전달할 수 있는 키워드에 집중하여 스토리텔링을 하는 느낌으로 작성한다. 따라서 내가 취업할 분야와 연관하여 나를 이해하는 과정이 필수적으로 선행되어야 한다.

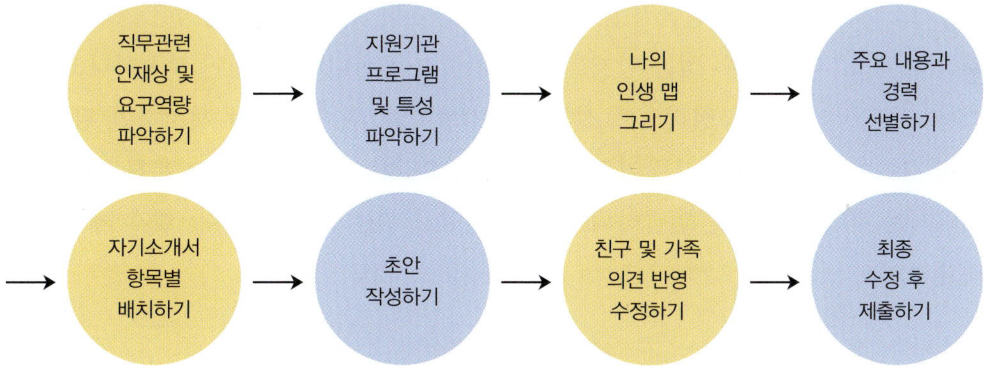

그림 3-1 자기소개서 작성 과정(예시)

자기소개서는 항목별로 구분되어 작성하는 이력서와 달리 문장으로 작성하므로 주제별로 핵심적인 정보를 한눈에 볼 수 있게 작성한다. 신문의 기사를 모두 읽지 않아도 헤드라인을 제시함으로써 내용을 한눈에 파악할 수 있는 것처럼 주제가 변경될 때 헤드라인을 별도로 제시할 수 있다. 두괄식 구성으로 문단의 가장 맨 앞에 핵심문장을 두고 크기나 굵기를 차별화시켜 눈에 띄게 하는 방법도 있다. 자기소개서의 내용이 한눈에 들어오지 않고 취업담당자가 읽으면서 개인의 특성과 역량을 해석해 내야 한다면 잘 작성된 것이라고 보기 어렵다.

자기소개서를 작성한 후에는 반드시 본인이 소리 내어 읽어 보면서 문장이 너무 장황하지 않은지, 애매모호한 표현이나 지나친 수식어구, 반복되는 표현은 없는지 살핀다. 문장은 간결하고 명확하게 구성하는 것이 좋으며 반말과 존댓말 등이 꼭 정해진 바는 없으나 일관되게 작성한다. 앞에 있는 면접자에게 나의 이야기를 들려주는 느낌을 생각한다면 존댓말을 사용하는 것도 방법이다.

교사라는 직무와 관련한 열정과 관심, 관련 지식, 필요한 기술 등의 보유와 관련된 내용이 자기소개서를 통해 잘 드러나도록 한다. 인재상과 직무 적합성, 자신의 특성과 성공 경험 등을 서술할 때는 일반적인 내용을 먼저 언급한 후에 그러한 내용을 기술한 근거와 구체적인 사례, 상세 내용 등을 제시한다. 유치원의 경우 일정한 공간에서 협업이 많이 이루어지므로 자기소개서에서 단체에서 활동한 경험과 공동의 목표 성취와 본인의 역할 등을 언급하는 것도 좋다.

자기소개서에 본인의 장단점을 제시하기도 하지만 여기에서의 단점은 자기 비판이나 콤플렉스, 극복할 수 없는 한계를 드러내는 것이 아니다. 자신이 부족하다고 생각되는 부분을 어떻게 긍정적으로 전환시키며 보완할 수 있느냐를 제시하면 된다. 장단점 항목에서는 제한된 분량이므로 주로 자신의 강점을 중심으로 기록하고, 단점에 대해서는 부족한 부분을 언급하되 이를 개선하기 위한 노력과 변화, 향후 계획을 드러낸다.

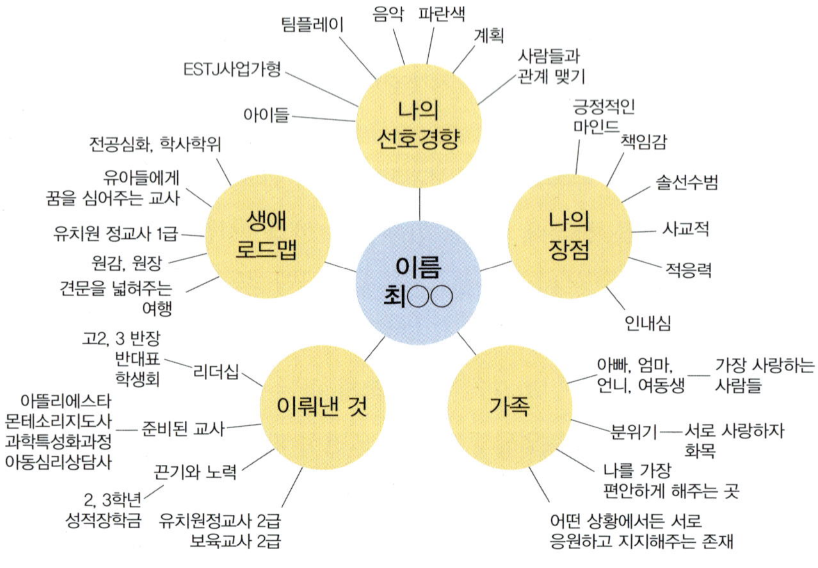

그림 3-2 나의 인생 맵 그리기(예시)

자기소개서 작성 전 자신의 인생 맵 그리기를 통해 구성 항목에 들어갈 키워드와 구체적인 내용을 먼저 선정하도록 한다. 〈그림 3-2〉의 예시를 살펴보고 나의 인생 맵을 그려본다.

2) 자기소개서 구성 항목

자기소개서의 구성 항목은 일반적으로 성장 배경, 성격 및 장단점, 학창 시절과 경력사항, 지원동기, 입사 후 포부 등이 포함된다. 각 항목에서 포함될 수 있는 사항은 다음과 같다.

표 3-2 자기소개서의 구성 항목별 내용

구성	항목내용
성장 배경	• 부모님의 가치관과 신념, 양육태도, 양육환경 등이 자신에게 미친 영향 • 삶에서 가치관과 신념이 드러났던 사례와 느낀 점 • 가족 내에서 자신의 위치와 역할 등
성격 및 장단점	• 지원 분야와 적합한 자신의 성격 특성과 장점, 강점 등 • 성격 특성을 파악할 수 있는 구체적인 사례 • 단점은 장점으로 변환할 수 있거나 구체적인 계획과 노력으로 극복할 수 있는 것
학창 시절과 경력사항	• 전공 혹은 지원 분야와 관련된 학창 시절의 활동과 경력사항 등 • 지원자의 능력과 이루어 낸 성과, 학창 시절을 통해 느낀 점 등 • 에피소드와 경험
지원동기와 포부	• 지원기관의 특성이나 프로그램과 연관된 지원 동기 • 지원기관에 대한 관심과 열정 • 입사 후의 계획이나 각오 등

자기소개서 각 항목의 내용과 작성방법, 주의점을 살펴보면 다음과 같다.

(1) 성장 배경

- 양육된 경험과 자라온 환경은 전 생애에 걸쳐 많은 영향을 미친다. 취업 담당자는 성장 배경에 소개된 내용을 통해 가치관이나 삶에서 중요하게 생각하는 신념을 형성하게 된 과정을 파악할 수 있다.
- 부모님의 가르침이나 가풍, 강조하였던 부분 등을 구체적인 사례와 더불어 소개하고 이 경험을 통해 내가 얻게 된 교훈, 실제 삶에 영향을 미친 부분 등이 자연스럽게 나타나도록 한다.
- 가족사항과 관련하여 모든 가족 구성원을 동일한 비중으로 소개할 필요는 없으며, 나를 중심으로 나에게 영향을 미친 중요한 인물과 키워드를 중심으로 작성한다.
- 성장 배경, 어린 시절의 경험, 가치관 등이 관련 업무와 인간관계에 어떤 영향을 미칠 수 있는지 연관성을 유추할 수 있도록 한다.
- 성장과정에서 있었던 일은 연대기 순으로 나열하기보다는 중요한 일이나 많은 영향을 받았던 내용을 중심으로 기록한다.
- '저는 1996년 8월 3일 사랑이 많으신 부모님 밑에서 1남 2녀 중 둘째로 태어났습니다.'와 같은 방식으로 시작하는 것은 지양한다.

(2) 성격 및 장단점

- 자기 자신에 대한 이해도가 높고, 자신의 특성을 잘 파악하는 것은 모든 인재가 갖추어야 할 중요한 능력이다. 성격 특성이나 장단점을 기술할 때 '나는 ~한 것 같습니다'라는 막연한 추측보다는 객관적인 분석 자료를 바탕으로 나 자신을 심층적으로 재해석하여 기록한다.
- 지원 분야에 적합한 자신의 성격 특징과 장점을 찾고 이를 뒷받침할 수 있는 구체적인 사례를 찾아 소개한다.
- 극복하기 어려운 단점이나 지원 분야에 적합하지 않은 성격 특성이나 능력의 한계를 적는 것은 자신에게 불리하다.

- 단점이라 할지라도 지원 분야와 관련성이 낮거나 장점으로 전환할 수 있는 것을 적되 용어 선택에서 지나치게 부정적이고 단정적인 어휘를 사용하지 않도록 주의한다. 단점을 기록할 때는 반드시 본인이 이를 극복하기 위해 노력하고 있음을 구체적으로 기술하고 실제적으로 변화되고 있음을 알릴 수 있어야 한다.
- 다양한 심리검사와 성격유형검사, 강점검사, 진로적성검사 등의 객관적인 결과를 간단히 포함하는 것도 효과적이다. 이때 검사 결과를 그대로 기록하기보다는 유아교사로서 본인이 하게 될 업무의 특성상 자신의 심리검사 결과가 어떻게 강점으로 발휘하게 될지를 해석하여 기록하는 것이 좋다.

(3) 학창 시절 및 경력사항

- 학창 시절 경험 및 경력사항은 지원 분야 업무와 관련하여 본인의 능력을 잘 드러낼 수 있는 부분이다.
- 학창 시절 중에 좋은 성과를 냈던 경험을 소개하고 구체적으로 어떤 능력을 키우는 데 도움이 되었는지 기록한다. 관심 분야에서 노력한 점, 노력으로 인한 성과, 배운 점과 느낀 점 등을 포함한다.
- 경력사항 중 실습기관에서 현장 경험을 통해 성장하게 된 부분이나, 아이들에 대한 이해, 교육 현장에 대한 열정, 교직에 대한 적합성 등을 기록한다.
- 실습 후 업무에 필요하다고 인식하여 자신의 능력을 향상시키기 위해 노력하는 부분이 있다면 이를 언급함으로써 스스로 꾸준히 자기계발을 하는 준비된 교사라는 이미지를 줄 수 있다.
- 유아교육 분야의 업무는 협업과 리더십을 필요로 한다. 대학교 학창 시절에 그룹 내 협업을 통해 공동의 성과를 이루어 냈거나 리더십을 발휘했던 경험이 있다면 소개한다. 그룹 전체의 성과만 소개할 것이 아니라 본인이 기여한 부분을 구체적으로 제시한다.

(4) 지원 동기와 포부

- 면접에서 가장 많이 물어보는 질문 중의 하나가 '왜 우리 기관에 지원했나요'라는 지원 동기 부분이다. 다른 곳이 아닌 우리 기관을 선택하여 꼭 취업하고 싶은 이유를 물을 때 이에 대한 충분한 사전 고민이 없다면 '가까워서요, 공고가 나와서요, 괜찮을 것 같아서요'와 같이 상투적이고 성의 없는 답변에 그치기 쉽다.
- 지원기관에 대한 정보가 부족하여 지원하는 기관의 특성과 전혀 관련 없는 답변을 한다면 오히려 준비가 되어 있지 않다는 인상을 준다.
- '뽑아만 준다면 무조건 최선을 다 하겠습니다'와 같은 표현은 진정성이 없고 신뢰감을 얻기 어렵다.
- 평소 자신의 관심사와 경험을 지원 동기와 연계하여 작성할 수 있다.
- 초임교사 입장에서 보면 예측할 수 없는 여러 가지 변수가 있으므로 취업 후 미래에 대해 계획을 세우는 것이 가능할까 하는 생각이 들 수도 있다. 나중에 변경되는 부분이 있다 할지라도 자신의 미래에 대해 구체적이고 단계적인 계획을 수립하고 있다는 것은 중요하다. 자신의 분야에 대해 그만큼 진지하게 많은 고민을 하고 있다는 것을 의미하기 때문이다.
- 유치원 교사로서 미래에 대해 어떤 비전을 갖고 어떤 교사로 성장하고 싶은지, 그리고 이러한 목적을 달성하기 위하여 본인은 어떤 노력을 하고자 하는지 포부를 담을 수 있다.

다음의 자기소개서를 참고하여 〈서식 2〉와 같이 문서 파일을 활용하여 직접 작성해 보도록 한다.

자기소개서(예시)

자기소개서

성장 배경

"성실과 나눔의 자세를 갖추고 살아가라"

학창 시절과 직장 생활을 통틀어 단 한 번의 지각도 해본 적이 없으신 **아버지**, 자신의 능력을 나누며 행복을 느끼시는 **어머니** 밑에서 **성실**, **나눔**을 항상 곁에서 보고 자랐습니다. 어떤 일을 하든지 성실함이 가장 기본이라 하신 아버지 말씀대로 저 또한 매사에 성실하기 위해 항상 부지런히 노력했습니다. 이러한 제 노력은 2시간 30분이 걸리는 먼 통학 거리에도 불구하고, 항상 30분 일찍 학교에 와서 수업을 준비하게 하였고, 이를 통해 3년간 반대표의 역할도 충실히 해낼 수 있도록 했습니다. 어머니는 매주 목요일마다 노인 분들께 무료로 미용 봉사를 하시며 자신의 능력을 나누셨고, 나눔의 과정 속에서 늘 행복하다는 말씀을 하셨습니다. 어릴 때부터 이렇게 성실과 나눔은 항상 제 주변에 가까이 있었습니다.

성인이 된 저에게 어머니께서는 제가 가진 교사로서의 능력을 필요한 사람들에게 나누며 살아가라 하셨고, 이에 필리핀으로 교육봉사를 떠났습니다. 저는 그곳에서 소외된 아이들을 보면서 다시 한번 교육이 삶을 어떻게 변화시킬 수 있는지 알게 되었고, 유아교사로서의 소명의식을 다지게 되었습니다.

성격 및 장단점

"꼼꼼함과 세심함을 강점으로"

MBTI 검사 결과에 따르면 저는 **ESFJ** 유형으로 **누구보다도 친절한 협력자**입니다. 새로운 사람들을 만나는 것을 즐기며, 사람들과 함께 문제를 해결하는 것을 좋아하고, 그룹 내에서 솔선수범하는 리더십을 발휘하는 것을 통해 많은 에너지를 얻습니다. 대학 생활을 하며 그룹 내의 사소한 갈등이 발생했을 때, 양쪽의 입장을 모두 들어보며 최선의 해결책을 함께 찾아가기도 했습니다.

어떤 일을 수행할 때 **미리 계획하고 꼼꼼하게 설계**한다는 장점이 있으나, 양면적으로 이는 또 제 단점이 되기도 합니다. 미리 순차적인 계획을 세워 차근차근 일을 해결해 나가지만, 기존의 계획이 흐트러졌을 때 당황하기도 했습니다. 유아교육과에서 만난 유치원 현장은 기존의 계획대로만 움직이는 공간이 아닌, 미리 예측하지 못한 일들이 많은 곳이었습니다. 그래서 저는 먼저 계획을 세워본 후 여러 가지 예측하지 못한 상황에 대해 생각해 보거나 **가능성 있는 다양한 대안을 미리 염두에 두고자 노력**하고 있습니다. 이런 노력으로 실습기관에서도 돌발 상황이 발생했을 때 당황하지 않고 심리적으로 유연하게 대처하며 융통성을 발휘할 수 있게 되었습니다. 꼼꼼함과 세심함을 단점이 아닌 저만의 강점으로 만들기 위하여 앞으로도 끊임없이 노력할 것입니다.

활동 및 경험

"후회 없이 노력하자!"

"매사에 최선을 다하자!"라는 좌우명으로 3년간의 대학 생활을 후회 없이 보낼 수 있도록 노력했습니다. **유아교육과 인형극 동아리 'OOOOO'의 기장**으로 활동하며 동화를 효과적으로 인형극으로 표현할 수 있는 방법을 연구했습니다. 회원들과 함께 인형극을 계획하고 소품을 만들어 보며 유치원 현장에서 적용할 수 있는 동극 아이디어도 많이 떠올릴 수 있었습니다. 'OOO' 출판사와의 연계 프로젝트을 통하여 실제 교육 현장에서 활용할 수 있는 동화책 사후활동을 계획해 보기도 했습니다.
2017년 수업시연 대상자로 **교육부 대학 평가에 참여**하여 유아들의 흥미와 수준에 맞는 수업을 계획하고 실행하였습니다. 준비하는 과정에서 직접 유치원 현장에 계신 선생님들과 교수님들께 피드백을 받으며, 효과적인 수업과 교구 제작에 관하여 연구하는 기회를 통해 성장할 수 있는 시간이었습니다. 유아교육 이론과 실습은 교사가 되기 위해 가장 기본적이지만 중요한 준비라고 생각하여 수업에 집중하고 과제에 최선을 다해 **3년 동안 장학생**으로 선정되었습니다.

"다양한 프로그램을 접해보자!"

유아교육 현장의 다양한 프로그램들을 보면서 유아들에게 어떤 방법이 가장 효과적일지, 나에게 가장 잘 맞는 프로그램은 무엇일지를 고민하며 누리과정, 프로젝트, 레지오 에밀리아 접근법을 적용하고 있는 유치원을 골고루 선정하여 현장을 경험했습니다. 각 프로그램의 장단점, 현장에서의 적용 방법, 프로그램에 따른 교사의 상호작용 방법 등에 중점을 두고 현장을 관찰하였습니다. 여러 관찰의 결과를 토대로 저는 유아의 보편적인 발달을 고려한 누리과정에 기초하되, 유아의 흥미를 고려하여 주제를 선정하는 **'프로젝트 접근법'이 효과적**이라는 생각을 하게 되었습니다. 기회가 된다면 현장에서 유아들과 프로젝트를 진행하며 유아와 교사 모두에게 의미 있는 경험을 만들고 싶습니다.

입사 후 포부

"기억에 남는 교사"

주황반 만 5세 황OO 선생님. 18년 전 유치원 선생님을 통해 진정한 사랑을 경험하였고, 선생님께 받은 사랑을 앞으로 제가 만나는 유아들에게 그대로 전해주고 싶습니다. 선생님은 졸업 후에도 초등학교 체육대회에서 직접 아이들의 얼굴을 보고 응원과 격려의 말을 나누셨고, 입시 하루 전에는 직접 전화를 하여 수능을 응원해 주시기도 하였습니다. 오랜 세월이 지났지만 선생님과 함께 했던 즐거운 추억과 무한한 사랑, 계속된 진심어린 애정은 성인이 된 지금의 제게도 큰 영향을 미치게 되었습니다. 저는 아이들이 나중에 제 이름과 모습은 기억하지 못하더라도, 제가 주었던 사랑과 애정을 통하여 따뜻한 기억으로 남는 교사가 되고 싶습니다. 제가 만나게 될 모든 유아들을 진심어린 마음으로 대하며, 그들에게 최선을 다하는 교사가 되도록 노력하겠습니다.

chapter 4

유아교사 취업하기

유아교사 취업하기

본 장에서는 유아교사의 취업 준비에 필요한 내용으로 취업 희망기관을 선택할 때 취업 정보를 검색하고 취업 희망기관의 정보를 탐색하는 방법과 기관 선택 시 고려해야 할 점을 알아본다. 취업을 위하여 포트폴리오를 구성하고 제작하는 방법을 소개하고 실제 나의 취업 포트폴리오를 준비해 본다. 취업기관의 면접을 위한 준비과정에서 필요한 사항을 이해하고, 면접 실제 과정에 따라 모의 면접을 실시해 본다.

최근 청년 실업률이 심각한 사회 문제로 대두되면서 대학 졸업예정자들은 취업과 관련하여 많은 스트레스를 받고 있다. 유아교육은 다른 분야에 비해 비교적 높은 취업률로 상대적으로 취업 스트레스가 낮은 것으로 나타나지만, 유아교사의 높은 이직률은 유아교육 분야 직무 수행과 취업에서 다른 종류의 어려움이 있음을 나타낸다(손수민, 2016). 교사가 되고자 하는 사람은 일반 직업인과는 다른 사명감을 가져야 하며, 그중에서도 유아교사를 지원하는 사람이라면 유아를 사랑하고 자신의 직업에 만족할 수 있어야 한다. 자신의 흥미와 적성에 맞는 진로를 결정하고 취업 희망 기관을 선택하여 취업을 준비하는 동안 향후 유아교사로서 자신의 삶을 영위하고 자아를 실현할 수 있는 최선의 선택을 할 수 있도록 노력하는 것이 중요하다.

1 취업 희망 기관 선택

1) 취업 정보 검색

유치원의 교사 선발 과정은 기존 교사 변동사항 파악, 지원자 모집, 서류심사, 면접, 최종 결정의 순서로 진행되며 기관의 특성에 따라 특정 단계가 생략되거나 부가되기도 한다. 지원자 모집에 있어 공립유치원의 경우 임용고시를 통한 공개경쟁 방법을 취하고 있으나, 사립유치원은 대학이나 관련자의 추천을 통하거나 해당기관에서 실습을 했던 실습생을 채용하는 경우가 많다. 사립유치원은 교원 임용 권한이 교육기관의 최고 책임자에게 위임되어 있으므로 객관적인 기준이나 절차가 제시되지 않은 경우도 있다. 이런 상황은 취업 희망자의 입장에서는 분명히 어려운 요인이다.

예비교사라면 누구나 첫 직장으로 좋은 기관에 취업하고 싶은 욕구가 높을 것이다. 첫 직장은 향후 자신의 직업에 대한 만족도나 직업 계속 여부에 미치는 영향이 크기 때문이다. 그러나 예비교사들의 이러한 요구와는 다르게 현실에서는 좋은 기관을 찾을 수 있는 정보가 부족하다. 예비유아교사가 지원자 모집 정보를 얻기 위해 가장 많이 의존하고 있는 학과 게시판의 경우는 동문이 운영하는 기관이나 학교 인근 지역의 채용 정보에 제한되기 쉽고, 그 이외의 기관이나 지역의 구인 정보를 알기 어렵다(박지선, 이대균, 2011). 따라서, 취업 정보 검색을 위해 학과 게시판뿐만 아니라 인터넷의 취업 정보 사이트나 유치원 교사 구인구직 사이트 등을 폭넓게 활용해야 한다. 유치원 교사의 채용은 대개 12월에서 2월 중에 이루어진다. 그러나 교사 채용 확정시기는 고정되어 있기보다 기관의 상황이나 면접자의 상황에 따라 유동적이다. 본인이 실습했던 기관에 취업할 의사가 있다면 분명히 표현하는 것이 좋다. 취업의사 결정 표현 유무에 따라 다른 사람을 채용하게 되는 경우도 있으므로 특정 기관에 채용되기를 희망한다면 취업의사 결정과 표현을 미루지 않는 것이 좋다.

2) 취업 희망 기관 정보 탐색

취업 희망 여부를 결정하기 위해서는 가능한 해당 유치원에 관한 많은 정보가 필

사진 4-1 유치원 알리미 홈페이지(http://e-childschoolinfo.moe.go.kr) 화면

요하지만 현실적으로 정보에 접근하는 방법은 제한적이다. 다양한 사람들로부터 들을 수 있는 평판도 때로는 부정확하거나 한쪽으로 치우친 경우가 있어 외부 정보가 오히려 기관에 대한 편견을 갖게 하는 경우도 있다. 유치원 알리미(e-childschoolinfo.moe.go.kr) 정보공시를 통해 각 유치원의 설립 유형, 전화번호, 주소, 홈페이지, 운영시간, 학급 및 유아 수, 교사 현황(교사 대 유아 비율, 교사 자격, 현 기관 근속 연수), 교실 및 기타 면적, 연간교육과정, 방과후 운영 현황, 통학차량 운영 여부, 평가연월 및 결과 등의 내용을 알 수 있으므로 참고한다. 공시정보 항목과 범위는 〈부록 1〉과 같다.

3) 기관 선택 시 고려사항

문제 사례

취업을 앞두고 예비유아교사들은 어떤 기관에 취업하는 것이 좋을지 많이 고민한다. 다음은 취업 기관을 선택하면서 겪는 예비교사의 고민을 인터뷰한 내용이다. 다음 내용을 읽고 내가 취업기관을 선택할 때 나에게 가장 고민이 되는 부분은 어느 부분인지 생각해 보고 토의해 본다.

A: 좋은 유아교육기관에 취업하고 싶어요. 첫 직장이 굉장히 중요하다고 하던데. 어느 기관이 가장 좋은 곳인지 고르기 힘들어요.

B: 유치원에 취업해서 일도 열심히 하고 싶지만 취업 후에도 개인 생활이 어느 정도 보장되었으면 좋겠어요.

C: 열심히 일하는 것만큼 급여나 처우가 좋은 곳이었으면 좋겠어요. 거리가 멀면 너무 피곤할 것 같은데 가까운 곳 중에서 찾을 수 있을지 모르겠어요.

D: 분위기가 좋은 곳에 가고 싶어요. 처음이라 모르는 것도 많고 실수도 많이 할텐데. 너무 삭막한 분위기이면 더 힘들 것 같아요.

E: 조건 따지고 너무 이것저것 고르다가 나만 취업이 안 되거나 갈 데가 없으면 어떻게 할지 걱정이 되는 것도 사실이에요.

토론 질문

1. 내가 취업하기 원하는 기관 선택에서 중요하게 생각하는 조건을 순서대로 세 가지 생각해 보시오.
2. 취업을 희망하는 지역의 유치원을 검색하여 해당 기관의 정보를 수집해 보시오.

취업을 앞둔 예비교사는 자신이 열심히 일할 수 있는 유치원을 선택하기 원하지만 구체적으로 어떤 조건을 중요하게 고려해야 할지 모르는 경우가 많다. 대부분의 예비교사들은 우수한 교육 프로그램, 최신의 시설설비, 좋은 평판, 화목한 조직문화를 갖고 있는 기관을 선호한다. 더불어 급여 및 처우가 좋고 야근이나 휴일 근무가 적은 곳을 선호한다. 그렇다면 내가 원하는 조건을 모두 충족하는 기관을 찾을 수 있을까? 모든 조건을 충족하는 곳을 찾기 어렵다면 어떤 부분을 더 중요하게 고려하여 기관을 선택하는 것이 좋을까?

신입교사를 채용하는 원장의 입장이라면 어떤 교사를 선발하고 싶을까? 유아교육기관의 입장에서는 바른 인성을 가지고 적극적이고 솔선수범하는 교사, 원만한 대인관계와 의사소통능력, 성실성을 갖춘 교사를 찾는다. 또한 우수한 수업능력과 융통성, 부모님을 응대하는 능력을 갖춘 인재를 선발하고자 한다. 예비교사들이 내 마음에 꼭 맞는 기관을 찾기 어려운 것처럼 유아교육기관의 채용자 입장에서도 모든 능력을 갖춘 교사를 찾는 일이 쉽지 않다.

취업할 기관을 찾는 예비교사와 선발을 결정하는 유아교육기관은 서로에게 가장 중요한 부분이 무엇인지 우선 결정하고 내가 찾는 기관이나 교사가 이 기준에 부합하는지 알아볼 필요가 있다. 예비교사들이 유아교육기관을 선택할 때 고려할 점에 대하여 살펴보면 다음과 같다.

(1) 유아교육기관의 프로그램

모든 유아교육기관은 국가 수준의 교육과정인 누리과정에 기초하여 단위 기관의 교육과정을 운영한다. 교육과정 실행에 있어서는 누리과정을 기본으로 하여 레지오 에밀리아 프로그램, 프로젝트 접근법, 몬테소리 프로그램 등 다양한 프로그램을 운영하는 경우가 많다. 각각의 프로그램은 독특한 특성을 가지고 있으며 프로그램을 수행하기 위해 근무기간 동안 별도의 연수가 필요한 경우도 있다. 또한 프로그램을 계획하고 진행하며, 결과를 보고하고 평가하기 위해 교사의 노력이 필요하기도 하다. 따라서 자신의 교육적 가치와 이상에 적절히 부합되는 교육과정의 특성은 어떠한지 생각하여 취업할 기관을 선택하도록 한다.

(2) 보수 및 처우

취업 시 보수와 처우는 취업 희망 여부를 결정짓는 중요한 요인 중 하나이다. 그러나 전통적으로 우리 사회는 교직은 보수를 보고 선택하지 않는다는 의식이 있어 초임 교사가 직접적으로 보수에 대해 질문하는 것이 쉽지 않다. 사전에 보수나 처우가 공지되지 않은 경우 추천을 받고 면접을 보는 예비유아교사 입장에서는 정확한 질문을 하기 어려운 부분이다. 따라서 대학이나 기관에서 취업 의뢰가 들어올 때 대략의 보수와 처우를 알아본 후 학생들에게 공지하는 것이 바람직하다. 적절한 보수나 처우가 직장 내 만족도를 높일 수 있는 중요한 요건임을 고려하여 정확한 정보를 주고받는 문화가 정착될 필요가 있다. 공립유치원의 경우 교원으로 임용되면 공무원 보수규정에 의거하여 학력 및 경력에 따라 호봉을 획정하여 그에 상응하는 보수를 받는다. 사립유치원의 경우는 사립학교법에 따라 국공립학교의 교원에 관한 규정을 준용하도록 하고 있으나 지역별로 연합회에서 하한선을 정하고 기관에 따라 여러 가지 수당 등이 추가되는 것이 일반적이다.

(3) 통근 거리 및 시간

유아들과 함께 생활하는 교사는 수업 및 일과를 잘 준비하고 운영하기 위해 출근시간을 엄수해야 한다. 적절한 출퇴근 거리와 소요시간, 편리한 교통편 등은 취업 기간 동안 근태관리에 영향을 미치는 중요한 요인이므로 신중하게 고려해야 한다. 교사의 생활권과 원아들의 거주 지역이 동일할 때 퇴근 후 교사의 사생활 보호에 오히려 불편한 일이 발생할 수도 있으므로 유의하도록 한다.

유아교육 관련학과 졸업생이 취업할 수 있는 기관을 아래에 제시하였다. 이러한 기관에 취업하기 위해서는 때로는 학부 졸업 이후에 석사나 박사학위를 취득하거나 관련 학문 분야의 추가 역량이 필요하기도 하다.

유아교육과 졸업 후 진로

유아교육과를 졸업 후에 장기적으로 보면 아래와 같이 교사외의 다양한 분야로 진출할 수 있다. 어떤 분야로 진출하더라도 유치원이나 어린이집 등 유아교육 현장에서의 교사로서의 경험은 매우 중요하다. 아래 항목 중 일부는 각 직종이 요구하는 특별한 자격요건을 갖추는 것이 필요하다.

유아교육기관 교직원

- 유치원, 어린이집의 교사, 원장, 원감

기업 및 산업체

- 유아방송 작가
- 유아 그림책 작가
- 아동관련 출판사 기획 및 편집자
- 유아교육 관련 교재 및 교구 제작 업체
- 유아용 프로그램/앱 개발자
- 부모교육 및 교사교육 강사
- 유아교육기관 컨설턴트
- 유아교육관련 연구소 연구원
- 유아교육관련 크리에이터
- 방과후 교사
- 학원 및 교습소 강사

정부 및 공공기관

- 육아종합지원센터
- 한국보육진흥원
- 교육청, 교육부
- 유아교육 및 아동복지 관련 정부 및 공공기관 종사자
- 아동복지시설 종사자

학계

- 강사, 겸임교수, 산학협력교수
- 교수

2 취업 포트폴리오

포트폴리오(Portfolio)는 자신의 실력을 보여줄 수 있는 작품이나 관련 내용 등을 집약한 자료 수집철 또는 작품집을 의미한다. 취업 포트폴리오는 취업에 대비하여 필요한 자신의 이력이나 경력 또는 실적을 나타낼 수 있도록 자신이 과거에 만든 작품이나 관련 내용 등을 모아 놓은 자료철 또는 자료 묶음이다(두산백과사전). 최근 면접에서 이력서나 자기소개서와 함께 포트폴리오의 활용이 점차 확대되고 있다. 과거에 지나온 경험과 생활을 통해 앞으로의 미래를 기대해 볼 수 있다는 가정하에 포트폴리오를 통해 미래 유아교사로서 자신의 준비된 모습을 잘 드러낼 수 있다. 포트폴리오는 이력서나 자기소개서에서 구체적으로 설명하기 어려운 세부적인 부분까지 담을 수 있는 장점이 있다. 포트폴리오를 구성하는 정해진 형식은 없으므로 독창성을 가지고 자신의 능력이 잘 드러나도록 준비한다.

취업 포트폴리오는 취업하고자 하는 직장의 직무 특성, 선발하고자 하는 인재상을 고려하여 구성한다. 유치원에서 좋은 교사를 선별할 때는 일반적으로 인성적 자질, 직전 교육에서 이룬 성취, 전문적인 자질 등을 중요하게 고려한다. 인성적 자질로는 신체적 건강, 긍정적이고 적극적인 자세, 연구하는 자세, 논리적으로 자신을 표현할 수 있는 능력, 유머 감각, 사명감 등이 있으며, 전문적 자질로는 효과적인 의사소통 능력, 장단기 계획 수립 능력, 학습내용 이해능력, 평가능력, 다양한 교수매체 활용 능력 등이 포함된다(박은혜 외, 2003). 최근 유아교사에게 요구되는 디지털 역량과 관련해서는 정보 및 데이터 리터러시, 디지털 환경에서의 소통과 협업 능력, 디지털 콘텐츠 창작 능력, 디지털 안전 및 보호능력, 디지털 관련 문제해결 능력 등이 요구된다(교육부, 2021). 이상의 내용들은 면접이나 수업 시연 시에 자연스럽게 드러나기도 하지만 포트폴리오를 통해 나타낼 수 있다.

1) 취업 포트폴리오 구성

취업 포트폴리오에는 크게 자기소개, 전공 관련 준비와 학창 시절의 다양한 활동, 실습관련 사항, 향후 교직생활에 대한 계획 등의 내용을 포함할 수 있으며 구체적인 항목 예시는 다음과 같다.

- 이력서, 자기소개서
- 성격, 장단점
- 교사상
- 전공 수업 활동 결과물(계획안, 교구 사진, 모의수업 사진, 수업을 통해 성장한 점)
- 각종 전시회 및 수상경력
- 자격증 및 교육 이수증 사본
- 동아리 활동 자료
- 교외 활동 자료
- 봉사활동, 봉사활동 확인서
- 교육실습 결과물(계획안, 교구 사진, 수업 사진, 환경구성 자료, 저널, 실습확인서, 실습을 통해 성장한 점 등)
- 멀티미디어 및 디지털 활용 결과물
- 성적증명서, 졸업예정증명서
- 향후 계획
- 입사 후 포부
- 기타

2) 취업 포트폴리오 제작

취업 포트폴리오는 특정한 양식은 없으나 다음과 같은 점에 유의하면서 자료를 준비하도록 한다.

- 취업 포트폴리오는 면접 시 참고 자료로 제시한다. 따라서 A4 출력물을 클리어 파일에 삽입하는 경우가 일반적이다.
- 클리어 파일은 내용을 담는 형식이므로 깔끔하고 깨끗한 것으로 선택하고 표지에 제목과 이름 등을 보기 좋게 붙인다.
- 적절한 두께의 종이를 선택하고 번짐이나 색 바램 등이 없도록 출력 상태에 유의한다.
- 내용 작성 시 파워포인트나 한글 등의 프로그램을 활용한다. 사진이나 이미지 등이 많은 경우는 파워포인트를 사용하는 것이 수월하다.

- 파워포인트 파일은 사전에 용지 규격을 A4에 맞추어 작성한다.
- 파일이 아닌 출력물로 제출하는 것이므로 최종 출력 상태가 깔끔하고 보기 좋은 상태의 편집이 되도록 유의한다.
- 전체 배경색을 넣는 것보다는 테두리 등의 선을 활용하는 것이 정리되어 보인다.
- 유치원 교사로서 자신의 강점이 잘 나타나도록 창의적이고 자유롭게 구성한다.
- 목차를 제시하여 한눈에 어떤 내용이 들어 있는지 살필 수 있도록 한다.
- 목차에 따라 인덱스를 붙여두면 필요한 부분을 바로 찾기 쉽다.
- 사진은 해상도가 높고 잘 찍힌 것으로 사용하고 불필요한 부분은 삭제하거나 잘라낸다. 필요하다면 밝기와 선명도를 조절한다.
- 사진, 이미지, 표, 텍스트 상자, 서체, 글자 크기, 문자열 정렬 방식, 행간 등은 일관성을 갖고 정리되어 보이도록 편집한다.
- 이미지는 가로, 세로 비율을 늘리거나 왜곡시키지 않는다.
- 활동결과물을 영상으로 제작한 것이 있다면 QR코드 등을 활용해 유튜브에서 영상 바로 보기로 연결되도록 한다. 이와 같은 방법으로 자료를 제시하면 준비된 교사로서 디지털 활용 능력을 구체적이고 종합적으로 나타낼 수 있다. QR 코드에 제목을 기입하여 포트폴리오 표지에 제시한다면 효과적이다.
- 사실을 입증해 줄 관련 근거 서류가 있다면 제시한다. 서류는 사진을 찍는 것보다 파일을 이미지로 캡쳐하거나 스캔하는 것이 깔끔해 보인다(예: 실습 확인서, 봉사활동 확인서, 자격증 및 수료증 사본 등).

3) 나의 취업 포트폴리오

자신의 취업 포트폴리오를 구성하기 위해서는 이력서와 자기소개서에 있는 내용을 바탕으로 먼저 세부 목차를 작성하고 필요한 파일이나 이미지, 관련 서류 등을 미리 모아둔다. 자료 준비가 다 되면 디자인 서식을 만든 후 관련 내용을 입력한 후 출력하여 결과물을 확인한다. 이때 오탈자나 빠진 항목은 없는지 다시 한 번 살펴본 후 최종 수정하여 출력 후에 포트폴리오 파일을 완성한다.

다음의 취업 포트폴리오 예시를 참고하여 자신의 포트폴리오를 계획해 본다.

취업 포트폴리오(예시)

기억에 남는 교사
OOO 포트폴리오

목 차

Part1. '기억에 남는 교사 OOO'

1) 이력서
2) 자기소개서
3) 나를 소개합니다
4) 유아 교사가 되고 싶은 이유
5) 바람직한 교사상

3) 나를 소개합니다

mbti.

나의 성격 유형은

ESFJ

친선 도모형 | 사교적인 외교관

친절과 현실감을 바탕으로 타인에게 봉사하는 사람들

ESFJ-T
(사교적인 외교관)

리더십
(발표, 갈등 조절)

계획적
(꼼꼼함, 세심함)

<장점>
-계획에 따른 일처리
-실수의 최소화
-일의 효율성

<단점>
-예상치 못한 변수
-보완 : 실습을 통한 경험 → 융통성

4) 유아 교사가 되고 싶은 이유

나에게 '유치원' 하면
가장 먼저 생각나는 것?

7살, 주황반에서 만난
OOO 선생님

초등학교 선생님도 아니고!
어린 아이들이 유치원 선생님을 기억 하겠어?

유치원에서 만난 선생님과의 따뜻한 기억이
한 사람의 인생에 큰 영향을 주었습니다.

아이들이 제 이름과 모습은 기억하지 못하더라도
'그 시절 참 따뜻했고 많은 사랑을 받았다.'
라는 기억을 그들에게 심어주고 싶은
예비 교사 OOO입니다.

5) 바람직한 교사상

Part2. 교사가 되기 위한 노력

1) 유아교육 동아리 '아이토피아' 기장
2) 2017년도 수업시연 대상자
3) 봉사 (ANMC 교육봉사 / 유치부 교사)
4) 다양한 프로그램 경험

1) 유아교육동아리 '아이토피아' 기장

- 동화를 읽고 직접 우비를 사용하여 소품을 만들고 동극 활동을 진행해보았습니다.

2) 2017년도 수업시연 대상자

- 교원양성기관 평가 시 수업시연 대상자로 수업 시연함

한국교육개발원
교원양성기관평가

3) ANMC 교육봉사

- 사단 법인 LOVEWORLD(러브월드)를 통하여 2015, 2016, 2017 하계 방학에 필리핀 교육 봉사를 다녀 왔습니다.
- 태풍으로 인하여 집을 잃은 이주민들이 모여 있는 마을의 ANMC라는 작은 교회에서는 예배 뿐만 아니라, 영유아, 초, 중고등 학생들의 교육이 이루어지고 있었습니다.
- 유아교육 전공자로서, 교육의 필요성과 절실함에 대해 직접 느끼고 체험할 수 있는 값진 시간이 되었습니다.

더 나은 세상을 만들어 갑니다
LOVEWORLD

3) 교회 유치부 교사

- 2015년도, 2016년도, 2017년도 인천에 위치한 남인천 감리교회 유치부에서 교사로 봉사하였습니다. 교육 기관이 아닌, 종교 기관이라는 유치원과의 차이점이 있지만 일주일에 한 번 씩 아이들을 만나고, 이야기를 나눠보는 경험은 유아들과 친해지고, 상호작용 하는 방법을 직접 습득할 수 있도록 도움을 주었습니다.

- 또한, 찬양인도자의 역할을 수행하면서 주의집중 하는 방법을 연습할 수 있었고, 열심히 준비해간 찬양과 율동을 아이들이 즐겁게 따라해줄 때 교사로서 뿌듯함도 느낄 수 있었습니다.

4) 다양한 프로그램 경험

- 다양한 프로그램을 적용하는 기관으로 관찰 및 실습을 나가 학교에서 배운 이론이 실제로 현장에서는 어떻게 적용되고 있는지에 대하여 직접 체험할 수 있었습니다.

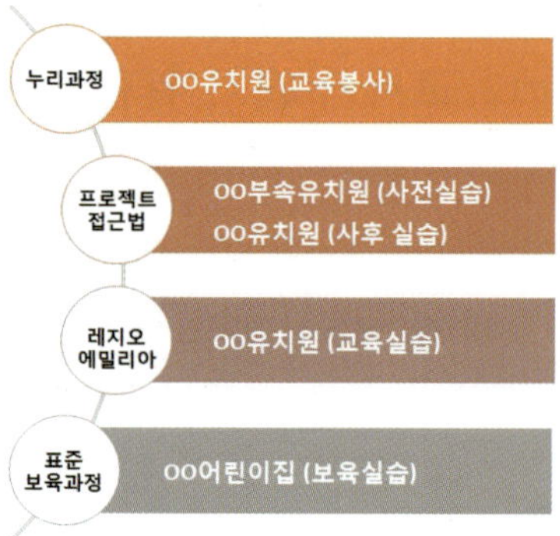

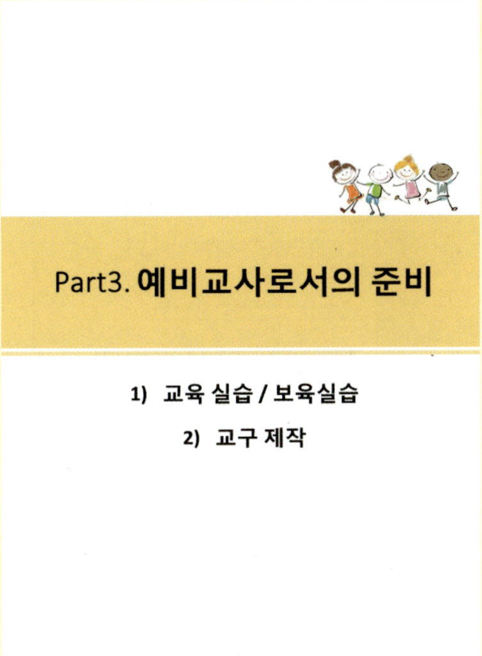

Part3. 예비교사로서의 준비

1) 교육 실습 / 보육실습

2) 교구 제작

연간, 월간 교육활동계획 (만 5세)

월	생활 주제	주제	소주제
3월	유치원과 친구	유치원의 환경	우리 반 이름과 교실 알아보기 유치원 둘러보기 유치원에서 함께 지내는 사람들
		유치원에서의 하루	유치원의 하루일과 알기 놀이계획과 평가하기 바른 태도로 급간식 먹기 우리 반에서 필요한 약속 알아보기
		유치원에서 만난 친구	나와 친구 소개하기 친구의 의미 알기 친구와의 약속 알고 지키기 내 마음, 친구 마음 알기
4월		함께 만드는 유치원 1	우리 유치원의 상징 알아보기 우리가 만들고 싶은 유치원 계획하기
		함께 만드는 유치원 2	. 우리 유치원의 상징 알아보기 . 우리가 만들고 싶은 유치원 계획하기
	봄과 동식물	봄의 풍경	. 봄의 변화 알아보기 . 우리 주위의 달라진 점 알아보기
		봄 식물과 우리 생활	. 봄에 피는 꽃과 새싹에 관심가지기 . 씨앗 심고 가꾸어 보기 . 식물과 함께 지내는 방법 알아보기
		봄 날씨 알기	. 봄 날씨의 변화 느끼기 . 봄비
5월		동물과 우리 생활	봄에 볼 수 있는 동물에 대해 알아보기 동물과 함께 하는 즐거움 느끼기 동물이 주는 이로움 알아보기 동물과 함께 지내는 방법 알아보기
		자연과 더불어 사는 우리	동식물의 서식지에 관심 가지기 사라져 가는 동식물에 관심 가지기 자연과 더불어 살아가기

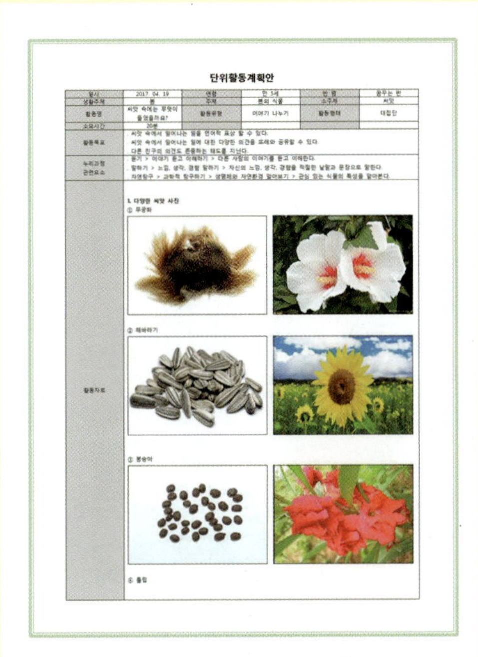

단위활동계획안

1. 다양한 씨앗 사진

① 무궁화

② 해바라기

③ 봉숭아

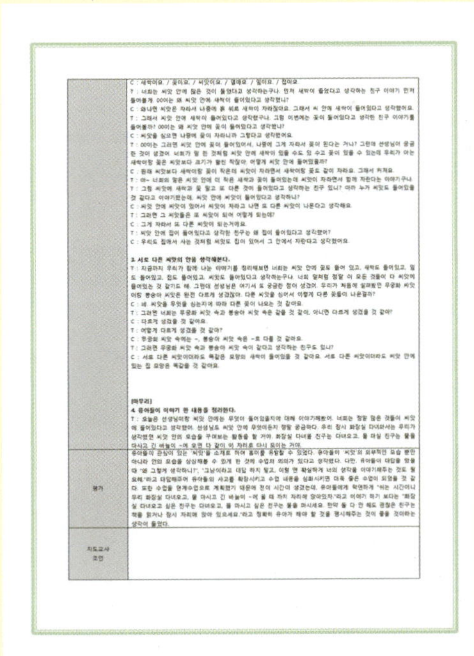

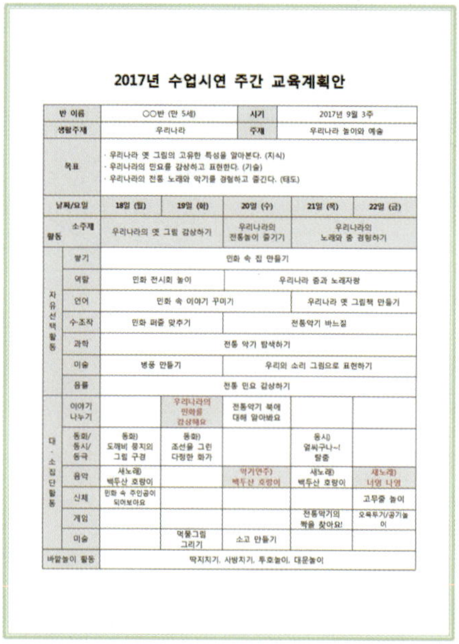

2017년 수업시연 주간 교육계획안

반 이름		○○반 (만 5세)		시기	2017년 9월 3주	
생활주제		우리나라		주제	우리나라 놀이와 예술	
목표		· 우리나라 옛 그림의 고유한 특성을 알아본다. (지식) · 우리나라의 민요를 감상하고 표현한다. (기술) · 우리나라의 전통 노래와 악기를 경험하고 즐긴다. (태도)				
날짜/요일		18일 (월)	19일 (화)	20일 (수)	21일 (목)	22일 (금)
활동	소주제	우리나라의 옛 그림 감상하기		우리나라의 전통놀이 즐기기	우리나라의 노래와 춤 경험하기	
자유선택활동	쌓기	민화 속 집 만들기				
	역할	민화 전시회 놀이		우리나라 춤과 노래자랑		
	언어	민화 속 이야기 꾸미기			우리나라 옛 그림책 만들기	
	수·조작	민화 퍼즐 맞추기		전통악기 바느질		
	과학	전통 악기 탐색하기				
	미술	병풍 만들기		우리의 소리 그림으로 표현하기		
	음률	전통 민요 감상하기				
대·소집단활동	이야기 나누기		우리나라의 민화를 감상해요	전통악기 북에 대해 알아봐요		
	동화/동시/동극	동화) 도깨비 뭉치와 그림 구경	동화) 조선을 그린 다정한 화가		동시) 얼씨구나~! 탈춤	
	음악	새노래) 백두산 호랑이		악기연주) 백두산 호랑이	새노래) 백두산 호랑이	새노래) 너영 나영
	신체	민화 속 주인공이 되어보아요				고무줄 놀이
	게임				전통악기의 짝을 찾아요!	오목두기/공기놀이
	미술		먹물그림 그리기	소고 만들기		
바깥놀이 활동		딱지치기, 사방치기, 투호놀이, 대문놀이				

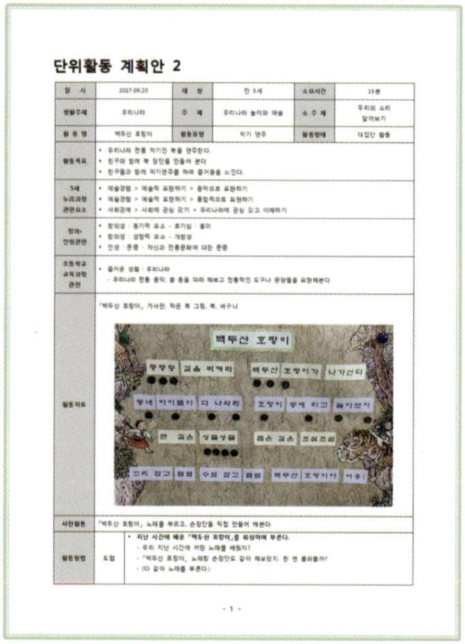

단위활동 계획안 2

일시	2017.09.20	대상	만 5세	소요시간	15분
생활주제	우리나라	주제	우리나라 놀이와 예술	소주제	우리의 소리 알아보기
활동명	백두산 호랑이	활동유형	악기 연주	활동형태	대집단 활동
활동목표	• 우리나라 전통 악기인 북을 연주한다. • 친구와 함께 북 장단을 만들어 본다. • 친구들과 함께 악기연주를 하며 즐거움을 느낀다.				
5세 누리과정 관련요소	• 예술경험 > 예술적 표현하기 > 음악으로 표현하기 • 예술경험 > 예술적 표현하기 > 통합적으로 표현하기 • 사회관계 > 사회에 관심 갖기 > 우리나라에 관심 갖고 이해하기				
창의·인성관련	• 창의성 : 동기적 요소 - 호기심 · 흥미 • 창의성 : 성향적 요소 - 개방성 • 인성 : 존중 - 자신과 전통문화에 대한 존중				
초등학교 교육과정 관련	• 즐거운 생활 : 우리나라 - 우리나라 전통 음악, 춤 등을 따라 해보고 전통적인 도구나 문양들을 표현해본다.				
활동자료	「백두산 호랑이」 가사판, 작은 북 그림, 북, 바구니				
사전활동	「백두산 호랑이」 노래를 부르고, 손장단을 직접 만들어 해본다.				
활동방법	도입	• 지난 시간에 배운 「백두산 호랑이」를 회상하여 부른다. - 우리 지난 시간에 어떤 노래를 배웠지? - 「백두산 호랑이」 노래랑 손장단도 같이 해보았지. 한 번 불러볼까? - (다 같이 노래를 부른다.)			

- 1 -

2) 교구 제작

2015년 1학년 1학기

<바다 동물들을 잡아요 – 수 교구>

2) 교구 제작

2016년 2학년 2학기

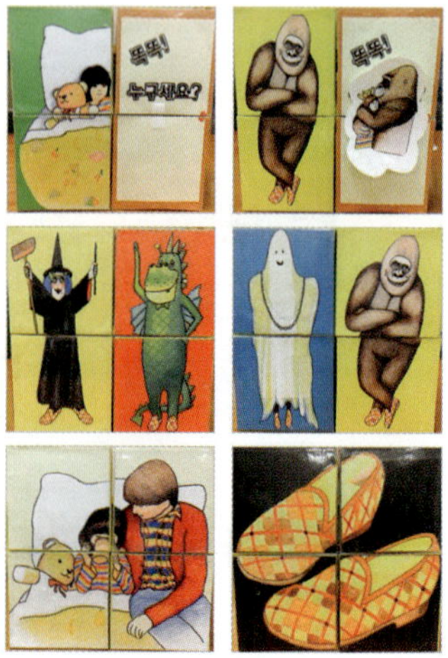

<똑똑 누구세요? - 블럭동화>

2) 교구 제작

▶ 교구 설명 (만 3세 대상)

- 동화를 블록 위에 그려, 교사가 직접 조작하며 이야기를 들려줄 수 있도록 제작하였습니다.

▶ 제작 방법

- 하드보드지를 정사각형 크기로 잘라 총 4개의 블록을 만든다.
- 동화책의 그림을 따서 블록 크기로 편집한다.
- 편집한 그림을 색칠하고 오려서 각 블록에 나눠 붙인다.
- 아세테이지로 마감하여 견고하게 마무리한다.

▶ 수정, 보완 하고 싶은 점

- 블록을 사용하여 동화를 들려주는 것은, 아이들의 주의를 집중시키는 부분에서 일반 동화책을 사용하여 보여주는 것 보다 효과적이다.따라서 블록을 재활용 할 수 있도록 (그림만 바꾸면 다른 동화를 들려줄 수 있도록) 제작하는 것이 좋을 것 같다.

Part4. 입사 후 포부

1) 향후 5년 계획

2) 마음가짐

1) 향후 5년 계획

1년차 교사

- 유치원 입사
- 부담임을 하며 담임 교사를 관찰하고 현장감 익히기
- 전공심화 과정을 공부하며 이론과 실제 연계시키기

2년차 교사

- 만 4세 담임교사
- 초임교사로서 담당하게 된 아이들과 즐거운 1년 보내기

3년차 교사

- 만 3세 담임교사
- 어린 연령의 유와들과 생활하며 교사 스킬 기르기

4년차 교사

- 만 5세 담임교사
- 프로젝트 진행 해보기

5년차 교사

- 유치원 정교사 1급 자격 연수
- 유치원 정교사 1급 되기

2) 마음가짐

기억에 남는 교사 OOO

인생에 있어 누군가에게 애정 어린 관심과 사랑을 받은 따뜻한 기억은, 힘든 시간을 견디게 해주는 힘으로 작용하기도 합니다.

제가 만나는 유아들을 '단지 1년 담임했던 아이들'로 생각하는 것이 아니라, 진심을 다해 오래도록 아이들 마음 뿐만 아니라 제 마음에도 기억할 수 있도록 최선을 다해 사랑하겠습니다.

초임 교사이기 때문에 부족한 부분이 많을 수 있지만 현장에 계신 교사분들을 보고 열심히 배우며 함께 일했던 선생님들께도 기억에 남는 교사가 될 수 있도록 최선을 다하는 모습 보여드리겠습니다!

3 취업 기관 면접

유아교육기관에서는 신입교사 채용을 위해 서류 심사를 통과한 자를 대상으로 면접 심사를 실시한다. 기관의 입장에서 면접은 지원자의 동기와 사람됨, 성격, 용모 등 서류상에 나타나지 않는 정보를 얻을 수 있는 기회가 되며, 지원자도 이력서에 충분히 표현하지 못했던 자신에 대한 추가적인 정보를 제공할 수 있는 기회가 된다. 서류 심사가 선발 초기 과정에서 부적격자를 배제하고 후보자를 추려내는 목적으로 활용된다면 면접은 채용의 결정적 변수로 작용한다. 기관에 따라서는 수업 시연을 요구하는 경우도 있다.

면접자는 원장이나 원감, 주임교사, 이사장 등이 참여할 수 있으며, 면접 시 교사의 전문성뿐 아니라 개인의 자질이나 인성적인 측면을 확인하기 위한 질문을 하는 것이 보편적이다.

1) 면접 준비

유아교사는 어린 연령의 유아들을 대상으로 유아의 전인 발달에 도움을 주는 직업으로 가르치는 일과 돌보는 일을 조화롭게 유지해야 하는 전문직이다. 좋은 교사가 되기 위해서는 전문적인 자질과 개인적인 자질 모두 요구되며, 면접에서 교사의 개인적인 자질이 두드러지게 나타난다. 개인적인 자질로는 열정, 지구력, 위험을 기꺼이 감수하고자 하는 모험심, 실용성, 인내심, 융통성, 창의성, 진정성, 배움에 대한 사랑, 에너지, 유머 감각 등이 있다(박은혜, 2013). 따라서 예비교사는 면접 시에 답변 내용뿐만 아니라 일반적인 태도를 통해서도 이런 특성이 잘 드러나도록 해야 한다. 준비과정에서 특히 태도 부분에 주의를 기울여 필요한 부분을 모니터링하고 교정하는 과정이 필요하다.

(1) 용모, 복장, 태도, 말투

면접 시의 용모, 복장, 태도, 말투 등에서 유의할 사항은 다음과 같다.

- 용모를 단정히 한다. 긴 머리라면 묶어 단정하게 하고 손톱을 깨끗이 정리하고, 화장은 너무 진하지 않게 가볍게 한다.
- 장신구는 최소한으로 하고, 유치원에서 신발을 벗고 들어갔을 때 맨발이 되지 않도록 덧신을 준비한다.
- 가능하다면 면접에서 정장이나 단정한 복장을 하되 너무 몸에 달라붙거나, 노출이 심한 옷은 피한다.
- 면접 시 지나치게 긴장하여 경직되기보다 마음을 차분히 가라앉히고 가벼운 미소를 띤 밝은 표정으로 여유를 갖도록 한다. 면접 시 어느 정도의 긴장은 자연스러운 것이므로 스스로 긴장하는 것에 너무 의식하지 않아도 된다.
- 면접을 시작하면 대체로 간단한 인사를 나눈 뒤 짧게 자기소개를 하게 된다. 자기소개는 면접에서 자신의 첫인상을 결정짓게 될 중요한 질문이므로 미리 1분 정도의 자기소개 내용을 준비한다. 이때 구어체 문장으로 작성하여 준비하되 면접 시에 외워서 말하는 느낌이 들지 않고 자신의 언어로 자연스럽게 말한다.
- 말하는 속도나 목소리의 크기도 중요하다. 너무 빠르면 중요한 정보를 상대방이 놓치기 쉽고, 너무 느리면 집중이 잘되지 않을 수 있으므로 적절한 속도와 크기로 말한다.
- 답변할 때는 면접자를 고루 바라보고 시선의 이동이 자연스럽도록 한다. 다른 곳을 바라보거나 눈동자를 심하게 움직이지 않도록 한다.
- 중요한 질문은 두괄식으로 답하고 뒤에 적절한 근거와 예시를 제시하되 짧고 분명하게 말한다. 아무리 중요한 질문이라도 너무 장황하게 설명하지 않는다.
- 자신도 모르게 긴장하면 머리를 자주 만지거나 '흠흠' 소리를 내거나 다리를 떠는 등의 습관이 있을 수도 있으므로 녹화 후 모니터링으로 불필요하거나 부적절한 습관은 개선한다.

(2) 면접 예상 질문

면접에서는 주로 자기소개, 인성, 지원 동기, 직무나 전공 관련 등의 질문과 시사적인 질문을 하는 경우가 많다. 유치원에서 특화된 프로그램이 있다면 그 부분에 대해서도 반드시 준비한다. 예상 질문에 대해서는 1~2분 내외의 짧은 답변을 미리 준비하고 연습해 본다. 준비하지 못한 갑작스러운 질문에 대해서는 솔직하게 대답한다.

다음의 면접 예상 질문을 참고하도록 한다.

- 간단하게 자기소개를 해 주세요.
- 자신의 장단점에 대해서 이야기해 주세요.
- 왜 우리 유치원에 지원하셨나요?
- 어떤 교사가 되고 싶은가요?
- 5년 후의 계획에 대해서 말해 보세요.
- 조직생활에서 가장 중요한 것은 무엇이라고 생각하세요?
- 실습에서 가장 기억에 남는 일은 무엇인가요?
- 유치원에서 일하다가 동료와 갈등이 생긴다면 어떻게 대처하시겠어요?
- 열심히 준비한 수업에서 유아들이 흥미를 안 보인다면 어떻게 하시겠어요?
- 예민한 부모님이 계속 불만을 제시한다면 어떻게 하시겠어요?
- 너무 무리한 요구를 계속 하는 부모님이 있다면 어떻게 대응하시겠어요?
- 개정 누리과정에 대해서 설명해 보세요.
- 놀이중심 교육과정이 어떤 것이라고 생각하세요?
- 요즘에 이슈가 되고 있는 아동학대에 대해서 어떻게 생각하세요?
- 유아들과의 상호작용에서 가장 중요한 것은 뭐라고 생각하세요?
- (자신이 지원하는 기관의 프로그램과 관련하여) 프로젝트 접근법, 레지오 에밀리아 프로그램, 문학적 접근에 대해 설명해 보세요.

(3) 자기 점검하기

예상 질문에 대한 답변을 작성한 후 여러 번 읽고 내용을 명확히 전달하면서 자연스럽게 수정한다. 중요한 내용이 누락된 부분은 없는지 점검해 본다. 면접자들은 흔히 답변의 내용 자체에만 치우쳐 그외의 다른 부분들을 놓치기 쉽다. 답변을 할 때에는 물론 질문에 대한 답변 내용이 가장 중요하지만 내용 이외에도 말하는 자세나 표정, 목소리 등도 중요하다. 이를 위해서는 자신의 답변을 녹음하여 들어보면서 내용

뿐만 아니라 청각적인 부분에서 점검할 요소가 없는지 확인한다. 면접을 가정하고 셀프 카메라로 녹화한 후에 모니터링을 통해 표정, 인사, 자세, 용모 등도 적절한지 점검한다. 모의 면접을 실시하고 최종 개선해야 할 부분에 대하여 자기 점검을 한다.

| 모의 면접 후 자기 점검하기 |

항목	내용	수정할 부분
표정	– 면접에서 평상시 표정은 어떠한가? – 면접 입실 시 어떤 인상을 주는가? – 면접관과 눈맞춤은 자연스러운가? – 웃는 인상을 가지기 위해 노력하는가?	
인사	– 인사는 세련되고 절도 있게 하는가? – 처음과 마지막 인사를 분명히 하는가?	
자세	– 서 있는 자세는 어떠한가? – 앉은 자세는 어떠한가? – 걸음걸이는 당당한가? – 손동작 및 태도는 어떠한가?	
용모	– 면접 시 옷차림은 적합한가? – 헤어스타일은 적절한가? – 화장은 자연스러운가?	
대화	– 면접관이나 다른 면접자의 이야기를 잘 듣는 편인가? – 습관적으로 나오는 말이나 단어가 있는가? – 말할 때 목소리, 톤, 어조, 음량, 발음은 어떠한가? – 면접 대화 시 상대방의 어디를 보는가? – 경어를 바르게 사용하는가?	

출처: 김인기, 이향정(2011). p. 182.

2) 면접 실제

(1) 초두 효과와 최신 효과

면접이 유치원 교사의 취업 여부를 결정하는 데 있어서 결정적이라면 면접에서 가장 중요하게 고려해야 할 부분은 무엇일까? 교사는 면접에서 서류상으로 나타나기 어려운 자신의 장점을 다양한 방법으로 소개할 수 있다. 의사표현 과정에서 초두 효과와 최신 효과를 살려 좋은 인상을 심어줄 수 있으므로(Kitz & Tusch, 2013) 면접을 볼 때 시작과 끝을 잘 마무리하는 것이 중요하다.

초두 효과(Primacy effect)는 먼저 제시된 정보가 추후에 알게 된 정보보다 더 강력한 영향을 미치는 현상을 이야기한다. 면접에서의 첫인상이 어떠한지에 따라 면접과정이나 결과에 영향을 미치는 것도 같은 맥락이라고 할 수 있다. 면접은 질문에 대한 답변이 시작이 아니라 문을 열고 들어가는 순간부터 시작된다는 것을 잊지 않아야 한다. 최신 효과(Recency effect)는 가장 나중에 혹은 최근에 제시된 정보를 더 잘 기억하는 현상을 이야기한다. 초기 정보가 짧거나 첫인상만으로 판단하기 어려울 때 최신 효과가 발생할 확률이 높다. 면접에서는 첫인상뿐만 아니라 마지막에도 좋은 인상을 심어줄 때 좋은 결과를 얻을 수 있다. 첫인상은 최신 효과보다 초두 효과가 강한 편이지만 두 가지가 서로 맞물릴 때 가장 큰 위력을 발휘한다(Kitz & Tusch, 2013).

첫인상은 상대방의 의사결정에 결정적인 역할을 하기도 한다. 일반적으로 인사 담당자가 지원자의 첫인상을 결정하는 시간은 면접이 시작된 후 2분 이내이며, 첫인상이 부정적이었다면 이러한 인상을 뒤집는 데 200배 이상의 정보량이 필요하다. 첫인상의 결정적인 요인은 스펙보다는 대상자의 면접 태도와 면접에 임하는 자세이며, 실제로 면접 도중 인상이 바뀌는 경우는 그렇게 많지 않다. 면접자의 첫인상은 용모나 자세, 표정 등을 통해 형성되며, 의사표현 이전부터 시작된다.

(2) 비언어적 의사소통

메라비언의 법칙(The Law of Mehrabian)에 의하면 의사소통에서 비언어적인 커뮤니케이션도 매우 중요한 역할을 한다. 의사소통에서 중요한 것은 언어 자체 혹은 이야기의 내용이라고 생각하지만 언어 자체가 전체 대화에 미치는 영향력은 7%에 불과하다. 언어 이외의 요소인 청각적인 부분, 즉 목소리가 38%, 표정, 태도, 몸짓 등의 시각적인 부분이 55%의 영향력을 행사하여 비언어적인 표현이 상당한 영향력을 끼친다(한국일보, 2018). 따라서 답변 내용에 치우쳐 비언어적인 의사소통의 중요성을 놓치지 않도록 한다.

(3) 면접 일정 약속하기

취업을 희망하는 예비교사에 대한 평가는 어떠한 형태로든 기관과 처음 접촉을 하는 순간부터 시작된다. 교사 모집 공고를 보고 이메일이나 우편으로 취업 희망 의사를 나타낼 때 자신이 누구이며 어떠한 목적으로 연락하게 되었는지를 밝히고 형식을 갖추어 말하도록 한다. 면접도 마찬가지로 서류 심사 결과를 듣고 일정을 잡기 위하여 연락을 하는 순간부터 평가가 시작된다고 할 수 있다. 전화로 면접 일정을 잡는 경우 자신의 이름과 목적을 알리도록 한다. 면접일시는 원장이 아닌 다른 사람이 담당하여 조정하는 경우도 있으므로 이 경우에는 어느 분과 통화하면 될지 질문하면 된다.

““안녕하세요? 저는 OO대학교 유아교육과 졸업예정자 OOO입니다. 서류 심사 결과를 알려 주셔서 면접 약속을 잡고자 연락 드렸습니다. 원장선생님과 통화할 수 있을까요? (혹은 어느 분과 약속을 잡으면 될까요?) 감사합니다.”

“안녕하세요? 저는 OO대학교 유아교육과 졸업예정자 OOO입니다. OOO교수님께 말씀을 듣고 면접 일정을 잡고자 연락 드렸습니다. 원장선생님과 통화할 수 있을까요? (혹은 어느 분과 약속을 잡으면 될까요?) 감사합니다.”

상대방의 이야기를 잘 듣고 다시 한 번 확인해야 하거나 세부적인 문의사항이 있다면 정중하게 문의한다. 면접 일시나 필요한 서류 등 중요한 사항을 정리해서 이야기하고 상대방이 수화기를 내려놓은 후에 전화를 끊는다.

“네, 지금 안 계시는군요. 그러면 몇 시 정도에 전화를 드리면 통화할 수 있을까요?”

“네, 선생님. 말씀해 주신 내용을 메모해도 될까요? 잠시 기다려 주시겠어요?”

“네. 그러면 O월 O일 O시, 이력서와 자기소개서, 포트폴리오 지참해서 찾아뵙도록 하겠습니다. 감사합니다.”

(4) 면접 당일 유의사항

사전에 포트폴리오, 면접 예상 질문에 대한 답변 등이 잘 준비가 되었다면 좋은 결과가 있을 것이라는 긍정적인 생각으로 면접에 임하도록 한다. 면접 당일에는 다음과 같은 사항에 유의한다.

- 시간을 지킨다. 면접에서 시간 엄수는 가장 기본적인 내용이라 실수가 없을 것 같지만 실제로 면접 당일 지각하는 경우가 종종 있다. 첫 만남에서 시간 약속은 신뢰와 정확성의 문제이므로 반드시 지킬 수 있도록 인근에 30분 전에 도착하여 준비하고 들어갈 수 있도록 한다. 면접 장소에 너무 일찍 도착하면 원의 다른 일정에 방해가 될 수 있으므로, 5~10분 정도 전에 들어가는 것이 좋다.
- 스마트폰은 꺼 두거나 무음으로 바꾸어 가방에 넣어둔다.
- 원에서 만나게 되는 모든 사람은 면접에 영향을 미치거나 취업 후에는 함께 일하게 될 동료들이다. 밝은 얼굴로 인사한다.
- 면접 대기 장소에서도 나를 평가하는 눈이 있다는 것을 알고 태도에 유의한다.
- 면접의 시작과 끝에 인사를 한다.
- 면접 장소에 앉을 때는 가방을 끌어안지 않고 옆에 두고 손을 가지런히 두도록 한다.
- 궁금한 점이 있을 때는 예의를 갖추어 질문하도록 한다.
- 학교를 통해 소개받는 곳이라면 급여, 근무 조건 등은 사전에 파악하고 가는 것이 좋다.

면접 실제 사례 들여다보기

면접을 준비하는 예비교사라면 앞서 소개한 바와 같이 면접 질문을 예측하여 준비하거나 면접시 태도를 녹화후 모니터링하여 부족한 부분을 개선하려고 노력할 것이다. 그럼에도 면접 장소와 면접 참여방식 등이 익숙하지 않아 실제 면접에서 적잖이 당황하는 일이 발생할 수 있다. 다음 몇 가지 실제 면접 후기를 통해 다양한 면접방식에 대해 생각해 보자.

- 사례1: 일대일 면접

면접 당일이 되었다. 예상 질문에 대한 답변도 충분히 준비했고, 녹화 후 모니터링을 여러 번 해서 말할 때의 보기 좋지 않은 습관도 바로 잡았다. 일부러 연습할 때 시선을 골고루 나누어 바라보는 연습도 충분히 했다. 면접 장소에 들어가니 면접자는 원장님 한 분이셨고, 응접 테이블 하나를 앞에 두고 마주 보고 앉도록 배치되어 있었다. 면접 연습을 할 때 항상 카메라를 1.5m 정도 거리를 두고 녹화했었는데, 거리가 너무 가까워 당황스러웠다. 원장님밖에 안 계시니 눈을 계속 바라보는 것이 실례가 되지 않을지 염려가 되기도 했고, 시선이 계속 마주치니 얼굴이 상기되고 더욱 긴장되어 준비한 답변을 제대로 하지 못했다.

- 사례2: 다대일 면접

면접 장소에 들어가니 이사장님, 원장님, 원감님, 주임 교사 네 분이 앉아계셨다. 8개의 눈동자가 나만 주시하고 있다고 생각하니 들어가면서부터 심장이 두근대었다. 원감님이 물어보는 질문에 답변할 때에도 다른 사람들의 시선이 신경 쓰여 답변에 집중하기 어려웠다. 여러 사람이 질문을 번갈아 하니 관련된 것을 물어보는 것이 아니라 전혀 다른 질문이 던져지기도 해서 짧은 시간에 많은 내용을 답변해야 했다. 평상시 학교에서 발표수업을 많이 해봐서 여러 사람 앞에서 말하는 것이 충분히 준비되어 있다고 생각했는데, 오히려 적은 인원이 나에게 집중하고 있으니 그게 더 힘들었다.

- 사례3: 다대다 면접

나를 포함하여 세 사람이 면접을 동시에 진행하는 다대다 면접에 참여하였다. 들어가기 전에 '어느 자리에 앉을까?' 머릿속으로 여러 생각을 하였다. 먼저 답변하는 것이 다른 사람의 답변과 중복되지 않아 좋을 것 같기도 하였고, 나중에 답변하는 것이 오히려 다른 사람 이야기를 들어보며 나름대로 정리된 답변을 할 수 있어 유리하지 않을까 하는 생각이 들었다. 들어가 보니 의자 뒤에 이름이 적혀 있었다. 답변 순서는 질문이 바뀔 때마다 바꾸어서 하다 보니 어떤 질문은 내가 처음 답변이었고, 어떤 질문을 마지막 답변으로 이야기하게 되었다.

위 사례에 소개된 것처럼 면접 실제에서는 여러 가지 예측하지 못한 어려움이 발생하기도 한다. 위 일대일 면접 사례와 같이 가까운 거리에서 상대방과 시선을 마주 보며 이야기를 나누는 것이 익숙하지 않다면 거리가 가까워지면 나도 모르게 시선을 회피하게 된다. 상대방의 눈동자를 부드럽게 바라보는 것이 좋지만, 그게 어렵다면 양쪽 눈과 코를 세 점으로 그린 삼각형을 만들고 조금씩 움직이며 자연스럽게 말하는 연습을 해보도록 하자. 다대일 면접에서 여러 사람이 나만을 바라보고 있다면 부담되는 것은 자연스러운 것이다. 지나치게 부담감에 집중하지 말고 질문한 사람과 그 내용에 집중하여 답변하는 연습을 평상시 해 둔다면 다대일 면접에서의 부담감을 완화시킬 수 있다. 다대다 면접에서 면접자의 답변 방향은 비슷할 수도 있다. 그렇다고 앞에 사람이 말한 내용을 말만 바꾸어서 하는 것은 면접관에게 좋은 인상을 주기 어렵다. 동의하는 의견이 있다면 동의를 표시하고 그렇게 생각하는 이유나 구체적인 경험사례 등을 추가하여 이야기할 수 있다. 동일한 답변을 하면 안 된다는 생각에 질문 의도와 관련 없는 이야기를 하거나 엉뚱한 답변을 내놓지 않도록 주의해야 한다.

part 2

chapter **5**
원아 관리하기

chapter **6**
관계 형성하기

일상적 일과 코칭

chapter **7**

실내 · 외 교구 및 환경 구성하기

chapter 5

원아 관리하기

원아 관리하기

본 장에서는 유아교사가 원아의 출결, 입학 · 전입 · 전출 · 퇴학과 관련한 사항을 관리하는 방법을 소개한다. 생활기록부를 작성하는 기준과 기록 방법을 살펴보고 원아와 관련한 각종 서류서식을 관리할 수 있는 능력을 기른다. 원아의 건강관리를 위한 여러 가지 준비 사항과 관리 방법을 알아보고, 유아들이 안전하게 생활할 수 있도록 하는 안전교육의 내용과 안전사고 발생 시 대처방법 등과 관련된 역량을 기르도록 한다.

1 출결 관리

유아교사는 유아교육법 시행령 제12조, 제14조, 초 · 중등교육법 시행령 제25조 등에 근거하여 매일 유아의 출결 관리를 해야 한다. 유아의 출결은 학교생활기록 작성 및 관리지침(교육부 훈령 제282호)과 유치원생활기록부 작성 및 관리지침(교육과학기술부 고시 제2013-7호)에 의거하되 각 기관의 고유 양식에 따라 관리한다. 주요 내용은 유아교육기관의 수업일수, 휴업일에 관한 사항, 결석에 관한 사항, 질병 및 기타 사유로 인한 결석 처리 내용, 지각, 조퇴, 결과에 관한 사항을 규정에 따라 처리한다. 출결 상황 관리는 일별로 출결사항을 확인 후 기록하며, 월말에 출결을 마감하고 마감 후에 기관장의 결재를 받도록 한다.

유아교사는 일과 후 출결사항 정리 업무 이외에도 수시로 유아들의 명단을 확인해야 하는 경우가 있다. 유아교육기관에서는 활동이 개별 교실뿐만 아니라 특별활동실, 강당, 놀이터, 실외 등 다른 장소로 이동하여 진행되는 경우가 많으므로, 이동 과정에서 이탈하는 유아는 없는지 수시로 확인할 필요가 있다. 특히 학기 초 유아들을 파악하는 데 익숙하지 않은 경우에는 학급 원아 명렬표를 이용하여 빠진 유아가 없는지 체크한다. 통학버스 이용 시나 방과후 활동, 종일반 등 여러 형태의 활동을 운영할 경우에도 원아 명단을 작성하고 당일의 지각, 조퇴, 결석 유아상황을 반영하여 확인한다.

1) 출석부 작성

출석부 형식은 〈서식 3〉을 참고하되 일반적으로 다음에 제시된 요령으로 작성한다.

① **문자와 숫자**: 모든 문자는 한글을 기본으로 하며, 아라비아 숫자를 쓴다.

② **유아 이름**: 이름은 생활기록부와 동일한 순서로 기록한다. 중도 전입한 유아는 입학한 순서로 기록한다.

③ 요일 및 공휴일

가. 일요일(적), 토요일(청), 기타 요일(흑)

나. 일요일(적), 토요일(청)은 각 색으로 선을 긋는다.

다. 기타 공휴일(적)은 첫 칸부터 공휴일 명칭을 쓰고 해당 색으로 선을 긋는다.

라. 방학 표시(적)는 좌상 우하로 사선을 긋고 명칭을 쓴다.

마. 설날, 추석 등의 연휴기간(적)은 좌상 우하로 사선을 긋고 명칭을 쓴다.

④ 입학 및 전출

가. 중도입학생: 입학 당일에 ㉧(흑)이라고 쓰고 그 전날까지 검정 선을 긋는다.

나. 전출 및 제적은 (퇴)(적)라고 쓰고 그 다음 날부터 빨간 선을 긋는다.

⑤ 전입 · 전출 · 수업일수 등의 기재

가. 전입: (18) 이○○ 3. 15. 안양 ○○유치원과 같이 흑색으로 기재

나. 전출: (16) 박○○ 4. 15. 서울 ○○유치원과 같이 적색으로 기재

다. 가재적사항: (19) 한○○ 7. 10 3개월 이상 무단결석

라. 수업일수: 전입 아동은 전입일로부터 당해 월말까지 출석한 일수를 산정한다. 전출 아동은 전출한 날까지를 수업일수로 산정한다.

⑥ 질병으로 인한 결석

가. 결석한 날부터 5일 이내에 진단서 또는 의사의 의견서를 첨부하여 결석계를 제출한다.

나. 질병으로 인한 2일 이내의 결석은 이를 증명할 수 있는 자료(학부모 의견서, 처방전, 담임교사 확인서 등)가 첨부된 결석계를 5일 이내에 제출한다.

⑦ 결석 표시 및 사유 기재

가. 병결은 "○"로, 사고(무단)결은 "◎"로, 기타결은 "△" 등과 같이 범례에 따라 표시한다.

나. 출석부의 결석 사유란에 다음의 예와 같이 기재한다.

병결: (2) 이○○: 6.5~6.7 감기로 3

사고(무단)결: (4) 박○○ 7.2~7.6 전학 5

경조사 결석: (5) 최○○ 4.23 삼촌 결혼 1

체험학습: (10) 김○○ 11.17 체험학습

⑧ 출석 인정

가. 지진, 폭우, 폭설, 폭풍, 해일 등의 천재지변 또는 법정 감염병 등(원내 확산방지를 위해 필요하다고 인정하는 비법정 감염병을 포함)으로 출석하지 못한 경우

나. 학교장의 허가를 받은 "학교를 대표한 경기, 경연대회 참가, 산업체 실습과정(현장실습), 훈련 참가, 교환학습, 현장(체험)학습 등"으로 출석하지 못한 경우

다. 경조사로 인하여 출석하지 못한 경우[교원휴가업무처리요령(예규 제44호)]

표 5-1 경조사별 휴가 일수

구분	대상	일수
결혼	형제, 자매	1
입양	본인	20
사망	부모 및 부모의 부모	5
	부모의 조부모, 외조부모, 형제, 자매 및 그의 배우자	2
	부모의 형제, 자매	1

※ 주5일제 전면 실시 유치원의 경우, 휴무토요일 및 공휴일은 경조사 일수에 산입하지 않음

위와 같은 경우가 아니더라도 감염병이나 재난 등의 이유로 별도 지침에 의하여 등원이 중지된 경우, 출석하지 못한 경우에도 출석으로 인정할 수 있다. 세부사항은 상황의 심각성에 따라 단계적으로 대응 세부지침을 따르도록 한다.

예시) 서울특별시교육청(2021). 코로나19 대응을 위한 2021학년도 유치원 등원수업 및 원격수업 가이드라인, p.3.

- 교육부고시 제315호 및 2020년 유치원생활기록부 기재요령에 따라 출결처리하되, 코로나19로 인한 결석유아의 경우 본 지침에 따름
- (등원중지 대상 유아) 「학교보건법」 제8조, 「학교보건법시행령」 제22조 및 관련 지침에 따라 출석하지 못한 경우, '출석으로 인정'

표 5-2 등원중지 대상 유아

대상	등교 중지 기간	출결증빙 자료
확진 받은 유아	보건당국의 입원치료 통지 시부터 격리 해제할 때까지	• 입원치료통지서* * 감염병의 예방 및 관리에 관한 법률 시행규칙[별지 제22호 서식]
격리 통지 받은 유아	보건당국의 격리 통지 시부터 격리 해제할 때까지	• 격리통지서
실거주를 같이하는 동거인이 격리 통지 받은 유아	보건당국의 격리 통지 시부터 격리 해제할 때까지	• 동거인의 격리통지서
	〈유의사항〉 다만, 동거인이 격리 통지를 받은 즉시 동거인과 접촉 없이 별도 시설에서 격리하는 경우, 유아는 등원 가능	
실거주를 같이하는 동거인이 의심증상이 있어 진단검사를 실시한 경우	진단검사 결과가 나오기 전까지	• 실거주를 같이하는 동거인의 검사 실시 여부를 증빙할 수 있는 자료 (예: 문자 통지 사본 등)
코로나19 의심증상 유아 (임상 증상 발현 유아)	증상 발현 시부터 증상 소멸(호전) 시까지	[코로나19 검사 결과 '음성'인 경우] • 검사 결과를 증빙할 수 있는 자료 (예: 선별진료소 진료확인서(발급 가능 시), 문자 통지 사본 등)
		[코로나19 검사를 실시하지 않은 경우] • 가정 내 건강관리 기록지, 학부모 의견서 등

⑨ **통계**: 월말에 수업일수, 수업일수 누계 및 월별 신입, 퇴학, 재적 유아 수를 정리하여 기록한다.

⑩ **표지**: 출석부 표지는 학년 말에 작성하며 해당 학년, 유치원명, 학급명, 연령을 표시하고, 일 년 동안의 입학, 이동, 수료, 졸업 유아의 이동 현황을 총 정리하여 기록한다. 담임교사의 이름을 기입하고 서명 날인한다.

출석부 작성 이외에도 유아학비지원 대상 원아 관리를 하는 유아학비지원시스템(e-유치원)에서 원아 등록, 출결 관리 등을 담임교사가 담당하는 경우도 있다. 이때 e-유치원 출결관리 메뉴를 활용해 매월 말 담임교사가 출석부와 일치하도록 결석일을 정확하게 기입하고 관리하도록 한다. 유아학비지원과 관련한 교육일수는 지원금 산정을 위해 출석으로 인정되는 일수로 유치원생활기록부 관리지침 상의 수업일수와 차이가 있다.

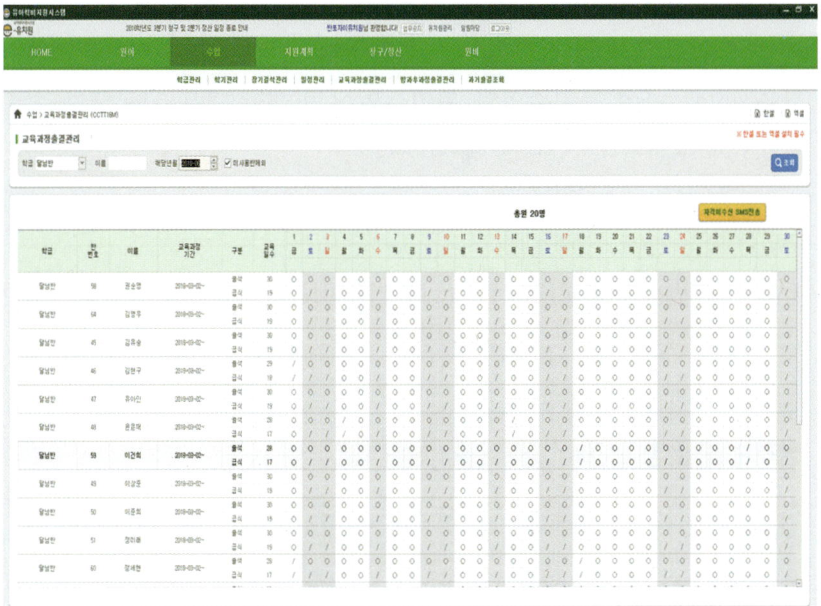

사진 5-1 e-유치원시스템 출결관리 화면

2) 수업일수와 휴업일

(1) 유치원 수업일수

⑴ 유치원 수업일수

유치원의 수업일수는 유아교육법(제12조, 제14조)에 의거하여 매 학년도 180일 이상을 기준으로 원장이 정하도록 하고 있다. 다만, 천재지변의 발생이나 연구학교의 운영 등 필요한 경우 10분의 1의 범위에서 수업일수를 줄일 수 있으며 관할청에 보고하여야 한다. 원장은 매 학년도가 시작되기 전에 보호자의 요구와 지역 실정, 공휴일, 여름·겨울 휴가 등을 포함하여 휴업일을 지정한다. 신학기 안내 자료에 〈서식 4〉와 같이 연간 수업일수와 휴업일, 주요 행사 등을 포함한 학사일정을 안내하면 각 가정에서 가정활동, 가족행사, 휴가계획 등을 세우는 데 도움이 될 수 있다. 비상재해나 급박한 사정이 발생한 경우 임시휴업을 할 수 있으며, 지체 없이 관할청에 이를 보고한다.

특수한 상황 하에 등원 중지가 지속될 때에는 소외되는 유아 없이 모든 유아의 학습권이 보장될 수 있도록 원격수업으로 전환하여 운영할 수 있다. 유아와 교직원의 안전을 최우선으로 하여 등원수업과 원격수업이 병행할 경우라도 국가 수준의 교육과정이 원활하게 구현될 수 있도록 해야 한다.

예시: 서울특별시교육청(2021). 코로나19 대응을 위한 2021학년도 유치원 등원수업 및 원격수업 가이드라인, p.8.

원격수업 운영

- (운영방안) 코로나로 인한 사회적 거리두기 단계에 따라 등원 · 원격수업, 원격수업으로 전환
- 「2021학년도 유치원 교육과정 및 방과후 과정 내실화 계획」에 따라 유치원 여건에 맞는 원격수업계획을 수립하고 소외되는 유아 없이 모든 유아의 학습권 보장
- 유치원 원격수업은 EBS 방송, 실물자료 중심 놀이꾸러미, 콘텐츠 활용 등 다양한 방법을 활용하여 운영 가능
- 유치원별 여건 및 특성에 따라 원격수업 운영 지침의 범위 내에서 원장이 정한 방법으로 운영이 가능

(2) 휴원 및 재량휴업일

원장은 유치원 실정에 따른 휴원 및 재량휴업일을 지정(유아교육법 제19조의4, 제31조, 유아교육법 시행령 제14조)하고 이에 대한 안내를 통해 원활한 학사 일정이 이루어지도록 한다. 휴원 및 재량휴업일도 학사일정 계획에 포함하고, 유치원운영위원회의 교육과정 운영에 대한 심의를 거쳐 결정한다. 결정사항은 가정통신문을 통해 안내하고 관할 교육지원청에 보고한다(서식 5, 6). 갑작스럽게 휴원을 해야 할 사안이 발생할 시에

는 해당 내용의 가정통신문을 발송한다. 이런 상황에서도 가정의 부득이한 사유로 유아가 등원해야 할 경우가 있으므로 휴원 시 등원 희망 여부를 조사하고 교직원을 배치하도록 한다.

3) 지각 · 결석

(1) 지각

특별한 이유 없이 지각이 잦은 원아는 일과 활동 참여에 제한적이고 유치원 적응에 어려움을 겪을 수 있다. 특히 일과의 통합적 운영을 기본으로 하는 유치원교육과정의 특성상 바람직하지 않을 수 있다. 이런 유아의 경우에는 등하원 시 부모와의 만남이나 전화면담을 통해 문제의 원인을 파악하고 그에 따른 지도를 한다.

(2) 결석

유아가 결석하였을 때에는 반드시 당일로 결석 사유를 확인한다. 당일 확인이 되지 않을 경우에는 계속하여 확인을 시도한다. 결석 사유를 출석부에 기록하고 서류 확인이 필요한 경우에 추후 관리한다. 결석했던 유아가 등원할 경우에는 결석했던 이유를 묻고 반겨주도록 한다. 건강상의 문제로 결석을 하였을 때는 현재 건강 상태를 점검하고, 지속적인 관심이 필요하다면 지켜보고 부모에게도 안내하도록 한다.

(3) 장기 결석

정당한 사유 없이 연속하여 결석하는 유아가 있을 경우 담임교사는 원아의 집을 방문하여 사유를 조사하고, 방문한 조사 기록을 남기도록 한다. 유치원의 규칙에 따라 정당한 이유 없는 장기 결석자는 내부 결재 절차를 밟아 퇴원 처리한다(서식 7). 특히 사유가 불분명한 결석이 잦거나 평상시 아동학대를 의심할 만한 정황이 있는 경우에는 지체 없이 관련 기관에 신고하여 후속조치가 취해질 수 있도록 해야 한다.

표 5-3 무단결석 아동에 대한 관리 · 대응방법

시기	주요점검사항	조치필요사항	행정사항
결석 당일(1일차)	• 결석 아동의 결석 사유 확인	• 지속적 유선 연락을 통한 확인	• 무단결석 아동에 대한 조치 결과 관리 대장 작성
2일	• 결석 아동의 출석 여부 확인 및 소재 · 안전 확인	• 결석 아동에 대한 가정방문 실시 • 가정방문 결과 아동학대 의심 또는 아동의 소재 · 안전이 확인되지 않는 경우 수사기관(112)에 신고	• 무단결석 아동에 대한 조치 결과 관리 대장 작성 • 무단결석 아동 중 아동학대 신고 현황 교육청/시군구 보고

출처: 교육부, 보건복지부(2016)

2 입학 · 전입 · 전출 · 퇴학 관리

유아의 입학과 퇴학, 전입과 전출에 관련한 제반 업무는 유아교육법(제14조, 제17조의 2), 유아교육법 시행령(제10조)에 의거하여 정확하게 관리한다. 유치원생활기록부 작성 및 관리지침(고시 제2013-4호)에 따라 필요한 절차를 진행하고 e-유치원시스템을 활용해 유아학비지원 관련 업무를 처리하도록 한다.

신입 유아의 입학과 관련하여 입학원서, 유아개인생활조사서, 응급처치 동의서 및 비상연락망, 건강조사서, 주민등록등본 등 필요한 서류를 안내한다. 유아의 개인생활조사서와 건강조사서를 바탕으로 유아와 학부모의 개별 특성을 살펴보고, 유아의 발달상황, 기질, 건강 상태, 행동 습관, 주의해야 할 사항, 가족사항 등을 파악한다.

전입 혹은 입학 업무를 처리할 때는 입학원서를 작성하고 입 · 퇴학 처리 대장을 결재 받는다(서식 8, 9). 전입의 경우 이전 유치원에 공문을 발송하여 생활기록부를 송부 요청(서식 10)하고, 유치원에서 전입한 경우 유아학비 지원을 위해 e-유치원시스템에 등록하며, 어린이집에서 전입한 경우 학부모에게 유아학비 지원 절차를 안내하고 e-유치원시스템에 등록한다. 원아현황판을 수정하고 행정실에 관련 사항을 통보하여 입학 처리를 마무리한다.

전출 혹은 퇴학 업무를 처리할 때는 퇴학원서(서식 11)를 작성하고 입 · 퇴학 처리 대장을 결재 받는다. 유치원생활기록부에 해당 사항을 반영하여 학적을 기록하고 생활

기록부 송부 요청이 있을 시에 출력하여 전출한 유치원으로 송부한다. 원아 현황판을 수정하고 행정실에 관련 사항을 통보하고 유아학비지원 관련 e-유치원시스템에서 퇴학 처리를 한다.

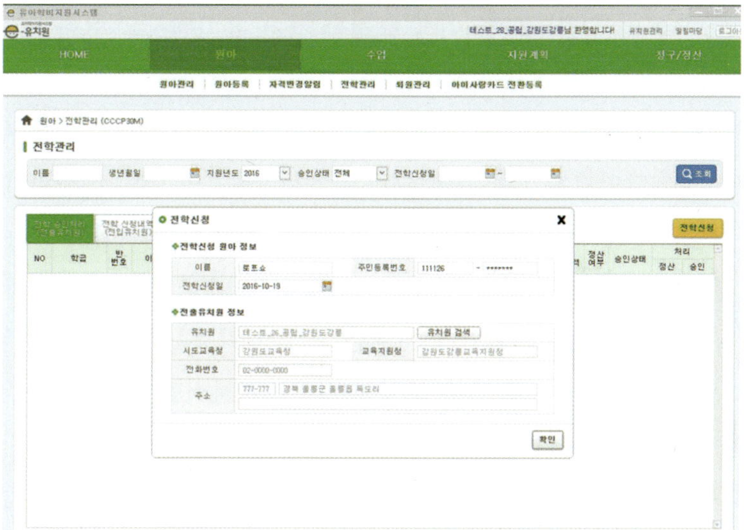

사진 5-2 e-유치원시스템 전학관리 메뉴 화면

3 생활기록부 관리

1) 생활기록부 작성

생활기록부는 유아교육법(제14조, 제17조의2), 유아교육법 시행령(제12조, 제15조)에 따라 유아의 인적사항, 학적사항, 출결상황, 신체 발달상황, 유아 발달상황 등을 종합적으로 관찰하고 기록하는 문서이다. 교사는 유치원생활기록부 관련 법적 규정을 정확하게 숙지하고 지침에 의거하여 작성하고 관리한다.

유치원생활기록부는 컴퓨터 저장매체에 입력한다. 유치원생활기록부의 작성 및 관리 표준화를 위하여 지정된 서식과 매수는 변경하지 않으며 입력란이 부족할 때는 필요에 따라 해당란을 추가할 수 있다.

유치원생활기록부는 준영구 보존의 공공기록물로 규정되므로 전자문서 파일 형태로 작성하고 관리되어야 하며, 서식에 맞게 작성한 후 전체 내용을 출력하여 해당 유아가 졸업한 후 3년 동안 유치원에 보존 · 관리한다. 유아가 입학한 초등학교장 및 특수학교장이 유아의 생활지도를 위해 요청할 경우 유치원장은 유아의 보호자 동의를 얻어 유치원생활기록부를 출력하여 해당 기관에 송부한다.

유치원생활기록부의 작성 및 관리 책임자는 원장이며, 작성자는 당해 학년도 유아의 담임교사이다. 담임교사가 중간에 교체된 경우, 표지의 담임 성명란에는 학년 말 결재 당시 담임교사의 이름을 적는다. 인적사항과 학적사항의 입학 또는 전입 부분은 발생일 후 한 달 내에 작성하고 신체 발달상황은 해당 학기에 실시한 후 결과를 기재하며, 나머지 항목은 2학기 말에 기재한다. 유치원생활기록부의 모든 내용을 작성한 후, 학년이 종료되면 바로 업무 포털의 업무관리시스템에 등록한다.

매 학년이 종료된 이후에는 입력 자료에 대한 정정이 원칙적으로 금지되어 있다. 불가피한 경우에는 정정 내용에 관한 증빙 자료를 첨부하여 정정 사유, 정정 내용 등에 대하여 유치원생활기록부 정정대장(서식 12)의 결재 절차에 따라 처리한다. 유치원이 폐원하는 경우에 생활기록부는 관할 교육지원청에 이관하여 보존하고 관리한다.

표 5-4 유치원생활기록부 정정대장 기재 예시

번호	정정 연월일	정정 대상자		정정 사항				증빙자료		비고		
		연령 (수료 · 졸업대장 번호)	성명	항목	오류 내용 (정정 전)	정정 내용 (정정 후)	정정 사유	제목	문서번호 (등록 일자)	담임	원감	원장
20○○ -1	20○○. 03.24.	만3세 (20○○-33)	김호랑	인적 사항	유아 성명 (김호랑)	김지나	개명 (20○○. 11.12. 서울 법원 개명 허가)	주민 등록 등본	1 (20○○. 03.24.)			
20○○ -2	20○○. 05.09	만5세 (20○○-43)	한이산	출결 사항	결석 일수 3누락	결석 일수 3입력	출석부 확인	출석부	2 (20○○. 05.09.)			

2) 생활기록부 기록방법

유치원생활기록부 작성 및 관리지침(부록 2. 교육부 고시문 제2014-50호)과 유치원생활기록부 기재요령(교육부, 2014)에 따른 항목별 작성방법과 예시는 다음과 같다. 생활기록부 전체 양식은 〈서식 13〉을 참고한다.

(1) 인적사항

- 유아의 성명, 생년월일, 주소는 주민등록등본의 내용과 동일하게 작성한다.
- 유아의 성과 이름 사이에 공백을 두지 않고, 성별은 남녀로 표기한다.
- 외국인인 경우 여권 또는 외국인등록증에 표기된 성명을 동일하게 입력한다.
- 주소는 입학 당시의 주소로 기록하고, 이후 변경된 주소는 하단에 추가로 기록하여 거주에 관한 변동사항을 이해하는 자료로 활용한다.
- 생년월일을 기록할 때는 년, 월, 일 사이에 공백을 두지 않는다.
- 가족상황은 주민등록등본이나 유아의 가족관계증명서를 기준으로 입력한다.
- 입양된 경우에는 양부모를 부모로 입력한다.
- 입학 전 부모 사망의 경우 '사망'으로 입력한다. 다만, 부 또는 모 및 보호자가 원할 경우 재원 중 부모가 사망한 경우도 동일하게 처리할 수 있다.
- 입학 전 부모 이혼의 경우 부모 중 한 명은 공란으로 둔다.

<table>
<tr><td>성명</td><td colspan="2">박준영</td><td>성별</td><td colspan="2">남</td><td>생년월일</td><td>○○○○.04.27</td></tr>
<tr><td rowspan="3">주소</td><td colspan="7">경기도 안양시 동안구 귀인로 234 205동 ○○○○호 (평촌동, ○○아파트)</td></tr>
<tr><td colspan="7">경기도 과천시 코오롱로 71 303동 ○○○○호 (별양동, ○○아파트)</td></tr>
<tr><td colspan="7"></td></tr>
<tr><td rowspan="3">가족
상황</td><td>관계
구분</td><td colspan="3">부</td><td colspan="2">모</td><td>특기사항</td></tr>
<tr><td>성명</td><td colspan="3">사망</td><td colspan="2">한○○</td><td rowspan="2">○○○○.08.07. 부 사망</td></tr>
<tr><td>생년월일</td><td colspan="3"></td><td colspan="2">○○○○.03.12.</td></tr>
</table>

(2) 학적사항

- 학적 관련 용어에 대한 기준은 다음과 같다.
  - 입학: 다른 곳으로부터 전입하지 않고 처음 해당 유치원에 입학함
  - 재입학: 동일한 유치원에 다시 들어감
  - 편입학: 동일한 유치원에서 편입하여 들어감

    예 1, 2월생의 경우 5세반 수료 후 다시 동일 유치원 5세반에 편입
  - 전학: 다른 유치원으로 학적을 옮김
  - 휴학: 질병, 사고, 기타 원인 등으로 일정한 기간 동안 수업을 받지 않고 쉼
  - 퇴학: 유치원 규칙에 의해 학적(재학생의 신분)을 박탈함
  - 수료: 유치원 규칙에 따라 교육과정을 이수함
  - 졸업: 유치원 규칙에 따라 학업을 마침
- 유치원명(또는 초등학교명)은 고유이름을 줄이지 않고 인가 시 등록한 기관명 전체를 기입하고, 중간에 공백을 두지 않는다.
- 재입학 · 편입학 · 전학 · 휴학 · 퇴학 · 수료 · 졸업의 경우 시간 순서대로 줄을 추가한다. '졸업 후의 상황'의 기타에는 졸업 후 초등학교로 진학하지 않았을 때 해당하는 이유(진학 유예, 이사, 이민 등)를 입력한다.
- 변동사항에 따라 줄을 추가하거나 삭제한다.

20○○년 03월 04일	새싹이슬유치원	만 3세 입학	특기사항
20○○년 02월 23일	새싹이슬유치원	만 3세 수료	
20○○년 02월 21일	새싹이슬유치원	만 4세 수료	
20○○년 02월 23일	새싹이슬유치원	만 5세 졸업	
졸업 후의 상황	행복초등학교 진학, 기타 :		

(3) 출결상황

- 수업일수는 유치원 교육과정의 수업일수이므로 방학 중 유아가 방과후 과정을 위해 등원하는 일수는 수업일수에 포함하지 않는다.

• 출석해야 하는 날에 출석하지 않은 경우 결석으로 처리한다.
• 지각, 조퇴는 결석일수에서 제외한다.
• 전출과 전입(편입학)한 날짜가 동일한 경우, 전입(편입학)일만 수업일수로 산정한다.
• 결석이 없는 경우는 0으로 입력하며 일주일 이상 장기 결석의 경우 사유를 간략하게 써 넣는다.

구분 / 연령	수업일수	출석일수	결석일수	특기사항
만 3세	184	181	3	
만 4세	185	185	0	개근
만 5세	183	175	8	독감

(4) 신체 발달상황

• 검사일자는 아라비아 숫자로 하단과 같은 양식으로 입력한다.
• 키, 몸무게는 아라비아 숫자로 기재하고 숫자는 소수점 첫째자리까지 입력한다.
• 특기사항에는 전염성 질병이나 중증질환 등을 보호자의 동의를 얻은 후 기록한다(예: 폐렴, 수두, 수족구, 백일해, 소아암 등).
• 지체장애 또는 신체적 장애가 있는 경우도 보호자의 동의를 얻은 후 입력한다.

구분 / 연령	1학기			2학기			특기사항
	검사일	키	몸무게	검사일	키	몸무게	
만 3세	20○○.04.06.	102.3cm	16.2kg	20○○.10.21.	104.5cm	16.8kg	
만 4세	20○○.04.08.	106.3cm	17.2kg	20○○.10.16.	107.5cm	18.1kg	
만 5세	20○○.04.03.	109.4cm	18.6kg	20○○.10.18.	110.9cm	19.2kg	

(5) 유아 발달상황

• 유치원 교육과정의 5개 영역별로 해당 유아의 발달상황을 구체적으로 기재한다.
• 종합 발달상황은 해당 유아의 일반적인 특성이나 관심 분야, 친구관계 등의 내

용을 포괄하여 기재한다.

- 내용은 매수(2쪽)를 초과하지 않게 한두 문장 정도로 간결하게 기재한다.
- 문장 형식은 '~함, ~임, ~음' 등과 같이 통일하고 마침표는 찍지 않는다.

연령	영역별	발달상황
만 3세	신체운동 · 건강	신체적 능력을 긍정적으로 인식하고 신체활동에 적극적으로 참여하고, 놀이기구의 올바른 사용법을 알고 안전하게 사용함
	의사소통	다른 사람의 이야기를 관심 있게 듣고 동화를 즐기며, 짧은 문장으로 자신의 느낌이나 생각을 말할 수 있음
	사회관계	자신의 다양한 감정을 알고 감정을 조절하며 긍정적으로 표현하고, 주변의 사람들과 어울리며 화목하게 지냄
	예술경험	전래동요나 동요를 듣고 따라 부르기를 즐기고, 일상생활에서 경험한 것을 상상하여 극놀이로 표현하는 것을 즐김
	자연탐구	생활 속에서 경험하는 수에 관심을 갖고 10 이하 수의 이름을 순서대로 말하고, 주변의 자연물을 탐색하는 것을 즐김
	종합 발달상황	활동에 적극적으로 참여하며 다른 사람과의 관계에서 뛰어난 사회적 기술을 보이고 호기심과 상상력이 많아 탐색하고 표현하는 것을 즐김

(6) 기타

- 졸업대장번호는 졸업대장의 순서에 따른 번호를 말한다.
- 수료대장번호는 수료대장의 순서에 따른 번호를 말한다.
- 사진은 학기 초에 촬영한 상반신 컬러 사진(3X4)을 붙이고 연령이 올라가면 매년 교체한다.

구분 \ 연령	만 3세	만 4세	만 5세
수료 · 졸업대장번호	20○○-33	20○○-40	20○○-24
반	하늘반	바다반	숲속반
담임 성명	박○○	최○○	한○○

사진 (3X4)

4 건강 · 안전 관리

1) 건강 관리

(1) 건강조사서

유아들이 건강하고 안정하게 생활할 수 있도록 교사는 유아의 개인적인 건강 상태를 파악하고 있어야 한다. 교사는 입학 초 부모로부터 설문을 통해 유아의 건강과 병력, 알러지 관련, 식사습관, 수면습관, 배변습관, 생활습관, 발달상황, 정서 및 심리적 특성 등에 관한 정보를 얻고 일상적 활동 등에서 주의해야 할 부분이 없는지 파악한다. 입학 시 개인조사서(서식 14) 등의 내용에 건강 관련 부분을 포함하여 조사하거나 별도의 건강조사서를 유치원의 양식에 따라 준비한다.

유아들은 감염병에 노출되기 쉽고 특히 집단생활을 하는 유치원 특성상 감염병이 집단 발병할 가능성이 높다. 예방접종은 감염병 예방에 가장 효과적인 방법이므로 입학 시 예방접종 증명서 등을 제출하여 필수적인 예방접종 관리를 하도록 한다. 유치원 입학 전 연령별로 완료하여야 하는 국가예방접종 11종은 다음과 같다.

표 5-5 국가예방접종사업에 따른 확인이 필요한 예방접종

구분	종류	입학시기	
		36개월 기준	만 4~6세 기준
필수 (11종)	결핵(BCG)	1회	–
	B형 간염(HepB)	3차	–
	디프테리아/파상풍/백일해(DTaP)	4차	5차
	폴리오(IPV)	3차	4차
	b형 헤모필루스인플루엔자(Hib)	4차	–
	폐렴구균(PCV)	4차	
	홍역/유행성이하선염/풍진(MMR)	1차	2차
	수두(Var)	1차	–
	A형 간염(HepA)	2차	–

구분	종류	입학시기	
		36개월 기준	만 4~6세 기준
필수 (11종)	일본뇌염	사백신 3차	사백신 4차
		생백신 2차	–
	인플루엔자	입학 전년도	입학 전년도

출처: 질병관리본부 표준예방접종 일정표(http://www.cdc.go.kr/)

감염병 관리와 예방의 차원에서 가정 내에서 건강조사를 하여 기록관리 후 제출하는 경우도 있으므로 이에 대한 관리 지침에 근거하여 수시로 건강조사를 실시할 수 있다.

표 5-6 가정 내 건강관리 기록지 예시

유치원	반	유아 성명	기록자

유아 건강상태 자가진단 설문

코로나-19 감염예방을 위하여 유아의 건강 상태를 확인하는 질문에 성실하게 응답해 주시기 바랍니다.

1. 유아의 몸에 열이 있나요 ? (해당사항 선택)
   □ 37.5℃ 미만　□ 37.5℃~38℃ 미만 또는 발열감　□ 38℃ 이상

2. 유아에게 코로나19가 의심되는 증상이 있나요 ? (해당사항 모두 선택)
   □ 아니오　□ 기침　□ 인후통　□ 호흡곤란　□ 설사　□ 메스꺼움　□ 미각 · 후각 마비

3. 유아가 최근(14일 이내) 해외여행을 다녀온 사실이 있나요?
   □ 아니오　□ 예

4. 동거가족 중 최근(14일 이내) 해외여행을 다녀온 사실이 있나요?
   □ 아니오　□ 예

5. 동거가족 중 자가격리된 가족이 있나요 ?
   □ 아니오　□ 예

일자(9월)	1일(일)	2일(월)	3일(화)	4일(수)	5일(목)	6일(금)	7일(토)
1문항							
2문항							
3문항							
4문항							
5문항							

(2) 신체검사와 건강검진

유치원 원장은 학교보건법(제7조 제1항), 유아교육법(제17조 제1항, 제3항), 유아교육법 시행규칙(제2조의5 제1항)에 의거하여 1년에 한 번 이상 유아의 건강검진을 실시해야 한다. 검사 결과 치료가 필요한 유아에게는 보호자와 협의하여 필요한 조치를 한다. 다만 보호자가 별도로 건강검진을 실시하여 검사 결과 통보서를 제출한 유아에 대해서는 건강검진을 생략할 수 있다.

유치원의 건강검사는 신체의 발달상황, 건강조사, 정신건강 상태 검사 및 건강검진으로 나뉜다(학교건강검사규칙 제3조 제1항 및 제12조).

- 신체의 발달상황: 유아의 키와 몸무게를 측정한다.
  - 키(cm) 측정방법
    가. 신발을 벗고 양발의 발꿈치를 서로 붙인다.
    나. 허리를 펴서 등과 엉덩이, 발꿈치를 측정대에 붙인다.
    다. 두 팔은 자연스럽게 몸 옆으로 붙인다.
    라. 고개를 들거나 숙이지 않도록 눈과 귀는 수평이 되게 한다.
    마. 위와 같은 자세로 유아의 발바닥에서 머리끝까지의 높이를 측정한다.
    바. 결과는 소수 첫째자리까지 반올림하여 센티미터(cm) 단위로 기록한다.
  - 몸무게(kg) 측정방법
    가. 몸무게에서 옷의 무게를 빼고 기록한다.
    나. 결과는 소수 첫째자리까지 반올림하여 킬로그램(kg) 단위로 기록한다.
- 건강조사: 병력이나 식생활, 건강한 생활습관 등에 대해서 알아본다.
- 정신건강 상태 검사: 설문조사와 같은 방법으로 진행한다.
- 건강검진: 근 · 골격 및 척추, 눈 · 귀, 콧병 · 목병 · 피부병, 구강, 기관능력, 병리검사 등에 대하여 실시한다.

표 5-7 영유아 건강검진 시기별 검진항목

검진시기			취학 전 준비
1차	건강검진	생후 4~6개월	문진 및 진찰, 신체계측, 건강교육
2차	건강검진	생후 9~12개월	문진 및 진찰, 신체계측, 발달선별검사 및 상담, 건강교육
3차	건강검진	생후 18~24개월	문진 및 진찰, 신체계측, 발달선별검사 및 상담, 건강교육
	구강검진	생후 18~29개월	구강문진 및 진찰, 구강보건교육
4차	건강검진	생후 30~36개월	문진 및 진찰, 신체계측, 발달선별검사 및 상담, 건강교육
5차	건강검진	생후 42~48개월	문진 및 진찰, 신체계측, 발달선별검사 및 상담, 건강교육
	구강검진	생후 42~53개월	구강문진 및 진찰, 구강보건교육
6차	건강검진	생후 54~60개월	문진 및 진찰, 신체계측, 발달선별검사 및 상담, 건강교육
	구강검진	생후 54~65개월	구강문진 및 진찰, 구강보건교육
7차	건강검진	생후 66~71개월	문진 및 진찰, 신체계측, 발달선별검사 및 상담, 건강교육

출처: 국민건강보험공단(http://www.nhis.or.kr)

건강검진의 결과는 유아의 퇴학일 혹은 졸업일부터 3년 동안 보관하되, 유아가 전학하는 경우에는 해당 유아의 보호자 요청에 따라 전학하는 유치원에 송부한다. 또한 건강검진 결과 치료 · 격리 또는 휴학 등의 조치가 필요한 유아에 대해서는 해당 유아의 보호자와 협의하여 필요한 조치를 하도록 한다.

투 약 의 뢰 서	
금일 자녀의 투약을 선생님께 의뢰합니다. ※투약에 관한 책임은 의뢰자가 집니다.	
반 명	자연반
유 아 명	이○○
증 상	감기
약의 종류 및 용 량	기침감기약 10ml
투 약 시 간	오후 1시
보 관 방 법	(실온보관) 냉장보관
특별히 부탁하는 사항 : 해열제는 38도 이상일 때만 7ml 먹여주세요.	
○○○○년 ○○월 ○○일 의뢰자 ○○○ (인) 유치원장 귀하	
투약자 확인 : 김○○	

(3) 아픈 원아 관리

몸이 아픈 원아는 학부모와 긴밀히 연락하고 협조하여 유아가 건강한 상태로 호전될 수 있도록 노력한다. 유치원에서의 투약은 의사나 학부모가 투약을 의뢰한 경우에 한해서만 실시하며, 담임교사가 임의적으로 판단하여 투약하지 않는다. 학부모가 투약을 요청한 경우 반드시 투약의뢰서(서식 15)를 작성하도록 하며 투약 후에는 투약일지(서식 16)에 투약사항을 기록한다. 응급 상황이나 안전사고 이외에 돌봄이 필요한 경우에는 유아가 충분한 휴식을 취하도록 하고 필요한 경우 부모에게 연락을 취하도록 한다. 간혹 투약의뢰서에 따라 복용하는 것을 잊은 경우라 하더라도 약의 용량을 임의로 조절하여 두 번을 먹이는 일은 절대 없도록 한다.

(4) 보건실과 구급약품

유치원의 설립자 · 경영자는 보건실을 설치하고 학교보건에 필요한 시설과 기구를 갖추어야 한다(학교보건법 제3조). 보건실의 위치는 원아의 응급처치 등이 신속히 이루어질 수 있도록 이용하기 쉽고 통풍과 채광이 잘되는 장소로 하고, 면적은 66㎡ 이상이어야 하나 원아 수 등을 고려하여 원아의 건강 관리에 지장이 없는 범위에서 그 면적을 완화할 수 있다. 보건실에는 원아의 건강 관리와 응급처치 등에 필요한 시설 및 기구, 학교환경위생 및 식품위생검사에 필요한 기구를 구비한다. 응급처치를 위한 준비물로는 의료용 재료, 바르는 약, 먹는 약 등 다음과 같은 용품이 있다.

표 5-8 응급처치를 위한 준비물

의료용 재료	바르는 약(외용제)	먹는 약(내용제)
• 붕대, 거즈, 소독솜 • 삼각붕대, 탄력붕대 • 칼, 가위, 핀셋, 족집게 • 면봉, 반창고 • 설압자(또는 숟가락) • 체온계(고막체온계) • 일회용 장갑 • 일회용 밴드 • 각종 부목 • 얼음주머니 또는 냉찜질팩 • 소형전등 • 쿠션 • 들것	• 베타딘, 포비돈 • 상처용 외용연고 • 스테로이드계의 피부연고 • 근육용 마사지 연고 • 화상용 바세린 거즈 • 생리식염수 • 벌레 물린 데 바르는 연고 (항히스타민 연고)나 파스 • 바세린 로션	• 어린이용 설사약 • 멀미약 • 진통제 • 해열제 • 소화제

출처: 교육과학기술부(2012). p. 202.

(5) 감염병 예방 및 대응

유치원에서 감염병이 발생할 경우 빠르고 광범위하게 확산될 우려가 높으며, 유아의 건강과 학습권을 저해할 수 있으므로 신속하면서도 체계적인 관리가 필요하다.

감염병의 위협으로부터 유아와 교직원을 보호하고 정상적인 유치원 기능을 유지하기 위하여 교사는 평상시 감염병 예방 및 대응방법을 숙지하고 있어야 한다. 이를 통해 유아와 교직원의 감염병 예방이 가능하며, 유치원 내 감염병 발생 시에도 조기 발견이나 확산을 방지할 수 있다. 교사는 아래의 유아 감염병 예방 · 위기대응 매뉴얼(교육부, 2016)에 내용에 따라 감염병의 예방관리, 감염병 발생 감시, 유아 관리 등에 유의하여야 한다.

표 5-9 유아 감염병 예방 · 위기대응 매뉴얼

예방관리	발생 감시	유아 관리
• 보건교육(위생수칙 등) • 위생시설 관리 및 방역/소독 활동 • (의심)환자/접촉자 관리 • 유행 확산 방지 • 보건소 등 외부기관에서 역학조사 시 협조 • 예산 및 행정 지원	• 감염병 (의심)환자의 신속한 파악 • 밀접접촉자 파악	• 휴업/휴원이나 등원 중지 시 유아의 가정학습과 생활관리 • 학부모 대상 상황 전파 • 등원 중지 유아에 대한 행정처리, 출결 관리 • (의심)환자 이동이나 일시적 격리로 인한 교사 공백에 대한 조치 (예 : 교실 내 유아 관리 등)

교사는 월별로 발생하기 쉬운 감염병에 관심을 갖고 관련 증상을 관찰하도록 한다. 또한 유아들이 평상시에 손 위생이나 기침예절 등 개인위생을 철저히 할 수 있도록 지도하고, 각 가정으로 감염병에 대한 안내문을 발송하여 주의를 기울이고 대응할 수 있도록 한다. 수족구와 유행성 각결막염은 특히 6~9월 사이에 많이 발병하고, 유행성이하선염(볼거리)은 4~7월, 수두는 4~7월, 12~1월 사이에 자주 발병한다.

표 5-10 월별 유치원 빈발 감염병

구분	유치원						
	결핵	성홍열	수두	수족구병	유행성 각결막염	유행성 이하선염	인플루엔자
3월	+	++	+			+	++
4월	+	++	++			++	++

구분	유치원						
	결핵	성홍열	수두	수족구병	유행성 각결막염	유행성 이하선염	인플루엔자
5월	+	++	++			++	
6월	+	++	++	++	++	++	
7월	+	++	++	++	++	++	
8월	+	++	+	++	++	+	
9월	+	++	+	++	++	+	
10월	+	++	+		+	+	
11월	+	++	+		+	+	
12월	+	++	++		+	+	+
1월	+	++	++			+	+
2월	+	++	+			+	+

출처: 교육부(2016). p. 15.

일반적인 감기나 단순 설사, 발열을 동반하지 않는 부분 발진, 심하지 않은 결막염 등과 같이 정상적인 활동에 참여할 수 있는 정도의 증상이라면 별도의 격리가 필요하지 않고 등원을 할 수 있다. 그러나 활동에 지장을 줄 정도의 증상을 보이거나 유아의 행동 변화를 동반하는 증상에 대해서는 호전될 때까지 등원을 중지하고 의사의 진단을 받고 휴식을 취하는 것이 바람직하다.

감염병에서 주로 언급되는 발열, 작은 수포, 이하선 부종, 구진 등에 대한 증상·징후는 다음과 같다.

- 발열: 일반적으로 측정 부위에 관계없이 38℃ 이상일 때 열이 있다고 본다. 가벼운 열의 경우 더운 날씨나 환경, 활동이 원인이 될 수 있으므로 의심스러울 때는 30분 후에 다시 측정해 본다. 발열 시 해열제 복용은 한 시간 정도 이후에 효과가 나타나므로 시간이 경과한 후에 효과를 살펴보아야 한다.
- 수포: 발진 중 하나로 피부에 액체가 모여 융기한 상태로 보통 물집이라고 한다. 수두, 수족구병 등의 증상으로 나타나기도 하며, 수포가 생기는 위치에 따라 다른 감염병을 의심할 수 있다.
- 이하선 부종: 이하선은 귀 밑에 있는 침샘으로 감염 시 부어오른다. 보통 볼거리 증상으로 의심되며 귀 밑 부위의 뺨이 부어오르고 발열을 동반하는 경우가 많다.
- 구진: 피부에 나타나는 발진 중 하나로 안에 고름이 없고 작고 딱딱한 덩어리로

표 5-11 주요 감염병의 관리 방안

감염병	임상 증상	전염 가능 기간	전파 차단을 위한 등원 중지(격리) 기간	잠복기	밀접접촉자파악	일시적격리	마스크착용
b형 헤모 필루스 인플루엔자	수막염, 후두개염, 폐렴, 관절염 등	항생제 치료 후 48시간	항생제 치료 시작 후 24시간까지	2~4일	○	○	×
감기군	발열, 기침, 객담 등 호흡기계 증상	이환기간 내내	등원 중지 안 함	병원체마다 다양 (보통 2~14일)	×	○	○
결핵	발열, 전신 피로감, 식은땀, 체중 감소	약물 치료 시작 후 2주까지	약물 치료 시작 후 2주까지	수년까지 가능 (50% 2년 이내)	○	○	○
급성 출혈성 결막염	충혈, 안통, 이물감, 많은 눈물, 눈곱, 눈부심, 결막하출혈	발병 후 4일~1주일	격리 없이 개인위생 수칙을 철저히 지킬 것을 권장	8~48시간	○	○	×
노로 바이러스	오심, 구토, 설사, 복통, 권태감, 발열	급성기부터 설사가 멈추고 48시간 후까지	증상 소실 후 48시간까지	24~48시간 (평균 33시간)	○	○	×
백일해	상기도 감염 증상, 발작적 기침, 구토	2주간 전염력이 높으며 증상 발생 4주 후에는 전염성이 소실	항생제 투여 후 5일까지	7~20일 (평균 5~10일)	○	○	○
성홍열	미만성 구진, 발열, 두통, 구토, 복통, 오한 및 인후염	항생제 치료 시작 후 24시간까지	항생제 치료 시작 후 24시간까지	1~3일	○	○	○
수두	피부발진, 수포, 발열, 피로감	수포가 생기기 1~2일 전부터 모든 수포에 가피가 형성될 때까지	모든 수포에 가피가 형성될 때 까지	10~21일 (평균 14~16일)	○	○	○
수막 구균성 수막염	두통, 발열, 경부경직, 오심, 구토	항생제 치료 시작 후 24시간까지	항생제 치료 시작 후 24시간까지	2~10일 (평균 3~4일)	○	○	○
수족구병	발열, 손, 발바닥 및 구강 내 수포 및 궤양	발병 후 7일간이 가장 전염력 강함, 피부 병변(수포)에 가피가 생성될 때까지	수포 발생 후 6일간 또는 가피가 형성될 때까지	3~7일	○	○	○
유행성 각결막염	충혈, 안통, 이물감, 많은 눈물, 눈곱, 눈부심, 결막하출혈	발병 후 14일까지	전염에 대한 관리, 통제가 어려운 유치원은 격리를 권장	5~7일	○	○	×
유행성 이하선염	이하선 부종, 발열, 두통, 근육통	증상 발생 3일 전부터 발생 후 5일까지	증상 발생 후 5일까지	14~25일 (평균 14~18일)	○	○	○
인플루엔자	발열, 두통, 근육통, 인후통, 기침, 객담	증상 발생 1일 전부터 5일까지	유행 차단을 위한 등원 중지는 의미없지만 환자 상태에 따라 실시	1~4일 (평균 2일)	×	○	○
풍진	구진성 발진, 림프절 종창, 미열 등 감기 증상	발진 생기기 7일 전부터 생긴 후 7일까지	발진이 나타난 후 7일까지	14~23일 (평균 16~18일)	○	○	○
홍역	발진, 발열, 기침, 콧물, koplik 반점	발진 발생 4일 전부터 발진 발생 4일 후까지	발진이 나타난 후 4일까지	7~21일 (평균 10~12일)	○	○	○

출처: 교육부(2016). p. 24.

피부가 올라오는 것을 말한다. 다른 증상과 동반하여 성홍열, 수두, 홍역 등의 증상으로 나타날 수 있다.

주요 감염병의 임상 증상과 전염 가능 기간, 전파 차단을 위한 등원 중지 기간, 잠복기 등은 다음의 표와 같다. 등원 중지 조치가 필요한 경우에는 부모에게 등원 중지를 위한 협조문(서식 17)을 보내고 등원 중지 기간 동안 가정에서 지켜야 할 사항을 안내하도록 한다.

유치원 내에서 감염병과 관련한 증상을 나타내는 유아를 발견하였거나, 의료기관으로부터 감염병이 의심되거나 확진을 받은 경우에는 해당 유아, 다른 유아, 학부모, 교사, 교실 등에 필요한 후속조치를 취하도록 한다. 생활방역이 필요한 상황이라면 유아와 생활속에서 구체적으로 실천할 수 있는 방법을 지속적으로 알려 행동으로 옮길 수 있도록 해야 한다. 다음은 감염병 예방을 위한 생활수칙 예시이다.

문제 사례 7 수두 의심사례

장 교사는 진영이가 평소와 달리 기운이 없고 언어 영역 소파에 기대어 앉아 있는 것을 보았다. 기침도 하고 38℃로 발열도 있는 것을 확인했다. 육안으로 다른 이상이 없는지 살펴보았더니 목과 등 쪽으로 붉은색으로 발진이 있는 것을 확인하였다. 이때 교사가 취해야 하는 적절한 조치는 무엇인가?

아픈 유아(진영이) 관리

* 진영이가 기침하고 열이 있어 교사와 진영이는 비치된 마스크를 착용하고 적정거리를 유지한 채 일시적으로 관찰하며 지켜볼 수 있는 분리된 공간으로 이동하였다.
* 체온의 변화를 측정하고 진영이의 상태를 관찰하며 의심되는 감염병이 없는지 확인하였다.
* 부모에게 연락하여 며칠 전부터 미열이 있었으나 의사의 진료를 받지 않은 것을 확인하고, 진료를 받도록 권고하였다.
* 감염병이 의심될 경우 등원 중지 안내를 하고 부모님이 올 때까지 진영이를 관찰하며 함께 있도록 한다.

학급 및 다른 유아 관리

* 진영이와 함께 있는 동안 다른 교사로 하여금 나머지 유아들을 관리하고 지도하도록 한다.
* 창문을 열어 교실 환기를 시키고, 유아들에게 감염병 예방을 위한 손 씻기와 기침예절을 다시 한 번 강조한다.

추후 관리

* 병원에 간 진영이 부모님이 수두가 의심된다는 의사의 진단을 알려와 치료가 완료될 때까지 자가 격리가 필요함을 확인한 후에 원장선생님에게 관련 사실을 보고하도록 한다.
* 교실 및 관찰실에 필요한 환기 및 소독을 실시한다.
* 결석, 조퇴, 지각한 유아가 있을 때 사유를 확인하고, 수두 의심 증상이 있는 다른 유아가 없는지 능동적으로 살핀다.
* 수두에 대한 예방교육 자료를 통신문으로 각 가정에 발송한다.
* 유행 의심 상황이 발생할 경우 교육지원청에 보고하고 보건소에 역학조사를 의뢰한다.
* 마지막 의심 환자가 완치된 후에 최대 잠복기간 동안 추가 의심 환자가 발생하지 않을 때 상황을 종료한다.

문제사례 2 코로나 유증상자 발생 시

윤 교사는 유아들의 발열검사를 하는 중 성주가 38.5도로 측정된 것을 확인하였다. 코로나 3단계의 상황에서 교사는 어떤 조치를 취해야 하는가?

아픈 성주 관리

성주는 곧바로 보건용 마스크를 씌우고 확보된 격리공간에서 보호자가 올 때까지 동석하여 대기한다. 이때 동석하는 교직원은 보건용 마스크, 일회용 장갑 등 개인보호구를 착용하고 손 위생을 철저히 하도록 한다. 성주를 보호자에게 인계하고 즉시 필요한 진료를 받도록 한다.

추후관리

의심환자와 접촉한 보육교직원 및 재원 유아는 의심환자의 검사결과가 나올 때까지 등원을 중단하고 자가격리하며, 결과 음성을 확인하고 등원 및 복귀한다. 자가격리 중 관련 증상이 나타날 때는 결과 여부와 관계없이 지체 없이 관할보건소에 연락하여 안내조치를 받도록 한다. 격리장소와 의심환자가 이용한 공간은 보호장구를 착용하고 소독을 실시하도록 한다.

2) 안전 관리

(1) 유아 안전교육

교사는 유아들이 안전에 대한 올바른 지식과 태도, 기술을 습득하여 스스로 자신을 지킬 수 있도록 안전교육을 실시해야 한다. 아동복지법(제31조)과 아동복지법 시행령(제28조)에서는 유아교육기관에서 실시해야 할 아동안전 교육의 내용을 제시하고 있다(부록 3). 구체적인 안전교육 내용은 성폭력 및 아동학대 예방교육, 실종 · 유괴의 예방 · 방지교육, 약물의 오용 · 남용 예방교육, 재난대비 안전교육, 교통안전교육이다. 실시주기와 세부내용은 아동복지법 시행령 제28조 제1항 관련한 교육기준(부록 4)을 참고하도록 한다.

특히 최근 들어 가정은 물론 유아교육기관 내의 안전사고도 증가 추세이므로 특별히 관심을 가질 필요가 있다. 유아교육기관에서 발생하는 안전사고는 유아는 물론 교사에게도 신체적 · 심리적인 피해가 발생하며, 보상 문제 등으로 경제적 · 법률적인 어려움을 초래하기도 한다. 일과 중의 안전교육을 통하여 유아들이 건강하고 안전한 행동을 증진시키고, 안전한 생활습관을 형성하도록 한다. 이를 위해 교육과학기술부(2012)에서는 유치원 교육과정 운영 지원을 위한 유아 재난대비 · 생활안전교육 프로그램을 보급하였다. 재난대비와 생활안전 주제로 구분하여, 재난대비교육은 화재, 자연재난, 환경오염 대비 관련 주제를, 생활안전교육은 유치원, 가정, 승강기 · 자동계단, 약물, 식품, 놀이, 물놀이, 미디어, 성폭력, 유괴, 미아 · 실종안전 관련 주제에 관한 총 40개의 소주제에 따른 내용(부록 5)으로 구성하였다.

(2) 안전사고 발생 시 대처 방법

안전사고 발생 시 교사는 당황하지 않고 침착하게 대응하도록 노력한다. 만일에 발생할 수 있는 안전사고 및 응급상황에 대처할 수 있는 대응 요령 교육을 평상시 실시하여 준비하도록 한다(교육과학기술부, 2012; 서울특별시, 2016).

- 효율적인 역할분담: 안전사고 발생 시에는 신속한 대응을 위해 교사와 직원들 간에 담당할 역할을 분담하고 긴밀하게 연락사항을 주고받는 것이 중요하다. 분담해야 하는 역할로는 사고 유아를 살피고 대피시키는 역할, 응급처치하는 역할, 부모와 구조대 또는 응급실에 연락하는 역할, 다른 유아를 돌보는 역할 등이 있다.
- 긴급 연락처: 가까운 병원의 응급실이나 구급차를 부를 수 있는 전화번호, 119 구조대 등 도움을 받을 수 있는 곳의 전화번호를 잘 보이는 곳에 부착한다. 부모의 긴급 연락처, 유아 주치의 전화번호 등도 손쉽게 찾을 수 있도록 준비해둔다.
- 응급처치법과 응급처치 매뉴얼: 응급상황이나 안전사고 발생 시 교사가 취할 수 있는 응급처치 교육을 받는다. 상황에 따라 참고할 수 있는 응급처치 매뉴얼을 찾기 쉬운 장소에 비치하고 주기적으로 내용을 숙지한다.
- 상비의약품과 응급처치 기구: 안전사고 발생 시 사용할 수 있는 상비의약품은

유아의 손이 닿지 않는 곳에 보관하고, 정기적으로 내용물을 확인하여 보충하도록 한다. 소풍이나 견학 등 야외활동에 필요한 휴대용 구급상자를 준비해 두면 손쉽게 활용할 수 있다.

- 유아 개인정보 및 부모동의서: 사고발생시나 치료 시 필요한 영유아의 개인정보와 비상연락처는 미리 기록하여 보관해 둔다. 부모들로부터 응급상황 대처과정에서 필요한 '응급처치 동의서'도 사전에 받아둔다.
- 사고보고서: 사고 발생 이후 24시간 이내로 사고 발생 상황 및 원인, 응급처치 및 의료기관 진료 사실 등에 대해 사고보고서를 작성한다. 작성된 보고서 중 한 부는 부모에게 전달하고 다른 한 부는 기관에 보관한다. 사고발생 보고서는 이후 교정활동을 계획에 반영할 수 있다.
- 특별한 도움이 필요한 유아 관리: 질병으로 장기간 치료를 받고 있거나 특이체질인 유아에 대해서는 사전에 별도의 관리계획을 세워 두어야 한다. 이러한 유아들은 응급상황에서 특별한 보호가 필요할 수 있으므로 사전에 숙지하는 것이 중요하다.

원 내에서 응급상황 및 사고 발생 시 교사는 대처 방법에 따라 적절히 대응해야 한다. 필요시에는 119에 신고하고 원장에게 즉각 보고한다. 학부모에게도 즉시 연락하여 사고 이후 처치에 대한 부모의 의견을 최대한 존중한다.

원내에서 응급상황 및 사고 발생 시 교사는 대처 방법에 따라 적절히 대응해야 한다. 필요시에는 119에 신고하고 원장에게 즉각 보고한다. 학부모에게도 즉시 연락하여 사고 이후 처치에 대한 부모의 의견을 최대한 존중한다.

도움을 요청해야 하는 응급 상황

- 의식이 없거나 희미한 상황, 경련이나 마비 증세, 머리나 척추의 손상으로 구토 증세가 나타나거나 의식이 희미한 상황
- 심정지 또는 호흡곤란, 심장질환으로 인한 급성 흉통, 심장박동 이상
- 극심한 통증을 호소하는 상황(통증으로 인해 움직일 수조차 없는 상황)

- 독성물질을 삼킨 상황
- 갑작스러운 시력 소실
- 갑자기 배가 아픈 증상
- 부위가 큰 화상
- 개방성 골절, 다발성 골절, 다발성 외상
- 지혈이 안 되는 출혈
- 교통사고로 상태가 위중한 상황, 알레르기 반응, 전기손상, 익수

출처: 교육과학기술부(2012). p. 203.

안전사고 발생 시에는 다음의 절차에 따라 신속하게 행동해야 한다.

① 교사는 당황하지않고, 침착하게 대응하면서, 다친 유아를 안심시키고, 함부로 유아를 움직이지 않는다. 특히 골절이나 척추손상이 의심되는 경우 유아를 함부로 옮기는 것이 오히려 위험할 수 있다.

② 간단하게 응급처치할 수 있는 상황이라면 사전에 준비된 절차에 따라 신속하게 대응한다.

③ 응급처치 방법을 정확하게 모른다면 응급상황에 대응할 수 있는 사람이 올 때까지 아이를 진정시키며 그 자리에 머문다. 기관에서 처치할 수 없을 때는 섣불리 행동하기보다 즉시 119에 신고하고 도움을 받는다. 아래 신고 방법에 따라 중요한 정보를 정확하게 전달하고, 상황을 명확하게 알린 후에 구급차를 기다리는 동안 할 수 있는 응급처치 지도를 받는다.

④ 유아의 부모에게도 곧바로 연락하여 이후의 응급처치 절차에 대한 동의를 얻는다.

⑤ 구급차를 타고 병원으로 후송된 후에는 부모가 올 때까지 유아와 함께 있고, 사고 및 응급처치에 대해 설명한 후에 어느 정도 상황이 정리될 때까지 함께 있도록 한다.

⑥ 사고 발생 24시간 이내에 사고보고서를 작성하여 부모에게 전달하며 작성된 사고보고서를 토대로 위험물 제거 및 교정활동 계획을 수립한다.

유치원 안전사고 보고서(서식 18)는 원의 양식에 따라 성명, 성별, 생년월일 등과 같

은 유아에 대한 기본정보, 사고일시, 사고 발생 정보, 목격자, 부모님에게 연락한 사람, 연락한 시간, 그 밖에 연락한 곳이나 119 신고 여부 등의 내용을 요약적으로 정리한다. 사고가 일어난 상황과 사고 원인을 육하원칙(六何原則)에 의거하여 가능한 구체적으로 기술한다. 유아의 다친 부위와 부상 정도를 상세히 기술하고 사고 후에 이루어진 응급처치나 진료 등의 조치를 기록한다. 유사한 사고의 재발 방지를 위한 추후 계획에 대한 메모를 남기고 이후 안전관리나 안전교육 시 적용시키도록 한다. 안전사고 보고서는 별도의 파일에 저장하여 학년 말에 1년간의 사고를 유형, 빈도, 원인 등 다각적으로 분석하여 내년도 안전관리 및 안전교육 계획 수립 시 반드시 반영한다. 신임교사 교육 시 과거 안전사고 일지를 참고하여 유의해야 할 사항을 교육내용에 포함시켜 유사한 사고의 재발을 방지하도록 한다.

119 구급상황관리센터 신고방법

사고 장소 주소와, 주변 건물, 사고를 당한 유아의 현재 상태, 연락할 전화번호 등을 말하고, 전화를 끊지 않고 응급처치 요령을 전달받는다.

- 주소 → ○○구 ○○동 ○○길 ○○, ○○유치원이에요.
- 주변 건물 → 옆 건물에 ○○은행이 있어요. (유치원을 찾기 어려울 경우 쉽게 찾을 수 있는 주변의 관공서나 은행, 큰 건물을 말한다.)
- 사고 내용 → 사고 발생 장소, 상황, 현재 상태, 연령, 성별 등을 말한다.
- 신고자 정보 → 제 이름은 ○○이고, 전화번호는 ○○○-○○○-○○○이에요.

chapter 6

관계 형성하기

관계 형성하기

유아교육기관에서 교사가 관계를 형성해야 할 대상은 유아 이외에도 부모, 동료 교사, 관리자, 외부 전문가 등 다양하다. 본 장에서는 교사가 관계를 형성해야 하는 대상을 중심으로 부모, 동료 교사 및 관리자, 교육실습생 그리고 지원 인력과의 관계를 살펴보겠다. 부모나 동료 교사, 관리자, 실습생, 지원봉사자 등과의 관계는 대상의 특성은 물론 업무에 따라서도 달라진다. 교사가 부모, 동료 교사, 관리자 및 지원 인력과 관계를 성공적으로 형성하기 위해서는 먼저 각자가 담당하는 역할과 관계의 유형을 바로 이해하고, 그에 따른 의사소통 전략을 활용할 필요가 있다.

1 부모와의 관계

유아교육은 그 대상이 어린 유아이므로 교사-부모 간의 관계형성은 가장 기본적인 것이며 중요하다. 부모들은 유아가 재원하고 있는 기관과 기관 내 생활에 대한 정보를 알고자 하며, 유아교육기관에서 이루어지는 교육을 가정에서도 공유하고 교류하고자 한다. 유아교사들 역시 교육 현장에서 교육과정 계획자, 환경 제공자, 관찰 및 평가자, 유아 상담 및 조언자 등의 역할을 수행하면서 부모와의 긴밀한 유대관계를 형성하고자 한다. 따라서 유아교사의 주된 업무 중 하나는 유아를 교육·보육하는 동시에 부모와 긴밀한 관계를 형성하는 것이다.

그러나 부모와 교사가 상호관계를 형성하는 과정에서 부딪히는 어려움에 대해 학자들은 유아 부모들은 자녀에 대한 과잉보호, 지나친 걱정, 교사에 대한 불신, 냉담, 회피 그리고 무관심과 같은 성향이 있으며(김보영, 2013), 교사들은 부모와의 의견 차이, 자신의 교육적 신념과 부모의 요구 및 기대 간의 갈등 등을 경험하고 있다고 보고한다(박향아, 제경숙, 2003). 교사와 부모 간에 형성하는 관계 형성의 수준이 유아교육의 질에 영향을 미친다는 점을 고려할 때 교사와 부모는 보다 나은 유아교육을 제공하기 위한 공동의 목표를 성공적으로 이루기 위해서 긴밀한 관계를 형성해야 할 것이다.

1) 관계의 특징

부모와 유아 교사의 관계는 유아의 취원과 교육이라는 계약을 통해 운명적, 간접적, 부분적, 일시적이라는 특성을 지닌다(윤기영, 박상님, 2001). 이러한 관계의 성격을 구체적으로 살펴보면 첫째, 교사는 부모와의 관계 형성에서 선택권을 가지지 못한다. 유아교사와 부모의 인간관계는 대부분 자신의 의지와는 관계없이 이루어지기도 하고 대부분 선택의 여지가 없이 결정되는 경우가 있다. 그래서 이러한 관계를 운명적이라고 보기도 한다. 둘째, 유아교사와 부모의 관계는 직접적인 만남이 아니라 유아를 매개로 하여 맺어지는 간접적인 관계이다. 부모는 대부분 유아를 통해 유아교육기관의 하루 일과나 교사의 행동에 대한 정보를 제공받는다. 이러한 특성으로 유아교사와 부모 간에 오해가 생길 수 있는 가능성이 높다. 따라서 문제 소지가 있을 때는 직접적인 의사소통 수단이나 기술을 통해 상대방의 의도를 정확하게 파악하기 위한 노력이 우선되어야 한다. 셋째, 유아교사와 부모의 관계는 통상의 인간관계에서와 같은 전면적인 접촉이 아니라 유아의 교육과 관련하여서만 접촉이 이루어지는 부분적인 관계라는 특성이 있다. 이는 유아교사와 부모 간 관계의 궁극적 목적이 유아의 교육과 관계되는 일에 한정된다는 것을 의미한다. 넷째, 부모와 교사의 관계는 해당 유아가 교사의 지도를 받는 기간만 지속되는 일시적인 관계로서 비영구적이라는 특성을 갖는다. 사실상 형제가 계속 자녀가 유아교육기관을 다니고 있거나 특별히 친분 관계가 있는 경우를 제외하고는 부모와 유아교사 대부분이 자녀가 유아교육기관을 다니지 않게 되면 그 관계도 끝난다. 이러한 관계의 특성으로 교사는 부모와 적당히 관계를 유지하려 할 수 있고, 부모도 교사가 본인의 요구에 적절히 부응하지 않을 경우 교사의 말에 귀를 기울이지 않거나 부정적인 행동을 할 수 있다.

이와 같은 교사-부모의 관계의 특성을 고려할 때 유아교사에게 필요한 자세는 다음과 같이 정리할 수 있다.

- 교사는 자기 자신에 대해 진실해야 하고, 상대방인 학부모에게도 진실해야 한다.
- 학부모와 자녀 간 특별한 관계를 인정하고, 학부모의 특성과 그 나름의 전문성을 존중하고 수용하여야 한다.
- 유아교사는 학부모와의 바람직한 인간관계를 정립, 증진시키기 위하여 대인관계 기술을 보강하여야 한다. 따라서 의사소통능력 증진이나 상담 실제에 관한 실무능력의 보강은 학부모와의 관계 증진에 도움이 된다.

한편 교사와 학부모 간 갈등으로 인해 교권이 침해되었다고 인식될 경우 교사는 교권보호위원회를 통해 교육 활동을 보호받을 수 있다. 교원의 교육권은 정상적인 교육활동을 보호하기 위해 국제법 및 헌법과 법률에 의해 보장된다. 학생 학습권과 학부모 자녀교육권은 교원의 교육 활동이 보호될 때 실현 가능하다. 교원의 권리 보장은 교육과정 편성권, 교재 채택 및 선정권, 교육내용 및 방법 결정권, 평가권, 학생지도 및 징계권 등으로 ① 신분, 지위 보장, 쟁송제기권, 불체포 특권, 교육단체,

노동조합 활동권 등 교육자로서의 권리, ② 전문직 종사자로서의 권리, 그리고 ③인간으로서 존엄과 행복 추구권, 신체의 자유, 양심, 의사 표현의 자유, 재판청구권, 노동권 등 교원이라는 이유로 제한되는 않는 인간으로서의 기본적인 권리로 구분된다.

문제 사례

A교사는 "선생님! 우리 아이 무릎에 파란 멍이 생겨 집에 왔어요. 앞으로 다치지 않도록 부탁 드립니다"라는 문자를 B학부모로부터 받게 되었다. A교사는 "제가 담당하는 교육과정 시간에는 별일이 없었으나, 방과후 과정과 돌봄 과정 선생님께도 말씀 드리겠습니다"라는 답을 하였다. 이러한 문제로 A교사와 B부모는 몇 번의 문자를 오가는 과정에, B부모는 자신의 자녀가 학대와 방임을 받았다고 주장하며, 교사에게 문자로 욕설과 협박을 하였다. A교사는 자신이 교원으로서의 권리인 교권을 침해받았다고 생각하여, 유치원 측에 교권보호위원회를 열어줄 것을 요청하였다.

위의 사례에서처럼 학교교권보호위원회의 역할은 학부모에 의한 교육활동이 침해되었을 경우 피해 교원을 보호하고 경찰에 신고하는 것이다. 위원회에서는 사건 발생 시기, 내용 등 정황과 경중을 정확히 파악하여 유치원 원장에게 즉시 보고하고, 필요할 경우 피해 교원의 수업, 담임, 행정 업무 등을 일시적으로 제외하거나 대체하고, 피해 교원 및 침해 학부모 면담 등 갈등을 중재한다. 피해의 정도가 심각한 경우에는 시 · 도교육청 교권보호위원회에 지원을 요청하여 시 · 도교육청 법률지원단의 도움을 받아 고소, 고발할 수 있다.

또한 교원들도 자신의 교육활동이 침해 받는 것을 예방하고 적절히 대응하기 위해서는 필요한 역량을 강화할 필요가 있다. 구체적으로 살펴보면 첫째, 효과적인 의사소통 역량을 신장한다. 상대방에 대한 공감과 상호 존중의 대화법을 일상에서 실천하고, 교육활동 침해 징후를 파악하여 상담 활동을 강화한다. 둘째, 학교 안전사고 및 학교 폭력 등 학부모 민원에 대한 적절한 대응방법을 강화하고, 상호 존중하는 학교 문화를 정착시키기 위해 노력한다. 셋째, 교육 활동 보호 매뉴얼을 숙지하는 등의 교육 활동 침해 시 대응 역량을 신장한다.

2) 의사소통 방법 및 전략

현대 사회에서 부모의 교육 참여는 지지, 지원 위주에서 벗어나 다양한 형태로 확대되고, 부모의 역할이 단순히 가정이라는 공간에서 벗어나 참여 범위가 넓어지고, 수동적 · 소극적 부모 참여에서 보다 능동적 · 적극적 · 전문적 참여로 그 수준이 높아지는 경향을 보이고 있다(윤기영, 박상님, 2000). 유아교사와 학부모는 유아의 성장과 발달에 영향을 미치므로 서로 긴밀한 관계를 유지해야 한다.

이순형(1992)은 참여활동을 중심으로 학부모의 역할을 참관자, 가정에서의 학습지도자, 자원봉사자, 의사소통자(정보수령자), 학습자, 문제해결자 등 다양하게 분류하고 있다. 헤스터(Hester, 1989)는 부모와 의사소통하기, 부모를 교사로 받아들이기, 활동지지자로 부모를 활용하기, 학습자로서의 부모, 옹호자로서의 부모로 교사와의 관계를 설명하고 있다. 또한 엡스타인(Epstein, 2001)은 가정에서 교육하기, 의사소통하기, 자원봉사자로 참여하기, 의사결정에 참여하기, 지역사회와 협력하기 등 부모와의 관계 설정 시 필요한 역할을 구분지어 설명하고 있다.

교사는 학부모와 긴밀한 협력이 필요하다. 이를 위해서는 무엇보다 서로 충분한 공감대를 형성하고 문제를 해결하기 위해 협력해야 한다. 교사와 학부모가 교육에 대한 공통된 기준과 기대, 상호 지지, 긍정적이고 신뢰로운 관계를 형성해야 한다. 따라서 교사는 학부모와 소극적 수준의 의사소통 전략에서부터 부모와 긴밀히 협력하여 적극적 관계를 형성하는 수준의 의사소통 전략까지 다양하게 활용할 필요가 있다.

(1) 유치원 안내책자

유치원 안내책자 혹은 팜플렛은 유치원의 교육과 운영지침, 프로그램 등을 외부에 알리는 자료이다. 유치원을 안내하는 목적은 단지 원아 모집의 목적뿐만 아니라 가정과의 원만한 관계를 통하여 유아교육의 효과를 높이고 더 나아가 지역사회와의 화합 분위기를 조성하는 데 도움을 주고자 하는 것이다(김수향, 이용주, 이은진, 2008).

유치원 안내책자는 유치원에 관한 일반적인 정보는 물론 교육철학 및 내용과 관련된 정보를 제공하여 학부모로 하여금 유치원과 유치원교육에 대한 기본적인 이해를 돕는 역할을 한다. 하지만 유치원 안내책자는 재원하는 유아의 학부모뿐만 아니라 불특정 다수를 상대로 하는 홍보물이므로 그 효율성이 낮을 수도 있다(이대균, 김주영, 임자영, 박지선, 2010).

(2) 가정통신문

가정통신문은 학부모에게 유아교육기관에 관한 전달사항을 매주, 매월 보내는 알림장으로 가장 많이 활용되는 방법이다. 가정통신문의 주요 내용은 매주 교실에서 이루어지는 활동과 같은 교육프로그램, 유아들의 현장체험 학습, 저축의 날, 부모참여 행사, 교사의 병가나 휴직으로 인한 교사 변경, 전염병으로 인한 전달사항 등의 공지사항이다. 기관에 따라 전달하는 양식이나 형태는 정보 전달식, 편지 양식, 메모 양식 등으로 다양하다. 가정통신문의 디자인과 형태, 내용은 기관의 신념과 교육 철학을 반영해야 하며, 부모들이 한눈에 쉽게 볼 수 있도록 간결하고 깔끔하게 정리해야 한다.

(3) 게시판

유치원 게시판은 자녀들을 등하원시킬 때 학부모가 유아교육기관의 월간 계획이나 행사 등을 볼 수 있도록 마련해 둔 것을 말한다. 게시판은 다양한 내용과 정보를 담을 수 있으며, 원의 상황에 따라 월간 교육 활동 계획을 전시해 두거나, 행사, 급간식에 대한 정보, 현장체험 학습에 대한 정보까지 제공하는 공간으로 활용 가능하다.

(4) 메모, 쪽지, 문자

유아교육기관에서 교사는 가정으로 편지 형식의 간단한 메모나 쪽지를 보낼 수 있다. 주로 유아 발달상황의 진보를 알리거나 가정과 연계하여 유아의 행동에 대해 칭찬 사항이 있을 경우 자유로운 형식으로 보낼 수 있는 의사소통 전략이다. 교사가 지속적으로 아이의 발달상황이나 진보에 대한 정보를 가정에 보낼 경우, 부모는 자녀의 성장 과정에 대해 누적적으로 이해할 수 있다. 그러나 교사가 반 유아 모두에 대해 메모를 보낼 경우, 업무 부담을 초래하므로 유아의 순번을 정해 정기적으로 한 번씩 활용할 필요가 있다. 그리고 교사가 가정에 보낸 메모에 대해 부모가 가정에서는 유아가 어떻게 지내고, 지도하고 있는지 답을 할 수 있는 형태로 교류한다면 교사의 일방적 의사소통이 아닌 쌍방향적인 의사소통 전략으로 활용할 수 있다.

(5) 앱(APP)을 통한 알리미

유아교육기관에서 보편적으로 활용되고 있는 가정통신문이 종이로 된 인쇄물이므로 분실될 우려나 번거로움을 해결하기 위한 대안으로 활용되는 방법이다. 요즘은 '학교종이' 앱, '키즈키즈' 알림장, 네이버 '밴드' 등의 다양한 앱을 활용하여 부모와 의사소통할 수 있다. 이러한 앱은 알림장, 가정통신문, 부모의 의견 조사, 투약의뢰, 부모와 원 상담, 출석부, 재미있는 활동자료 사진 앨범 등의 기능을 활용할 수 있다. 특히 누리과정은 유아의 놀이가 중심이 되는 교육과정으로, 유아의 놀이가 어떻게 발현되고 어떻게 배움으로 이어지는지, 이 과정에서 교사의 지원은 무엇이었는지 학부모 역시 이해할 수 있도록 해야 한다. 이를 위해 교사는 앱 상에서 주기적으로 유아의 놀이 모습, 교사의 놀이 이해와 지원에 대한 설명을 제공하는 것이 좋다. 학부모로부터 놀이의 가치에 대해 인식하고, 유아의 놀이에 긍정을 구하면서도 정작 유아의 놀이 모습이나 교사의 지원이 학부모에게 공유되지 않는다면, 학부모는 놀이 중심 교육과정과 교사에 대해 신뢰를 갖기 어려울 것이다.

그러나 유치원에서 이러한 앱을 활용하기 위해서는 사전에 부모에게 개인정보 활용에 따른 정보 수집 동의서를 받아야 하고, 앱 활용 방법에 대해 안내도 필요하다. 컴퓨터를 활용하여 앱을 다운로드할 수 있으나, 스마트폰이나 컴퓨터를 활용하지 않는 가정이 있을 수 있으므로 이를 고려하여야 한다.

(6) 유아교육기관 홈페이지

홈페이지는 학부모에게 유치원 생활에 대한 유아들의 활동 사진이나 유치원운영위원회 회의 내용, 일일교육계획안 등에 대한 정보를 제공한다. 유아교육기관의 공지사항이나 홍보, 학부모가 반드시 알아야 할 유치원운영위원회에 대한 정보를 홈페이지에 공지하면, 학부모들이 시간과 장소에 구애받지 않고 볼 수 있다. 또한 이러한 자료가 누적됨에 따라 유치원의 의사결정과정도 확인할 수 있다. 한편, 유치원에서 홈페이지를 운영할 경우 교사의 업무부담이 증가할 수 있다. 각 학급에서 관리할 사항을 분담하여 정기적으로 정보를 업데이트해야 하고, 유아의 사진은 개인정보 보호권을 고려하여 올려야 할 필요가 있다. 또한 유아의 사생활이나 개인정보 노출, 지속적으로 필요한 관리, 홈페이지 관리시간과 비용의 문제를 사전에 고려해야 한다. 이와 함께 홈페이지에 올라간 유아 사진 자료의 노출 빈도에 따라 학부모의 서운함 제기 문제 등 여러 가지 우려사항도 고려한다.

(7) 전화

전화는 유아교육기관의 교사들이 활용하는 의사소통 방법 중의 하나로 광범위하게 활용된다. 전화를 통해 학부모는 유아의 유치원 생활의 궁금증을 해결하고, 교사는 유아의 유치원 생활이나 적응 문제 등에 대해 알리며, 상호 간에 의사소통한다. 교사와 학부모 간 전화번호 교환이 의무는 아니지만, 대부분 학부모와의 원만한 의사소통을 위해 서로의 전화번호를 공유한다. 그러나 교사들은 전화 예절을 벗어난 학부

문제 사례

A교사는 퇴근 후 집에서 휴식을 취하는 동안 밤 10시에 휴대전화의 문자를 확인하였다. 메시지를 남긴 사람은 다른 아닌 학부모였다. 반 유아인 지수가 오늘 유치원에서 양말을 안 가져온 것 같은데, 내일 유치원에 출근 직후 양말이 있는지 확인해 달라는 내용이다. 평상시에도 A교사는 퇴근 후 운동하는 헬스장이나 친구들과의 모임에서 학부모들에게 전화가 올까 봐 긴장하는 편이다. 막상 전화를 받아보면 긴급한 일이 아닐 때가 많다. 몇 년 전에는 학부모가 담임에게 개인적인 연락을 할 때 근무시간을 이용하는 편이었으나 지금은 긴급하지 않는 내용임에도 밤늦은 시간에 전화가 걸려 오곤 해 당황스러울 때가 많다.

토론 질문

한밤중에 반 유아의 부모에게 온 전화가 걸려 왔다. 이때 걸려 온 전화는 어떻게 해야 하는지, 그에 따른 대처 방안은 어떠한지 이야기 나누어 보시오.

모들이 많음을 지적하며 어려움을 토로하기도 한다. 따라서 교사의 전화번호 공개에 따른 문제점을 해결하기 위해 유아교육기관에서는 교사와 부모 간 상담은 교사의 개인 전화보다는 원내 전화를 이용하거나, 혹은 업무용 전화를 개통해 상호 교류를 하도록 유도할 필요가 있다.

(8) SNS

사회적 네트워크 시스템인 SNS는 전화번호가 공개되면 자연스레 공유된다. 교사들은 각 반이 단체로 대화할 수 있는 온라인 공간을 만들어 학급 운영과 경영을 부모들과 공유하기도 한다. 이러한 SNS를 활용한 학부모와의 의사소통은 쌍방향 의사소통을 통해 부모의 목소리에 귀 기울이고 이를 적극적으로 반영하는 데 도움이 되고, 문자, 영상을 양방향으로 전할 수 있다는 장점이 있다. 그러나 짧은 글로 상대방의 의도를 정확하게 파악해야 하는 어려움과 학부모와 교사들 모두에게 원하지 않는 사생활이 노출된다는 점에 대한 우려도 있으므로 유의한다.

(9) 부모-교사 면담

면담은 교사와 부모가 직접 대면하여 유아의 성장과 발달을 협의하기 위한 교육적 활동으로 유아가 어떻게 성장하고 발달해 나가는지에 대한 의견을 교환함으로써 바람직한 유아 지도 방안을 모색하는 활동이다. 부모-교사 간 개별 면담을 통해 교사나 부모는 유아에 대한 이해를 높이며, 협력할 수 있게 된다. 또한 유아교육기관과 가정과의 일관성 있는 교육에 대해 서로 협력할 계획을 세우고 유아교육기관의 목표와 서로의 가치 체계를 이해하는 데도 도움이 된다. 특히 부모면담은 부모가 자녀의 유치원 생활에 관심을 가지도록 도와주는 기회가 되기도 한다.

교사는 부모면담을 위해 미리 각 유아의 행동이나 활동과 관련된 체크리스트, 평정척도 혹은 일화기록과 같은 관찰기록 결과를 준비한다. 부모면담의 시기는 유치원의 계획에 따라 정해진 시기에 실시하거나 필요에 따라 비정기적인 개인 상담으로 이루어질 수 있다. 실시 횟수는 학기 초 혹은 학기 말경에 1~2회 정도 실시할 수 있으며, 유아의 상황이나 부모의 요구에 따라 융통성 있게 조정할 수 있다. 각 유아의 부모와 가진 면담 결과는 면담의 일시와 장소, 내용 등을 포함하여 그 결과를 구체적으로 기록하여 보관한다.

부모와의 관계 형성을 위한 의사소통 기술

① 부모의 관심사항과 눈높이에 맞추어 이야기한다.

부모가 자녀에 대해 바라거나 기대하는 점이 다양하다. 부모는 자녀가 친구들과 잘 지내며 선생님의 말씀을 잘 듣는지 등에 대해 관심을 가진다. 교사는 부모가 관심을 가지고 있는 사항이 무엇인지 파악하여, 유아에 대한 의견을 교환한다.

② 부모와 래포를 형성하고, 부모가 느끼는 감정에 대해 최대한 공감한다.

래포(rapport)란 관계의 조화로운 상태를 의미하는 것으로 교사와 부모가 공통의 공감대를 형성하는 것을 말한다. 부모가 느끼는 감정을 알기 위해서는 서로 솔직하게 감정을 표현하여 이해하고 공감대를 넓혀가도록 한다.

③ 부모의 잘못됨이나 지나친 감정 표현에 대해 잘잘못을 판단하지 않는다.

부모의 감정을 있는 그대로 인정하고 부모의 감정이 잘못되었거나 지나침에 대해 섣불리 지적하지 않는다. 잘잘못을 판단하여 대화하기보다는 객관적인 사실에 근거하여 대화한다.

④ I-message 기법으로 대화한다.

"집에서 기본생활 습관 형성이 되어 있지 않아 유치원에서도 힘들어요"라는 표현 대신에 "유치원에서 기본생활 습관 형성에 힘쓰고 있으니, 집에서도 신경써 주시면 ○○이가 혼자 할 수 있는 힘을 기를 수 있을 것 같아요"라는 형식으로 대화한다.

⑤ "공동체"라는 인식을 바탕으로 함께 문제해결 방안을 강구한다.

자녀를 기르는 부모뿐만 아니라 교사 역시 그 문제에 관심을 가지고, 해결하기 위해 노력하고 있음을 부모가 인지하도록 한다.

⑥ 동료 교사나 관리자에게 부모와의 관계에 대해 조언을 구한다.

부모와의 사소한 마찰도 감정적인 문제로 확대되어 어려운 일이 생길 수 있다. 부모와 어려움이 있을 경우 동료 교사나 관리자에게 솔직하게 이야기하고, 해결방안에 대해 자문을 구하도록 한다.

| **활동명** | 의미 있는 타자에 대한 이해

| **활동목표** |

1. 다른 사람의 다양한 감정을 서로 공유하고 상대방의 기분을 공감한다.
2. 다른 사람의 기분이나 정서를 이해하는 조망수용능력을 기른다.

| **활동 자료** | 다양한 사람의 기분이나 감정을 나타내는 그림 자료, 동영상 자료, 감정카드

| **활동 내용 및 방법** |

1. 다양한 감정이나 정서를 나타내는 그림 자료를 본다.
2. 다양한 감정이나 정서를 맞추어 보고, 어떤 상황에서 그러한 정서가 나타나는지 매치해 본다.
3. 감정세계로의 여행 게임을 해 본다.
   각 조당 한 사람이 낱말카드를 고른 후 적힌 감정을 말은 하지 않고 표정이나 제스처 등으로 묘사한다(기쁘다 – 입을 크게 벌리고 손 들기 등).
4. 지금까지 살아오면서 "자신이 잘못 이해했던 다른 사람의 감정이나 정서"의 사례를 공유한다.
5. 다른 사람과 마음의 거리를 줄이기 위해 주변 사람들과 함께 할 수 있는 생활 속 실천 사례를 알아본다.
6. "나만의 마음의 거리 줄이기" 생활 속 실천 규약을 만들어 본다.

감염병 상황에서 학부모와의 관계 맺기

학부모와의 긴밀한 관계 맺기는, 코로나바이러스-19 확산의 영향으로 개학이 연기되거나 유치원으로 등원하지 않고 가정 보육이 이루어지는 경우에도 필요하다. 감염병 우려가 있는 상황에서 학부모와 면대면 면담이 이루어지기는 어렵겠지만, 교사는 위에 설명한 다양한 의사소통 방법 중 전화나 앱을 활용하는 것이다. 그리고 비대면 만남이 권장되는 상황에서 우편이나 택배를 활용하거나, 줌(Zoom)과 같은 온라인 화상회의를 활용할 수 있을 것이다.

전화를 활용하는 경우, 교사는 학부모와의 전화통화를 통해 가정에서 유아가 어떻게 지내고 있고, 어떤 놀이를 주로 하고 있는지 알아볼 필요가 있다. 이는 유아의 기본생활습관이나 성향, 발달 수준 등을 가늠하는 기초 자료가 되고, 교사의 향후 지도 방향을 수립하는 데에 도움이 되기 때문이다. 이때, 교사가 가정 보육으로 지쳐 있는 학부모가 겪을 육아의 어려움을 공감하며 대화를 이끈다면, 보다 자연스럽고 따뜻한 분위기의 통화가 될 것이다. 아울러, 학부모와의 전화 말미에 유아와의 통화를 통해 코로나-19 상황이 나아져 교사가 유아를 만날 날을 기다리고 있으며, 함께할 유치원 생활에 대한 기대감이 큼을 표현해주는 것도 학부모가 교사에 대해 좋은 인상을 갖게 하는 방안이다.

유아교육과 관련된 앱을 활용하여 소통할 수도 있다. 교사는 자녀와 가정에서 보내는 시간이 많아진 학부모들에게 다양한 놀이 아이디어를 담은 '집콕놀이' 영상이나 사진, 소개글을 접하도록 도울 수 있다. 또한, 유아가 등원하면 생활하게 될 유치원과 교실 환경, 교사의 자기소개, 학부모와 함께 할 수 있는 손유희, 노래 등을 영상으로 담아, 유아와 학부모가 함께 보게 할 수 있다. 이는 가정에서의 생활에 익숙해져 유치원에 대한 두려움을 느낄 수 있는 유아가 이후 유치원 등원을 보다 수월하게 하는 방안이기도 하다.

유치원에 간단히 픽업하거나 우편이나 택배를 활용할 수도 있다. 가정에서의 보육이 길어진 유아들의 경우, 유아교육기관에서 가정에서 할 수 있는 미술 활동, 화분 키우기, 그림책, 블록, 요리재료와 요리책 등을 선정하여 '놀이꾸러미'의 형태로 만들어 택배로 각 가정에 보낼 수 있다. 때로는 학부모가 유아교육기관에 방문 가능한 시간을 사전에 정하게 하여 드라이브스루로 놀이꾸러미를 받아가도록 할 수도 있다. 이를 통해 유치원에 등원하지 못하는 유아들에게 교육적인 활동을 제공하고 부모들에게도 유아 놀이는 물론 지도방법 등을 제공함으로써 유치원과 가정 간 협력과 소통을 증진할 수 있을 것이다.

줌(zoom)은 학부모와 교사가 직접 만나지는 않지만 온라인 상에서 양방향 의사소통을 가능하게 해준다는 장점이 있다. 예컨대 교사가 줌으로 학급 오리엔테이션을 진행하면서 학부모로부터 교사의 교육철학이나 학급 운영에 대해 질문을 받고 이에 대해 답하는 형식을 활용할 수 있을 것이다. 또한 COVID-19와 같은 상황에서 가정 보육이 길어질 경우, 아이들의 기본생활습관 형성이나 놀이의 활성화 등을 위해 학부모 연수도 줌으로 진행할 수 있다. 줌을 활용할 때에 교사는 학부모에게 행사나 연수 시간, 아이디, 비밀번호, 입장할 수 있는 링크 등을 공유해야 한다. 또 학부모가 줌 활용방법에 익숙하지 않을 수 있으므로, 줌 설치나 참여 방법 등을 설명글과 화면 캡쳐본을 곁들여 안내할 필요가 있다.

이처럼 코로나바이러스-19의 확산으로 유아가 유치원으로 등원하지 못하는 경우에도, 교사가 신뢰할 만하고 마음 따뜻한 전문가라는 점을 학부모가 느낄 수 있도록 하는 것이 중요하다. 이렇게 할 때에, 학부모를 대면할 수 없는 시기에도, 교사는 부모와의 관계를 원활히 맺을 수 있을 것이다.

2 동료 교사와의 관계

유아교육에 관련된 일을 하는 사람들은 다른 영역보다 더 공감적이고 유대감 있는 관계임에 틀림없다. 아마도 그 이유는 유아들을 가르치고 보살피는 사람들이 모여 일하는 곳이기 때문일 것이다. 그러나 교사와 관리자 간에, 혹은 동료 교사들 간에 힘겨운 관계를 형성하거나 이로 인해 스트레스나 피로감을 느끼게 된다면 업무에 충실하기 어렵고 결국은 이직으로 연결될 수도 있다. 특히 2019 개정 누리과정 실행 이후, 동료 교사와의 관계는 전문적 학습공동체의 필요성이 부각되면서 더욱 중요해졌다. 유아의 놀이를 이해하고 지원하는 교사의 역할이 강조되면서, 이러한 교사들의 전문성 신장을 위해 동료 교사들과 꾸려나가는 전문적 학습공동체가 필수적이라 여겨지고 있는 것이다.

기관에서 동료들과 좋은 인간관계를 유지하기 위한 전략은 무엇인가? 또, 동료와 함께 교사로서의 전문성을 신장시키기 위한 방안은 무엇인가? 교사는 동료 교사들과 맺는 관계의 특징에 기초하여 의사소통 전략을 활용해야 할 것이다.

1) 관계의 특징

조직에서 관리자와 교사라는 입장의 차이는 분명히 존재한다. 관리자는 유아교육기관 운영자로서 조직 운영의 효율성, 수월성, 교육철학 등을 우선 고려하며, 교사들은 조직의 효율적 운영보다는 교사와 유아들의 입장을 중요시하는 측면이 있다. 일반적으로 교사들은 매일 수업 참관을 하여 부담을 주는 원장, 교사와 원장 간의 관계를 어렵게 하는 원감, 지적이 난무하는 관리자들에 대해 불만을 토로한다. 반면 관리자들은 부족한 초임교사들이 의외로 상당함을 지적하며, 정해진 업무를 처리하지 않거나, 근무태도가 불량한 교사들도 빈번함을 반론으로 제기하기도 한다.

이러한 교사와 관리자의 서로 다른 관점은 상대방의 입장을 이해하려는 노력을 통해서만이 그 관계가 개선될 수 있다. 교사들은 일의 많고 적음을 떠나 교직에서 힘든 일이 발생하더라도 직업에 대한 정체성과 자부심을 가질 수 있도록 격려해 주고 공감을 해주는 관리자의 심리적 지지를 가장 중요하게 생각하는 것으로 나타났다(김혜윤, 2010). 서열과 지위를 내세우는 권위적인 역할이 아니라 교사의 입장을 충분히 이해하고 공감하려는 태도가 관리자와 교사 간의 관계 형성에 무엇보다 필요한 것이다. 한편 관리자가 기대하는 교사는 반 운영을 잘하고, 동료 교사와 잘 지내며, 관리자와 의사소통을 잘하면서 집단과 조직의 목표를 달성하도록 협조하는 관계이다. 관리자들 역시 교사들이 자신이 맡은 반 아이들을 사랑으로 교육하며, 유치원 동료들과 협조하여 업무를 처리하며, 좋은 수업을 위해 노력하는 교사를 기대한다.

특히 2019 개정 누리과정이 실행되면서 경력에 따른 위계적 학습공동체보다, 변화된 교육 흐름을 고민하고 함께 문제를 해결하기 위한 수평적 · 협력적인 학습공동체가 강조되고 있다. 학급 교육과정 운영에서 교사의 자율성과 다양성이 존중되는 만큼, 유아의 놀이를 이해하고 지원하는 교사의 책임 또한 커졌다. 이러한 상황에서 교사가 느끼는 어려움과 '과연 내가 잘 하고 있는 것일까?' 하는 걱정을 공유하고, 지지받으며, 다양한 놀이 지원 방안을 동료로부터 얻을 수 있는 통로가 바로 교사들의 전문적 학습공동체이다.

2) 의사소통 방법 및 전략

유아교육기관은 서로 다른 배경에서 온 사람들이 함께 일하는 곳이기 때문에 서로를 이해하고 배려하는 것이 당연히 요구된다. 동료 교사는 교사들에게 가장 근접한 곳에서 직 · 간접적인 영향을 미치며 관심을 공유하며 서로에게 힘이 되어주는 존재이다. 그러므로 교사가 교직 생활을 지속하는 데 있어 관리자 및 동료 교사와의 관계를 형성하기 위한 적절한 의사소통 전략과 방법을 아는 것은 매우 중요하다.

교사와 관리자 간 원만한 관계를 형성하기 위해, 교사는 임용되기 전의 면접을 통해 이 기관이 자신의 교육적 가치관을 얼마나 받아들일 수 있는 곳인지 먼저 알아볼 필요가 있다. 교사와 기관장이 선호하는 교육적 가치관이 상이하다면, 직장에 다니는 동안 서로 마찰이 생겨 1년을 채우지 못한 채 그만두게 되는 불상사가 일어날 수 있기 때문이다. 그러나 일단 근무할 직장이 정해지면 앞으로 일어날 일들에 대하여 이성적이고 합리적으로 대처하는 것이 바람직하다.

먼저 직장에서 첫 2주는 서로 간의 신뢰를 쌓는 데 매우 중요한 시기이다. 그 기관에서 일하고 있는 선임 동료들로부터 기관장의 강점과 약점, 그리고 독특한 점에 대한 정보를 신중히 듣고 활용하기 때문이다. 따라서 평소에 교사가 기관장과 피드백을 주고받을 시간을 갖도록 하여 기관의 누군가로부터 정서적인 지지를 받고 있다고 느끼는 것이 중요하다. 사실 대부분의 기관장은 본인이 책임감 있는 관리자가 되기를 바라며, 직원들과 학부모, 유아들로부터 그에 따른 존경을 받고 싶어한다. 따라서 그러한 기관장의 마음을 이해하는 것이 기관장과 좋은 관계를 가질 수 있는 첫걸음이라 할 수 있다. 교사가 관리자와의 상호작용에서 자신과 타인의 감정을 잘 이해하고 조절하는 능력을 갖춘다면 관계를 보다 원만하게 정립할 수 있을 것이다.

다음으로 교사는 동료와 긍정적인 관계를 형성하기 위해서도 노력해야 한다. 예를 들면, 기관장이나 다른 동료들과 잘 지내는 교사들이 어떤 과정을 거쳐 어떻게 행동하고 있는지를 알아볼 필요가 있으며, 자신에게 적용될 수 있는 점은 무엇인지 탐색해 볼 필요가 있다. 이러한 과정은 본인이 좋은 동료 관계를 쌓는 데 도움이 될 것이다. 동료 교사의 상호 지지와 관심, 그리고 정서적 교감이 있을 때 교사의 직무만족도가 높아진다는 연구처럼(이윤경, 1998), 가능하면 유아들이 하원 후 교실 문을 닫고 혼자 일하기보다는 함께 모여 일하면서 서로에 대해 알아가는 과정이 필요하다. 일주일 또는 격주로 함께 할 수 있는 운동이나 악기 배우기 같은 취미생활을 꾸준히 하거나 방학을 이용하여 여행을 간다면 동료애를 기를 수 있어 즐겁게 생활할 수가 있다. 나아가 본인 스스로 동료 교사를 도와줄 수 있는 것을 찾아 작은 것이라도 실천할 필요가 있다.

교사들 상호 간 화목한 관계를 위해 다음과 같은 사항에 유의한다(진원중, 1986).

첫째, 동료 교사 상호 간의 존경심을 갖고 대하되 교만심을 버리자.

둘째, 동료 교사와의 관계를 공적인 문제해결 과정의 배경 세력으로 삼지 말자.

셋째, 비판은 때와 장소를 가려서 하자.

넷째, 학생 앞에서 동료 교사의 평을 하지 말자.

다섯째, 사심을 버리고 동료 교사의 장점 앞에 겸허하자.

여섯째, 기분 좋지 않은 이야기가 들려오면 화를 내기 전에 그 근본 동기와 이유를 충분히 이해하고 의사소통으로 반목과 대립을 피한다.

또한 유아교육기관은 교사 수에 비해 업무량이 많은 경우가 많아 교사들이 빠르고 능률적인 협력 방법을 항시 찾는 것이 필요하다. 기관장이나 다른 동료 교사들의 결정에 대해 화내고 불평하는 데 많은 시간과 에너지를 허비하는 것보다는 서로 간의 상호작용을 조절하면서 자신의 행동을 변화시켜 나가도록 한다. 동료 교사와 좋은 관계를 형성하기 위해서는 책임과 협력, 공감, 지원 등의 인성을 먼저 갖추어야 하며, 상호 존중하는 태도를 지녀야 한다.

최근에는 유아중심 교육과정 운영이 강조되면서 교사들의 전문적 학습공동체 운영의 중요성이 부각되고 있다. 이에 따라 교사 간 경쟁이나 비판보다는 동반 성장과 지지, 공감, 존중, 이해가 요구되고 있다. 학습공동체를 통해 교사들은 자신의 놀이에 대한 이해, 각 반에서 이루어지는 놀이상황과 지원 방안에 대한 고민을 다른 교사들과 공유하게 된다. 이 과정에서 교사들은 같은 어려움을 공유하는 동료들 간에 공감을 얻고, 동료의 자연스러운 지지도 받거나, 자신이 미처 갖지 못했던 놀이에 대한 이해의 시선을 갖게 되기도 한다. 이는 교사가 부끄러워하지 않고 자기 생각을 공유할 때, 그리고 자신만의 틀을 지나치게 고수하지 않을 때 가능한 일일 것이다. 이처럼 교사들 서로가 '다름'에도 불구하고 함께 걸어가고자 할 때 '배움'이 일어난다(교육부, 2020). 또, 교사들 간 더 알고 싶은 공통 분야가 있을 경우, 관련 강사를 초빙하여 함께 연수를 듣기도 하고, 책을 선정하여 함께 읽은 후 토론하고 교육과정에 적용해 볼 수도 있다. 이처럼 교사들 간의 상호 협력이 일어날 때 집단지성이 나타나고, 종국에는 교사 각자의 전문성이 신장될 것이다.

이러한 과정에서도 동료 교사 간에는 지켜야 할 기본적인 태도나 예의를 갖추어야 한다. 아무리 친한 동료 교사라 할지라도 예의 있는 말씨의 모범을 보이도록 해야 한다. 직장 동료 간에는 "~하세요"와 같은 투로 높임말을 사용하거나 "~습니다" 또는 "~십시오"와 같은 높임말을 사용하는 것이 좋다. 바람직한 존칭어 사용은 아이들이나 학부모 앞에 교사 간에 인격적으로 존중하고 있다는 것을 나타낼 수 있어 인성교육의 기초가 될 수 있다.

문제 사례

A 유치원의 신임교사는 주임교사로부터 학기 초 학급 운영에 관해 많은 지적을 당하였다. 예를 들면, 학부모를 상담할 때도 옆에서 듣고 있다고 여러 교사들 앞에서 핀잔을 주었고 학급의 유아들 앞에서도 본인의 실수에 대하여 "선생님 그렇게 하시면 안되죠"라고 지적당하였다. 신임교사는 주임교사가 알려준 것에는 모두 수긍하지만 왠지 본인의 무능력함을 다른 교사들이나 학급 유아들이 알게 된 것에 대해 매우 속상해 하였다. 이러한 일이 반복되자 신임교사는 주임교사와 더욱 더 좋은 관계를 유지하지 못하게 되었고, 함께 하는 식사자리도 불편을 느끼고 회의시간에도 되도록 주임교사로부터 멀리 앉았다.

토론 질문

만약 내가 위 상황에서의 신임교사라면 어떻게 대처하는 것이 좋을지 토론해 보시오.

3 교육실습생과의 관계

1) 관계의 특징

교육실습 지도교사와 교육실습생과의 관계는 스승과 제자 간의 관계와 더불어 동료로서의 관계까지도 포함하는 인간적이며 동료적인 관계이다. 교육실습 지도교사와 교육실습생 간의 관계는 "인간의 참모습을 찾아 일대일 관계로 함께 떠나는 여행길"(류진희, 2000)이라고 표현될 정도로 기관 내에서 참다운 인간관계를 형성할 수 있다. 교사와 교육실습 지도교사와의 관계가 공감적이고 지지적인 경우 교육실습생들은 안락감과 유대감을 느끼지만 관계가 형식적이고 비판적인 경우 그 기관의 체제에 일방적으로 순응하거나 관계를 포기하려는 경향이 높다. 따라서 교육실습생과 교육실습 지도교사 간에는 상호 긍정적인 관계를 형성하는 것이 무엇보다 중요하다. 더구나 교육실습생은 교사와 학생의 중간 입장을 취하기 때문에 적극적으로 학급에서 교사 역할을 하기 힘들다. 따라서 교육실습 지도교사는 이러한 교육실습생의 입장을 이해하고 교육실습생이 효과적으로 배워 대학으로 돌아갈 수 있도록 적극적으로 지도할 필요가 있다.

교육실습 지도교사가 교육실습생을 적극적으로 지도하고, 바람직한 관계를 형성하기 위해서 정서적 지원과 전문적 지원 차원에서 주목할 필요가 있다.

첫째, 교육실습 지도교사와 교육실습생 간에 정서적인 관계를 형성하도록 한다. 교육실습 지도교사는 인성적, 개인적 자질을 갖추고 있어야 하며, 교직에 대한 열정과 다른 사람을 도우려는 의지가 선행되어야 한다. 실습 지도교사는 다른 사람과 사교적이고 융통성 있는 면이 도움이 될 뿐만 아니라 교육실습생의 요구나 요청에 민감하게 반응하고, 가능하면 도움을 제공하고, 격려할 수 있어야 한다. 교육실습생은 기관에서의 실습이 처음이므로 정서적인 어려움에 직면해 있을 수 있다. 따라서 교육실습 지도교사는 교육실습생에게 지원과 격려를 제공하고 정서적 안정감을 제공할 필요가 있으며, 스트레스와 긴장감에서 벗어날 수 있도록 격려함으로써 친밀하고 서로 간에 믿을 만한 관계를 형성할 수 있다. Biehl(1997)은 훌륭한 멘토로서 교육실습 지도교사가 되기 위해서 교육실습생에 대한 교사의 교직에 대한 전문적인 지도 이외에도 소홀히 하지 말아야 할 점으로 사랑, 격려, 솔직함, 자신의 동기 확인, 긴장 완화의 5가지를 제안하고 있다(최혜숙, 2007).

둘째, 교육실습생이 교수 활동을 수행하는 데 필요한 전문적인 지원 관계도 중요하다. 수업 전문성에 대한 도움을 제공할 때에는 권위주의적이기보다는 서로 간의 의견을 충분히 교환할 필요가 있으며, 교육실습 지도교사가 먼저 전문적인 자질을 갖추고 좋은 모델이 될 수 있어야 한다. 전문적인 지원을 위해서 교육실습 지도교사는 교육실습생에게 동기유발 방법, 환경 구성 및 자료 활용, 유아 지도 등 효과적인 학급 운영 및 교수전략에 대해 전반적으로 알려주어야 하고 효율적인 부모 관계 형성 및 운영위원회 진행방법에 대한 정보도 제공해야 한다. 또한 새로운 교수방법과 기술 발달, 현장에서 실제에 따른 반성적 사고를 위해서 교육실습생에게 규칙적이고 지속적인 정보와 피드백을 제공해야 한다. 그러나 교사가 완벽하게 멘토로서 지녀야 할 자질과 역량을 갖추기는 무리이므로, 교사 역시 자신에 대한 정직함을 통해 교육실습생과 함께 배우고 성장해 나가려는 태도가 무엇보다 중요하다. 이처럼 교육실습 지도교사와 교육실습생이 함께 협동적이고 조직적인 관계를 통해서 교육실습생이 자기 내면의 최고의 역량을 발휘하여 실습기관에 잘 적응할 수 있도록 해야 한다.

교육실습 지도교사는 먼저 오리엔테이션 시간을 통하여 대학에서 요구하고 있는 과제나 서류 등을 알아보고 실습이 진행되는 동안 실습생이 학급에서 맡아야 할 역할을 정할 필요가 있다. 실습 첫 주에는 교육실습생이 학급을 관찰하도록 하여 학급 분위기를 익히고 유아들과 친근해질 수 있도록 한다. 실습 동안 체계적으로 시간을 관리하도록 계획하는 것이 중요하며, 종일 수업 경험 전에 미리 일부 소그룹 지도나 대그룹 지도 경험을 쌓도록 하고 실습 마지막 주보다 한 주 전에 종일 수업을 계획하는 것이 좋다. 모든 것을 교육실습생에게 맡기기보다는 아이들이 하원한 후 일정 시간을 할애하여 교육계획안에 포함된 수업방식과 교재교구 등에 대해 서로 간에 의견을 주고받고 피드백을 주는 것이 필요하다. 가능하면 반성일지를 주기적으로 작성하여 교육실습 지도교사와 교육실습생 간 의사소통이 활발히 이루어져 하나의 사례 속에서 풍부한 경험과 반성을 할 수 있도록 하면 좋다. 실습 마지막 주에는 본인의 실습 경험을 다시 되새겨 보면서 담임교사와 유아들을 세부적으로 관찰하도록 한다면 예비교사 스스로가 자신의 장단점을 생각해 볼 시간을 가질 수 있다. 실습이 끝난 후 시간이 허락된다면 대학의 실습지도교수에게 간단한 이메일을 통하여 교육실습 지도교사가 어떠한 경험을 하였는지 장단점을 알려준다. 이는 대학에서 추후 예비교사를 위하여 어떠한 경험이 제공될 수 있는지 계획하는 데 많은 도움을 줄 수 있다.

2) 대학과 실습 협력 기관 간의 의사소통 방법 및 전략

교육실습은 유치원 교사가 되고자 하는 유아교육 전공자들에게 필요한 과정이므로 유아교사로서 질 높은 실습 기회를 제공할 필요가 있다. 따라서 교육실습 협력 유치원은 교육실습생 지도 및 참관 실습생을 위하여 수업 공개를 할 필요가 있다. 교육실습 지도교사는 유치원 1급 정교사 자격 소지자로서 교육과정 반 담임교사에 한하므로 이를 숙지할 필요가 있다.

교육실습 지도를 위해 대학과 교육실습 협력 유치원 간 의사소통 추진 단계 및 전략은 다음과 같다.

첫째, 교육실습 협력 유치원 지정 신청 및 자체 운영 계획을 수립한다.

- 대학(교)의 교육실습 의뢰 시 유치원 여건을 고려하여 운영 여부 결정
  - 교원 현황 검토, 해당 교원의 의견 수렴
- 대학(교)으로 원장 동의서 송부(서식 19)
- 교육실습 협력 유치원 지정 신청 공문 제출
  - 교육실습 업무 분장, 지도교사별 적정인원 배정
- 협력 유치원 지정 유치원은 교육실습 자체 운영계획 수립

둘째, 교육실습 의뢰 대학과 교육실습 기관 간 협력체계를 구축한다. 교육실습을 지도하는 대학에서는 실습생들이 협력 유치원에서 배운 이론과 지식을 현장에 적용해 보면서 예비유아교사로서 역할을 잘 해낼 수 있도록 사전에 여러 사항을 준비하고 계획을 철저히 해야 한다

- 교육실습 의뢰 대학(교)과 사전 협의
  - 교육실습생 배정, 지도교수 순회지도 일정
  - 교육실습 내용, 참관 · 수업 · 실무실습 배정비율, 평가방법
  - 기타 교육실습 운영 전반
- 교육실습실 및 교육실습생 사용시설 점검
- 교육실습 계획 시 준비사항 마련

실습기관에서는 교육실습과 관련된 지침을 마련하고 사전교육을 준비해야 한다.

- 교육실습 지침서
- 교육실습 기관의 설립 목적, 교육철학, 운영 방침 자료
- 교육실습 기관의 현황(교직원, 시설 및 편성 현황) 자료
- 교육실습 담당 반 배정 및 교육실습 지도교사 선정
- 교육실습 지도계획 수립
- 시설 설비, 비품에 대한 설명 및 사용 규칙
- 교육실습 시 주의사항 안내서

셋째, 교육실습생 사전 교육을 실시한다. 교육실습 지도교사는 사전에 지도계획을 수립하고, 교육실습생에게 사전 교육을 실시해야 한다. 또한 교육실습을 위해 필요한 자료를 적극 제공하여 실습이 실습생과 실습기관 모두에게 알차고 원활하게 이루

어지도록 한다.

- 교육실습 협력 유치원 안내 및 교육실습 운영 사전 연수
  - 교육실습 내용 및 평가방법, 실습(지도)일지 작성 안내
  - 교육실습생 복무 및 건강검진 실시 등 생활 안내

교육실습 지도교사의 교육실습생 사전교육 실시 내용은 다음과 같다.

- 교육실습 기간 중 연간, 월간, 주간교육계획 및 행사 일정 안내
- 교육실습 기간 중 실내외에서 교육실습생으로서의 역할 안내
- 교육실습생의 교육활동 계획 안내
- 교육일지 작성 및 지도 안내
- 안전사고 예방 교육 실시
- 유아 일상생활 지도
- 교육실습 준비물 안내
- 교육실습 시 주의사항

넷째, 교육실습을 실시한다.

- 자체 운영계획 및 사전 협의내용에 따른 내실 있는 운영
- 지도교수의 현장 순회지도 등 대학(교)과 교류 · 협력
  - 교육실습생 관련 현안문제 발생 시 대학(교)과 협의, 공동 지도

교육실습생은 실습 지도교사로부터 실제 유아교육 현장에서 필요한 지식, 기술, 태도 등을 배우게 되므로 실습 지도교사는 교육실습생에게 바람직한 모델이 되어야 한다. 교육실습 지도교사가 실습 동안 지도해야 할 내용은 다음과 같다.

- 교육실습생의 관찰일지, 교육 활동 계획안, 교육 활동 자료 준비 등에 대한 계획성 있는 지도 및 평가
- 영역별 교육 활동, 연계 교육 활동, 반일 또는 교육 활동 수행 과정에 대한 지도 및 평가

- 교육실습생의 언행, 유아와의 상호작용, 놀이 지원 등에 대한 지도 및 평가
- 교육실습생의 교육실습일지에 대한 꼼꼼한 지도 및 전문성 있는 평가
- 유아교사로서 전문성, 유아에 대한 이해와 존중하는 태도, 인간관계 등에 대한 모범
- 유아교사로서 신체적, 정신적, 사회적으로 건강한 모습
- 유아교사로서 윤리적, 도덕적으로 올바른 모습

실습 지도교사는 교육실습생에게 멘토로서 역할을 해야 한다. 교육실습 지도교사가 교육실습생에게 매일 조언 및 평가를 하는 데 포함될 내용을 제시하면 다음과 같다.

- 매일의 교육실습생 역할 수행 정도, 태도 등에 대해 구체적으로 평가하기
- 교육실습생에게 명확하고 깊이 사고하도록 되물어 보기
- 교육실습생의 질문에 대해 전문적으로 답변해 주기
- 교육실습생의 신체적, 심리적 어려움이나 이론을 실제로 적용하는 데 있어 실수한 행동, 유아 행동 지도의 어려움, 유아 간 문제를 해결하는 방법에 대한 혼란 등에 대해 적절한 답을 제공하고 공감과 용기 북돋아 주기
- 유아의 기본생활습관 지도, 놀이 참여 및 상호작용에 대해 교육실습생의 역할을 구체적으로 알려주기

교육실습 기간의 최종 단계에 교육실습생 중에 선정된 자나 교육실습생 각자가 실시하는 일종의 대표적 실제 교육 활동인 공개 수업이 있다. 공개 수업은 교육실습생은 물론 현장 관계자 전원이 참석하여 그에 관한 평가회를 하는 것을 의미한다. 따라서 공개 수업은 교육실습 지도교사, 교육실습생 상호 간에 참관 및 수업의 실제를 통해 상호 평가를 받을 수 있고 구체적인 교육 활동 방법을 피드백 받는 기회이다.

공개 수업 전 교육실습 지도교사 및 교육실습생이 점검해야 할 사항은 다음과 같다.

- 연령별 교육과정에 비추어 목표 설정이 적절한가?
- 공개 수업 지도 내용에 유아의 기술, 태도, 인지적 목표가 균형을 이루는가?
- 유아의 사고력, 창의력 등을 신장시킬 수 있는 확산적 발문인가?

- 공개 수업 활동주제와 교수-학습 자료가 일관성 있게 준비되었는가?
- 수업 목표에 따른 평가계획이 수립되었는가?
- 평가 시 활동 내용에 대한 적절한 평가방법에 계획되어 있는가?

교육실습 지도 시 공개 수업에 대한 참관록 및 평가표는 〈서식 20〉을 참고할 수 있다. 공개 수업 평가 협의회는 가능하면 대학 당국과 연락하여 교육실습생의 연구수업에 대학 지도교수도 함께 참관하고, 원장도 함께 협의회에 참석하여 지도, 조언하는 것이 바람직하다.

다섯째, 사후 평가 및 결과 보고를 한다.

- 교육실습 운영 평가 및 결과 분석 · 환류
  - 교육실습 의뢰 대학(교)과 사후 연계 · 교류
  - 교육실습 운영 결과 분석, 향후 운영계획 수립 시 반영
  - 교육실습 운영을 위한 설문지 분석
- 교육실습 결과 보고 및 유공 교원 명단 공문 제출

교육실습을 성공적으로 운영하려면 사후 평가 및 결과 보고까지 세밀하게 준비하여 마무리해야 한다. 교육실습이 종료된 후 교육실습생이 소속된 대학에 실습 관련 서류를 발송하고, 실습생 관련 서류는 기관에 보관한다.

가. 대학에 송부해야 하는 서류

- 교육실습 결과 보고서
- 교육실습생 출근부
- 교육실습일지
- 교육실습 평가서
- 교육실습 완료 증명서

나. 교육실습 유치원에서 보관해야 하는 서류

- 교육실습 확인서
- 교육실습 결과 보고서(유치원 보관용)

다. 교육지원청으로 송부해야 하는 서류

- 교육실습 결과 보고서
- 교육실습 유공 교원 명단 공문

문제 사례

A 대학의 실습생인 박 교사는 J유치원에서 실습을 한 지 2주가 되었다. 담임교사의 결근이 5일째 지속되면서 박 교사는 본인이 실습생임에도 불구하고 담임교사의 부재로 학급을 이끌어 가고 있다. 다행이 지난 학기에 자원봉사자로 일했던 학급이라 교사 역할을 하는 데 큰 어려움은 없다. 기관에서도 교사 부족의 이유로 이 정도면 교사 역할을 잘 하고 있으니 며칠만 고생해 달라고 부탁하고 있다. 그러나 만약 학급에서 사고라도 난다면 본인의 책임일 것 같아 날마다 긴장하고 있다.

토론 질문

여러분이 각각 담임교사와 박 교사라면 어떻게 대처하는 것이 필요할지 토론해 보시오.

4 지원 인력과의 관계

유아교육기관에는 관리자와 정규 교사 이외에도 특수 실무원, 교육행정직[행정실장, 주무관, 시설 관리직, 영양사, 조리원, 교육공무직(무기 계약직, 기간제 계약직)], 통학버스 운전기사, 방과후 과정 기간제 교사, 학부모 자원봉사자 등 다양한 지원 인력이 근무한다. 다양한 지원 인력이 자신의 전문 분야에 대해 유아들에게 교육하는 것은 유아교육과정에서 다루지 않는 분야 및 내용에 대한 유아들의 관심이나 흥미를 증대시킬 수 있다는 강점이 있으나, 이들의 활용에 있어 문제점이 있음도 인식해야 한다. 다양한 지원 인력 등은 유아 개개인의 발달 상태, 흥미, 요구에 대한 이해가 부족하며, 유아 발달 단계에 따른 교육이 아닌 자신의 단편적인 지식 제고 및 기능 습득 위

주의 교육에 치중하게 되어, 유아들이 의미 있는 지식의 재구성이 일어나지 않는 경우가 종종 발생한다는 점이다. 지원 인력 입장에서도 본인이 알고 있는 지식을 유아의 눈높이 수준에 맞춰 교육해야 한다는 점에 있어서 방법론적 부담감을 가지고 있다. 따라서 유아교사와 지원 인력 간의 관계는 각자 자신의 분야에서 전문성을 지니고 있으나, 유아를 교육하기 위해 상호 부족한 점을 보완해 주고 도움을 주어야 하는 관계로 인식해야 한다.

지원 인력과의 효율적인 업무 수행을 위해서는 첫째, 다양한 지원 인력들이 유아들의 교육 및 활동에 참여하기 이전에 유아 발달에 대한 이해, 유아교사의 역할, 유아 교수-학습 방법, 유아교육기관에서의 의사소통 등에 대한 사전 교육을 할 필요가 있다. 이러한 사전교육을 통해 다양한 지원 인력이 유아교육기관의 업무에 참여하도록 해야 한다.

둘째, 지원 인력의 역할에 대해 교사가 정확하게 알고 있어야 한다. 오리엔테이션 시간에 지원 인력 각자의 역할과 책임을 명확히 구분지어 알려주어 추후 혼란을 주거나 오해가 남지 않도록 해야 한다. 보조교사가 배치되어 있을 경우 교사만 모든 것을 알고 있고 보조교사는 수동적으로 따라오면 된다는 생각을 버리고 보조교사와 함께 유아를 위한 학급을 만들어 간다는 의식 아래 보조교사를 동료로서 받아들일 필요가 있다. 매주 정기적으로 시간을 정하여 보조교사와 토의를 거치면서 계획을 함께 짜고 무엇을 어떻게 할 것인지 구체화시켜 역할과 임무를 명확히 기록하는 것도 필요하다. 학부모 자원봉사자의 경우에도 오리엔테이션 시간에 구체적이고 상세한 의무와 역할을 기록하여 주도록 한다. 예를 들어, 교실 내에서 약속 지키기를 주제로 교육활동 중일 경우, 자원봉사자에게도 약속 준수하기에 따른 교육 지도방법을 간단히 알려주도록 한다. 자원봉사가 끝날 무렵, 자원봉사자에게 자원봉사에 관한 간단한 소감과 유치원에서의 지원이나 요구사항에 대해 기록하도록 한다면, 이는 유아교육기관에서 유치원 교사가 다른 자원봉사자와 관계를 맺는 데 기초 자료로 활용 가능할 것이다. 이 밖에 통학버스 운전기사, 조리사, 청소를 담당하는 분 등과 같은 지원 인력들과도 좋은 관계를 갖는 것이 좋다. 이들은 비록 동료 교사는 아니지만 아이들에게 많은 도움을 주는 분들로서 서로 유대감을 가지고 함께 할 때 즐거운 직장 분위기를 만들어 갈 수 있다. 이와 같은 지원 인력들과 함께 좋은 관계를 유지하기 위해서는 담당 업무를 명확히 하고, 업무 관련 상호 간 지켜야 할 규칙이나 예의를 지키는 것이 중요하며, 작은 것이라도 감사를 표현하는 문화를 만드는 것도 한 가지 방법이다.

문제 사례

"저희 원장님은 원장실에 아이들의 작품을 전시하거나 요리 활동 후 맛있는 음식을 대접하는 것을 매우 좋아하세요. 저희 반 아이들에게 이러한 일을 학기 초에 하도록 했는데 이제는 스스로 알아서 아이들이 원장님을 챙기는 것을 볼 수 있어요. 저는 이런 것을 통해 우리 반 아이들이 웃어른을 존경하는 것을 배울 수 있어 교육적으로도 좋은 것 같아요. 하지만 관심이 많으신 만큼 원장님께서 자주 교실에 들어오세요. 아이들이 미술활동을 하고 있으면 "참 예쁘게 잘 하는구나!", "이건 뭘 그린 거야?" 라고 아이들에게 묻기도 하고, 요리 활동 시에는 "원장님이 뭐 도와줄 것 없을까?" 라며 도와주려 하세요. 저는 원장님이 우리 반에 들어오실 때마다 아이들이 잘하고 있는지, 제 수업 준비는 잘 되어 있는 건지 걱정도 되고, 자꾸 신경이 쓰여요.

토론 질문

위 상황을 원만하게 해결하기 위해 필요한 인성적 자질 3가지를 제시하고 이와 관련하여 필요한 태도 3가지를 말하시오.

chapter 7

실내 · 외 교구 및 환경 구성하기

실내 · 외 교구 및 환경 구성하기

본 장에서는 영유아들이 안전하고 즐겁게 생활할 수 있는 실내 · 외 교구 및 환경 구성하기에 대해 살펴볼 것이다. 실내 환경은 교실, 놀잇감 및 교재교구 그리고 기타 공간으로 구분지어 탐색한다. 교실의 흥미 영역 구성 원칙과 운영, 놀잇감 및 교재교구의 준비와 활용, 보관 등의 문제를 살펴볼 것이다. 실외 환경은 유아의 대 · 소근육이나 자연체험 등을 위한 공간 구성의 원칙과 활용 방안을 중심으로 탐색할 것이다. 이와 함께 최근 증가하고 있는 환경 문제와 관련하여 주의법과 대체 활동마련 방법도 제안하였다.

유아교육기관의 실내외 공간 배치, 활동 다양성, 놀이기구 수, 개인 공간의 제공 등은 유아의 발달에 영향을 미친다(Vandell & Powers, 1983; 강옥환, 1999; 황현주, 1991). 즉 물리적 시설이 잘 갖추어져 있고, 학급 규모도 작으며 잘 훈련된 교사들이 있는 교육기관에서 교사와 유아 간 긍정적인 상호작용이 많이 일어난다. 반면에, 공간이 협소하고 시설이 빈약하며 교사 대 유아의 비율도 높은 교실에서는 유아들의 놀이 수준이 단조롭거나 목적 없이 배회하는 행동, 혼자 놀이가 더 자주 나타났다(Vandell & Powers, 1983). 우리나라의 기관들을 대상으로 한 황현주(1991)의 연구에서도 물리적 환경이 우수한 기관의 유아는 과제의 열중도, 유목적적 활동, 규칙 따르기, 자기 주도적 능력, 협동행동이 많이 나타나는 반면에, 그렇지 않은 기관에 있는 유아는 목적 없는 행동, 규칙을 따르지 않기, 방해하기, 의존적 그리고 공격적 행동이 많이 나타났다고 보고하고 있다. 따라서 유아들의 놀이는 물론 유아들 간의 긍정적인 상호작용을 활성화하기 위해서는 실내 환경과 실외 환경을 적절히 구성해야 할 필요가 있다.

1 실내 환경

1) 교실

유아교육기관의 교실은 유아의 연령 및 발달 특성을 고려한 흥미 영역으로 구성되어 있다. 흥미 영역은 유아의 흥미와 관심을 고려하여 교구장이나 분리대 등으로 구분해 둔 공간으로, 다양한 교구와 자료를 비치하여, 유아가 자신의 흥미와 관심, 요구에 따라 자기 주도적 활동이 가능하도록 지원한다. 유아교육기관에서 흥미 영역을 구성하기 위해서는 먼저, 유아의 연령이나 수, 교실의 크기에 기초하여 배치할 흥미 영역의 종류를 정한다. 흥미 영역이 본연의 목적과 기능을 발휘하기 위해서는 유아의 발달적 요구 및 유아교육기관의 물리적 특성을 고려하여 탄력적으로 구성해야 한다. 특히 2019 개정 누리과정에서는 유아의 놀이를 활성화하기 위해 흥미 영역 구성 및 운영의 융통성, 가변성을 강조한다.

실내 · 외에 구성하는 흥미 영역의 종류나 수는 고정된 것이 아니라 수시로 변경할 수 있으며, 1년을 단위로 하여 4~5번 정도 위치를 재배치하는 것이 바람직하다(Ministry of Health and Welfare, 2011). 예를 들어 유아의 수가 20명이고, 이들을 위한 충분한 공간이 확보된다면 5~6개의 흥미 영역을 구성하여 한 영역에 3~4명의 유아가 활동할 수 있게 구성할 수 있다(박정아, 최목화, 2016). 흥미 영역 구성에서 유의할 사항 중의 하나는 유아의 놀이가 방해 받지 않을 정도의 공간을 보장해 주는 것과 유아들의 놀이가 진전되면서 흥미 영역 간에 이동이 용이할 수 있게 영역 간 이동 통로나 경로도 확보해 주는 것이다.

만약 교실의 공간 구성이나 상황이 여의치 않다면 관련성이 높은 흥미 영역을 통합하여 구성할 수 있다. 흥미 영역 구성에서 영역 간 독립성을 보장하는 것이 중요하지만 영역 간의 연계성을 고려하는 것도 필요하기 때문이다. 영역 구분이 고정적으로 이루어질 경우에는 유아의 놀이 행동뿐만 아니라 상호작용하는 또래의 범위에도 영향을 미칠 수 있다. 예를 들어 쌓기놀이 영역과 역할놀이 영역 간의 물리적 공간 구분을 엄격히 할 경우 여아들은 주로 역할놀이 영역에 관심을 갖고 모이는 반면 남아들은 쌓기놀이에 집중함으로써 놀이가 점차 성유형화를 강조하게 되는 결과를 낳을 수 있다(홍순옥, 2003).

그러나 쌓기놀이 영역과 역할놀이 영역을 인접하게 배치한다면 두 영역에서의 놀이가 통합되기도 하고, 쌓기놀이 시 일어나는 참여 갈등도 자연스럽게 해소되기도 한다(김보현, 2008). 실제로 쌓기놀이 영역과 역할놀이 영역을 인접 배치하거나 통합 운영한 경우 남아와 여아 간의 상호작용이 더욱 활발하게 이루어졌으며, 유아가 활용하는 놀잇감 종류의 증가나 성역할 고정관념을 완화시키는 효과가 나타났다(전영아, 전홍주, 2013). 이러한 연구 결과는 교실에 배치하는 흥미 영역의 수는 유아의 연령이나 교실 규모에 따라 고정된 것이 아님을 의미한다.

사진 7-1 쌓기놀이 영역과 역할놀이 영역 간 통합놀이

사진 7-2 연계, 확장된 쌓기놀이 영역에서의 놀이

유치원 교실을 흥미 영역 중심으로 구성하는 이유는 다음과 같다.

첫째, 흥미 영역은 유아의 연령 및 발달 특성을 고려하여 배치하므로 유아의 발달 수준에 적합하고 개별화된 교육이 가능하다.

사진 7-3 유치원 교실 내 미술 영역 활동

둘째, 유아들이 자신의 흥미와 요구에 따라 흥미 영역을 선택하여 활동하면서 적극적이며, 자기 주도적이며 자율적인 활동이 가능하다.

셋째, 생활주제, 유아의 관심과 흥미에 따라 흥미 영역의 환경을 변화시킴으로써 폭 넓고 다양한 교육 경험을 제공한다.

흥미 영역을 구성할 때는 교사가 한눈에 교실 상황을 점검할 수 있도록 공간을 배치한다. 또한 의자와 책상, 교구장 높이는 유아의 신체 크기와 부합해야 하며, 가구의 모서리가 둥글고 표면이 매끄럽게 처리되어 아이들이 모서리에 부딪히거나, 손에 가시가 박히는 안전사고를 예방해야 한다.

이 외에도 교실 내에는 개별 유아의 건강이나 심리 상태에 따라 편안히 휴식을 취할 수 있는 공간을 마련해야 한다. 별도의 휴식 공간을 마련하기 어려울 경우에는 언어 영역과 통합하여 구성 가능하다. 활동의 편의성을 위해 미술 영역 인근이나 적절한 곳에 세면대를 설치하여 활동 후 유아들이 손을 씻을 수 있게 한다.

교실 내 흥미 영역은 구분하되 유연성 있게 운영하는 것이 좋다. 즉, 유아의 연령이나 생활주제 등을 고려하여 교실 내 흥미 영역을 구성하되, 교구장 등으로 각 영역이 지나치게 분리되지 않도록 한다. 교육과정을 실행하는 교사의 자율성 강조와 함께 흥미 영역 역시 가변적으로 운영될 수 있다. 교사는 필요한 흥미 영역의 통합이나 흥미 영역 간의 넘나듦이 자유롭도록 운영할 수도 있다. 예컨대 유아는 역할 영역에서 음식점 놀이를 하다가 미술 영역에 있는 종이와 크레파스를 가져와 간판을 만들고, 음식점에 음악이 필요하여 음률 영역 내 악기를 가져와 역할 영역에서 연주할 수 있는 것이다. 유아가 놀이에서 누리과정 5개 영역을 통합하여 경험하듯(교육부, 2019) 유아의 놀이 역시 미술 영역에서는 미술 놀이만, 음률 영역에서는 악기로만 놀이하지 않을 수 있다는 것이다. 이렇게 흥미 영역 간의 넘나듦과 통합이 놀이의 흐름에 따라 자연스럽게 이루어지기에, 흥미 영역별로 놀이 인원 수가 제한될 수도 없고, 각 흥미 영역 내 교구들의 이동 역시 제한되는 것이 부적절하다. 또한 반의 아이들이 특정 놀이에 관심을 보인다면, 그 놀이가 충분히 이루어질 수 있는 새로운 영역을 구성하는 것도 권장된다. 예컨대, 유아들이 팽이 놀이에 큰 흥미를 가지고 많은 시간을 팽이 놀이를 하며 보낼 경우, 교사는 이러한 유아의 관심과 흥미, 요구를 반영하여 새로운 놀이 영역을 만들 수 있도록 지원해야 한다(교육부, 2019).

교실 내 공간 구성이나 설비 이외에도 적정 수준의 온도나 습도 유지도 중요하다.

출처: 환경부(2018)

사진 7-4 유치원 실내 공기 질 관리요령

난방은 바닥, 벽, 천장 등에 배관하여 복사열로 실내를 따뜻하게 하는 방법인 복사난방을 하는 것이 좋다. 실내 밝기도 중요한데, 자연채광으로 충분하면 가장 좋으나, 부족할 경우에는 조명 시설을 활용하도록 한다.

실내 공기의 질을 유지하기 위해 수시로 환기하고 공기청정기를 활용한다. 영유아는 실내 공기 오염에 따른 부정적인 영향이 심각한데 그 이유는 첫째, 영유아는 성인에 비해 면역력이 약하고, 둘째, 자신의 체중에 비해 많은 공기를 흡입하기 때문에 공기 중의 오염 물질이 성인보다 더 많이 축적되기 때문이다(백용규, 김수영, 2010). 실제로 체중당 흡입공기량이 성인은 150mL/min-kg인 반면, 영유아는 400mL/min-kg이므로 영유아의 흡입공기량이 성인의 2배 이상이다(Graham, 2004; 육아정책연구소, 2017에서 재인용).

교사는 쾌적한 교실의 공기 질 유지를 위해 다음과 같은 점을 실행하도록 한다(환경부, 2018).

첫째, 수시로 환기한다.

- 창문과 환기 시설 등을 이용하여 신선한 공기를 공급한다.
- 환기는 적어도 오전, 오후 하루 2번 이상, 1회 30분씩 실시하고, 시간대는 오전 10시 이후와 일조, 채광량이 많은 낮 시간대를 이용한다.

둘째, 청소 및 소독을 정기적으로 한다.

- 월 1회 이상 천장, 창틀 및 방충망을 청소한다.
- 습도는 60% 이하로 유지한다.

셋째, 친환경 제품을 사용한다.

- 실내에서 사용하는 가구류와 교육용품은 환경마크 인증 제품을 사용한다.

넷째, 식물을 이용한 자연 정화를 한다.

실내에는 유아가 옷이나 개인 소지품을 보관할 수 있는 정리 공간을 준비한다. 유아교육기관의 상황에 따라 개별 사물함은 교실 내 혹은 교실 인근에 마련한다. 개별 사물함은 유아가 스스로 사용할 수 있도록 유아의 연령 및 신체에 적합한 크기나 높이로 마련하고, 각 유아의 이름을 붙인다.

사진 7-5 개인 소지품 보관함과 옷장

2) 놀이자료

놀이자료는 유아가 놀이할 수 있는 놀잇감, 매체, 재료와 도구 등을 포함하는 말이다(교육부, 2019). 유아는 놀이자료를 사용하면서 자연스레 자신의 지식을 넓히고 자기 생각과 감정, 상상 등을 자유롭게 표현한다. 교사는 생활 주변에서 쉽게 구할 수 있는 일상생활 용품이나 물건, 솔방울, 나뭇가지, 꽃잎, 나뭇잎, 조개껍질 등의 자연물, 재활용품, 그림책, 그밖에 유아들이 관심 있어 하는 분야 내 다양한 자료를 제공할 수 있다. 이들 놀이자료는 교사가 제작하거나 구매할 수도 있다.

먼저, 교사가 제작한 놀이자료는 유아의 발달 수준이나 교육목적 및 내용을 반영하여 제작되었다는 장점은 있지만 시간과 노력이 많이 들고 내구성이 미흡하다는 단점이 있다. 이에 반해 상업화된 놀이자료는 색상이나 디자인이 매력적이고 내구성은 높으나, 교사가 의도한 교육 목적이나 내용을 정교하게 반영하기 어렵다는 단점이 있다.

유아교육기관에서 놀이자료는 연령별, 주제별, 영역별로 정리하여 유아가 생활주제나 자신의 흥미와 관심에 따라 자유롭게 활용할 수 있도록 해야 한다. 또한 자료는 정기적으로 교체하고, 비품과 자료를 보관하는 별도의 공간을 마련해야 한다. 영역별 놀이자료는 유아의 연령별 발달 수준과 흥미 등을 고려하여 적합한 것을 구비하도록 한다.

놀이자료는 4계절 내내 생활주제와 관계없이 지속적으로 제공할 수 있는 기본 놀이자료와 생활주제에 따른 놀이자료로 구분할 수 있다. 기본 놀이자료로는 쌓기놀이 영역의 경우 블록, 미술 영역의 물감류, 풀, 가위, 각종 재활용품, 역할놀이 영역의 주방식기류 등이 해당된다. 생활주제에 따른 놀이자료는 생활주제와 직 · 간접적으로 관련된 놀이자료를 말한다. 예를 들어 생활주제가 직업일 경우 쌓기놀이에는 교통경찰차, 횡단보도, 역할놀이 영역에는 다양한 직업과 관련된 의상, 미술 영역에는 직업과 관련된 그림자 꾸미기 활동 등이 이에 해당된다.

유아가 직접 만든 놀이자료도 교실에서 활용 가능하다. 유아가 재활용품 빨대를 잘라 만든 미로놀이판, 종이벽돌블록과 다양한 쌓기놀이 소품을 활용하여 만든 자동차 경사로 등 다양하다. 이와 같이 유아가 놀이 시 만든 결과물을 반 전체가 공유할 수 있도록 하면, 유아들은 같은 반 유아가 만들었다는 사실에 이러한 자료를 더 소중하게 다룬다. 또한 다른 유아들도 아이디어를 보태며 기존 놀이자료를 더 확장시키기도 한다. 무엇보다 유아가 만든 놀이자료는 유아가 관심있는 주제나 자료 제작에 활용된 지식과 기술을 알 수 있다는 점에서도 의미가 있다.

사진 7-6 생활주제에 따른 교구와 기본교구 활동

사진 7-7 교재교구실과 생활주제별 정리교구함

유아교육기관에서는 사용하지 않는 자료 및 비품을 보관할 수 있는 별도의 공간을 마련할 필요가 있다. 교구실에 보관하는 놀이자료는 연령별, 주제별로 정리하여 필요할 때 쉽게 찾을 수 있도록 한다. 그러기 위해서는 체계적인 자료 분류 기준에 따라 자료명, 자료 내용, 사용 연령에 관한 정보를 중심으로 구분하여 정리하고 교구대장을 만들도록 한다. 교구대장은 어떤 교구가 어디에 있는지, 교구의 목적과 놀이방법이 어떠한가를 쉽게 알아볼 수 있도록 도움을 준다.

놀이자료의 청결한 관리를 위해 원의 상황에 따라 자율적으로 세척 및 소독 시기나 횟수를 결정하여 시행한다. 그러나 일반적으로 플라스틱류, 천 등의 소재에 따라 세척 및 소독방식, 건조에 필요한 시간 등이 다르므로 이를 고려한다. 감염병 예방 및 관리에 관한 법률 제51조 제2항에 따르면 유치원은 소독의무대상기관이며, 시행규칙 별표 7은 50인 이상을 수용하는 유치원은 하절기(4~9월)는 2개월에 1회 이상, 동절기(10~3월)는 3개월에 1회 이상 소독 전문 업체에서 소독을 하도록 규정하고 있다(국가법령정보센터, 2014).

3) 기타 공간

놀이는 공간의 제약을 받지 않는다. 유아가 놀이에서 현재와 과거, 미래를 넘나들며 시간의 경계에 제약받지 않듯, 놀이공간 역시 교실을 넘어 복도로도 확장될 수 있다. 예컨대 테이프로 길 만들기 놀이가 교실에서 진행되다가, 복도 바닥으로, 벽으로, 계단으로, 강당으로도 확장될 수 있다(교육부, 2019)

또한 놀이가 교실 내에서 활동하는 다른 유아들에게 피해를 줄 경우 놀이 공간을 이동시킬 수도 있다. 예를 들어, 교실에서 블록을 활용해 지렛대 놀이를 할 경우, 교실 내의 다른 활동을 하는 유아들이 불편할 수 있고, 지렛대 놀이를 하는 유아들 역시 공간의 제약상 마음껏 놀이하기 어려울 수 있다. 이 경우, 교사는 지렛대 놀이를 교실 복도나 다른 공간에서 할 수 있도록 지원 가능하다. 이처럼 놀이는 항상 교실 내에서만 이루어지는 것이 아니라, 안전상의 이유만 없다면, 놀이의 원활한 진행을 위해 복도나 다른 공간으로 이동, 확장될 수 있다.

유아교육기관에서는 실내 공간 이외에도 실외 활동, 실외 대체 활동, 특성화 활동이나 기타 행사를 위한 별도의 공간이 있다. 이러한 공간은 식당, 낮잠실, 양호 공간, 도서실, 유희실 등으로 이런 공간의 구성에서도 유아의 흥미와 요구, 발달적 상황을 충족하도록 해야 한다.

별도의 공간에는 유아의 요구를 충족하는 다음과 설비 및 비품이 비치되어야 한다.

- 식당: 싱크대, 냉장고, 주방용 도구 일체, 급간식 운반대, 식기세척기 등
- 요리실: 냉장고, 싱크대, 요리용 책상 의자, 오븐기 등
- 양호 공간: 신장계, 체중계, 비상약품, 간이침대(매트) 또는 소파 등
- 도서실: 동화책, 소파, 의자, 책상 등
- 유희실: 대근육 및 운동놀이를 위한 놀이기구, 놀잇감 등

사진 7-8 식당과 요리실

사진 7-9 도서실과 유희실

2 실외 환경

1) 실외 놀이 공간

실외 놀이 공간은 유아가 넓은 공간에서 마음껏 뛰어 놀고, 주변의 동식물을 관찰하기도 하며 다양한 놀이기구를 통해 대 · 소근육을 발달시키는 장소이다. 따라서 실외 놀이 공간은 유아가 신체적 · 정서적으로 건강하게 성장하고, 자연환경의 탐색을 통해 환경친화적 태도와 관찰력을 신장할 수 있도록 구성한다.

실외 공간은 실내 공간과 달리 유아가 마음껏 달리고 움직이면서 에너지를 발산하고 자연체험 활동이 이루어질 수 있도록 하는 동시에, 안전하게 구성할 필요가 있다. 실외에서는 추락이나 충돌과 같은 안전사고가 일어날 확률이 높으므로 반드시 교사의 관리 감독이 필요하다. 따라서 실외 놀이터에는 관리를 담당하는 교사를 지정하여 실외 놀이터 관리 일지를 작성하여 기록, 보관하도록 한다.

실외 공간에는 놀이시설 이외에도 물 · 모래놀이 영역, 운동놀이 영역, 동물 관찰 영역, 자연체험 영역(텃밭), 휴식 공간, 실외 작업 영역(목공놀이 영역) 등을 구성할 수 있다. 각각의 영역에는 다양한 놀잇감을 제공해 주도록 한다.

- 물 · 모래놀이 영역: 다양한 그릇 및 측정도구, 뜨거나 가라앉는 물체, 방수용 앞치마 등
- 운동놀이 영역: 놀이기구, 세발 자전거, 스쿠터, 손수레 등
- 동물 관찰 영역: 동물 사육장, 닭, 토끼, 오리 등
- 자연체험 영역: 꽃과 꽃씨, 꽃삽, 확대경, 물 조리개 등
- 휴식 공간: 나무 의자, 실외놀이용 의자, 동화책 등
- 실외 작업 목공놀이 영역: 다양한 목공놀이 자료 등

실외 놀이터의 놀이기구나 시설물이 망가지거나 휘어진 곳은 없는지, 시설물은 청결하게 유지되고 있는지, 놀이기구에 녹이 슬거나 금이 간 흔적은 없는지 등을 정기적으로 확인하고 관리한다. 특히 방부목으로 이루어진 복합 놀이시설의 경우 시간

이 흐르면서 노후되어 나뭇결이 일어나 영유아들이 나무가시에 찔리는 사고가 종종 발생하기도 한다. 이를 예방하기 위해서 1~2년에 한 번씩 정기적으로 놀이시설물을 코팅 처리할 필요가 있다. 또한 실외 놀이터는 유아들이 바깥과의 경계를 짓는 울타리나 담을 함부로 넘어다닐 수 없는 높이와 구조로 설치한다.

2) 실외놀이 대체 공간

2019 개정 누리과정에서는 바깥놀이를 포함한 놀이시간을 2시간 이상 확보하도록 제시하고 있으나. 환경적인 여건으로 어려운 경우가 많다. 최근에는 황사나 미세먼지 농도 등의 문제로 실외 활동을 운영하기 어려운 경우가 많다. 그러나 사전에 계획된 견학이나 실외 체험 활동은 취소하거나 변경하기가 쉽지 않다. 따라서 교육부에서는 황사 및 미세먼지 대응 매뉴얼을 배포하고 행동 요령을 제시하고 있다. 첫째, 평상시에는 고농도 미세먼지 상황에 대비한 실외 수업 대체를 위한 계획을 마련한다. 둘째, 호흡기 질환 등 미세먼지 민감군 및 고위험군 유아의 현황을 파악하고, 건강을 체크한다. 셋째, 고위험군 유아를 위한 응급처치 요령을 반드시 숙지한다. 넷째, 당일에 미세먼지 수치가 "나쁨" 이상으로 나왔을 때 야외 수업을 자제하고, 바깥 공기 유입을 차단한다. 다섯째, 영유아를 대상으로 외출 시 보건용 마스크 쓰기, 깨끗이 씻기 등의 행동 요령을 교육한다. 여섯째, 공기 청정기 가동 등으로 실내 공기질을 관리한다.

평상시 담임교사는 실외 활동을 계획하고 운영할 때 사전에 미세먼지 상황을 확인하고 체크할 필요가 있다. 교사는 미세먼지의 농도가 높을 때의 대처방안을 숙지하고, 대응조치와 행동요령을 지도해야 한다. 특히나 호흡기나 미세먼지에 민감한 영유아를 사전에 파악하여 응급처리 요령을 숙지하도록 한다. 미세먼지 상황에 대비하여 원 차원에서 비상용 미세먼지용 마스크를 마련해 둘 필요도 있다.

한편 미세먼지 농도 수치를 제공하는 어플의 종류에 따라 그 결과가 다를 수 있다. 즉 유아교육기관에서 교사가 활용하는 미세먼지 정보 앱과 부모가 활용하는 앱의 미세먼지 수치가 달라 유치원에서 실시하는 실외 활동에 대해 불만을 제기하는 경우도 있다. 따라서 유아교육기관에서는 학기 초에 미세먼지 정보를 활용하는 앱이나 사이트를 부모에게 공지하고, 기관 내에도 미세먼지 계기판을 설치하여 정보 접근성을 높일 필요가 있다.

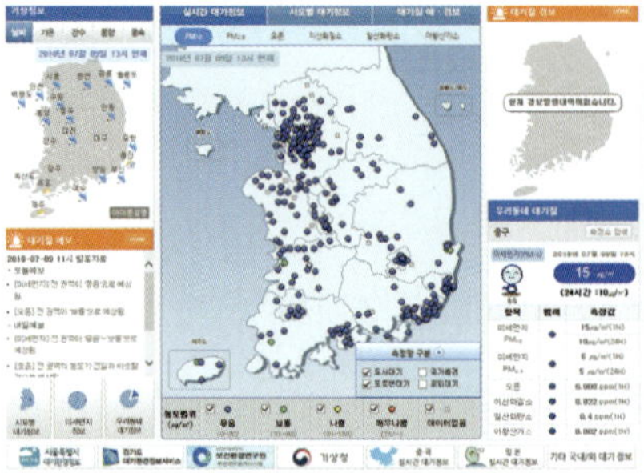

사진 7-10 미세먼지 정보판

출처: 에어코리아(www.airkorea.or.kr)

사진 7-11 유치원 내 미세먼지 정보 계기판

교사는 미세먼지나 황사, 기타 사정으로 인해 계획했던 실외놀이 활동을 하지 못할 경우를 대비해 반드시 대체 활동을 사전에 계획해야 한다. 대체 활동은 영유아들이 대·소근육이나 운동능력을 향상시킬 수 있도록 실내에서 동적인 활동을 제공하는 것을 말한다. 일반적으로 많이 활용되는 대체 활동으로는 실내에서 공 굴리기, 카봇 카 타기 등 유아들이 자유롭게 신체를 움직이고 조절하고 통제하는 활동이 있다. 교사는 이처럼 미세먼지로 인해 실외 활동이 어려울 경우를 대비하여 다양한 대체 활동을 마련해 둘 필요가 있다.

사진 7-12 대체 활동으로 실내에서의 대근육 활동

3 실내 · 외 시설 설비 관리

1) 실내 · 외 시설 설비 점검 및 관리

유치원은 학교이므로 이에 준하는 시설 설비 기준이 있다. 특히 유아의 안전을 보장하기 위하여 유치원 건물의 한 면 이상은 소방차의 진입이 원활하도록 4.0m 이상의 폭을 갖는 도로와 접해 있거나 이러한 도로와 10m 떨어져 있어야 하며, 건물 주변 도로면의 경사가 급하지(10% 이상) 않아야 한다. 또한 유치원 건물 주변을 지나는 고압전선이 없어야 한다.

유아교육기관의 실내 · 외 시설은 감염병 예방을 위한 방역 소독을 철저히 하도록 한다. 특히, 화장실은 항상 청결하게 청소하고 위생적으로 관리한다. 악취의 발산과 해충의 발생 및 번식을 방지하도록 화장실의 내 · 외부를 4월에서 9월까지는 주 3회 이상, 다음해 3월까지는 주 1회 이상 소독, 관리한다. 실외 놀이터에 대한 시설점검과 안전점검, 이물질 제거, 모래 소독, 시설 및 제품 소독 및 세척을 통해 깨끗하고 쾌적한 실외놀이터를 제공하기 위해 관리한다.

어린이 활동 공간 유해물질에 대한 사전 관리를 위해 해당 활동 공간을 이용하기 전에 환경안전관리 기준 적합 여부를 확인한다. 확인 검사 시기는 어린이 활동 공간을 신축과 증축, 수선한 경우는 30일 이내이다. 환경 위생 관리를 위해 실내 공기질은 연 1회 정기적으로 검사하여 실내 · 외 시설을 검점할 필요가 있다.

유치원에서는 미세먼지 예보를 상시 확인하고, 행동 지침을 매뉴얼로 구성하여 대응방안을 마련한다. 고농도 미세먼지에 따른 건강 피해를 예방하기 위해서는 주의보 수준에서는 실외수업을 금지하고, 경보 수준에서는 실외수업 금지 혹은 등하원 시간 조정, 자체 휴원을 검토해 볼 수 있다. 실외 놀이터 역시 상시 놀이시설을 검점하고, 시설 기준 및 적합성 유지를 위해 2년에 1회 이상 안전검사 기관으로부터 정기 시설 검사를 받도록 한다. 유치원 자체 내에서도 월 1회 이상 놀이시설의 청결 및 위생 상태, 놀이기구의 변형 및 이상 유무, 노후 정도, 청결 상태, 부대시설의 파손 및 위험 물질의 존재 여부 등 전반 사항을 육안으로 점검한다. 정기시설 검사를 받지 않았거나 불합격한 놀이시설은 이용을 금지한다.

2) 통학버스 관리

유치원에서 차량 운행을 하는 경우 안전한 차량 지도를 위해 차량 관리 및 점검에 많은 관심을 기울여야 한다. 관리자 측면에서 법적으로 어린이 통학버스 운영자 및 운전자는 안전교육을 100% 이수하여야 한다. 관리자는 2년마다 정기교육 3시간을 이수해야 하고, 교육확인증은 차량 및 기관 내 비치해야 한다. 어린이 통학버스를 운영하는 사람은 어린이 통학버스 내부에 발급받은 신고증명서를 항상 비치해 두어야 한다. 어린이 통학버스 안전교육을 받지 않은 운전자나 운영자 그리고 안전교육을 받지 않은 사람에게 어린이 통학버스를 운전하게 한 운영자에게는 20만 원 이하의 과태료가 부과된다. 또한 통학버스 내에는 안전수칙을 게시하고, 통학버스 운행일지 및 하차 점검일지를 비치 · 기록하고, 차량용 소화기, 구급상자를 구비하고 있어야 한다.

통학버스 안전장치 설치는 필수적이다. 2018년 9월 시행된 「도로교통법」에 따르면 '어린이 통학차량 안전시설 설치 의무화'의 내용에는 어린이 통학차량에 어린이용 안전띠와 유아용 카시트 및 부스터 좌석 등 '유아 보호 장구' 설치가 의무화되어 있다.

따라서 유치원은 통학버스 신규 임차 계약 시 안전장치 설치 의무화 공고를 명시하고, 지입차를 계약할 경우 반드시 어린이 통학버스 안전장치(예: 상시 클랙슨, 상시 클랙슨 작동장치, 안전 벨)가 설치되어 있는 차량으로 계약한다. 유치원 통학버스 인솔교사는 통학버스 내에 출석부를 비치하여, 승차하지 않은 유아를 기재하고, 통학버스가 원에 도착한 후 담임교사는 결석 유아와 그 사유를 등원 1시간 이내에 확인하도록 한다. 또한 유치원 자체 안전교육 계획을 수립하고, 영유아에게 안전벨트 착용, 필요시 큰 소리로 도움 요청하기 등과 같은 안전교육을 강화한다.

표 7-1 유치원 어린이 통학버스 안전점검 체크리스트(유치원용)

<table>
<tr><th rowspan="2">구분</th><th rowspan="2" colspan="2">점검내역</th><th colspan="2">점검결과</th></tr>
<tr><th>예</th><th>아니오</th></tr>
<tr><td rowspan="3">차량 기본 사항</td><td colspan="2">모든 어린이 통학버스는 관할경찰서에 신고하였는가?</td><td></td><td></td></tr>
<tr><td colspan="2">모든 어린이 통학버스의 신고필증은 자동차의 앞면 창유리 우측 상단의 보기 쉬운 곳에 부착하였는가?</td><td></td><td></td></tr>
<tr><td colspan="2">모든 어린이 통학버스는 정기적으로 안전점검을 실시하는가?</td><td></td><td></td></tr>
<tr><td rowspan="4">운영자</td><td colspan="2">운영자는 어린이 통학버스 신규 안전교육을 받았는가?</td><td></td><td></td></tr>
<tr><td colspan="2">운영자는 어린이 통학버스 정기 안전교육을 받았는가?</td><td></td><td></td></tr>
<tr><td colspan="2">운영자는 어린이 통학버스 안전교육 확인증을 유치원 시설 내부의 잘 보이는 곳에 비치해 두었는가?</td><td></td><td></td></tr>
<tr><td colspan="2">학교안전책임관 및 안전담당교사를 지정하고 어린이 통학버스 안전사고 예방 및 대책을 위한 조직을 일원화하였는가?</td><td></td><td></td></tr>
<tr><td rowspan="3">운전자</td><td colspan="2">모든 운전자는 어린이 통학버스 신규 안전교육을 받았는가?</td><td></td><td></td></tr>
<tr><td colspan="2">모든 운전자는 어린이 통학버스 정기 안전교육을 받았는가?</td><td></td><td></td></tr>
<tr><td colspan="2">모든 운전자는 어린이 통학버스 안전교육 확인증을 어린이 통학버스 내부에 비치해 두었는가?</td><td></td><td></td></tr>
<tr><td rowspan="11">운전자 동승 보호자</td><td colspan="2">어린이 통학버스 운전자/동승자 매뉴얼을 모든 차량의 내부에 비치하고 역할별 임무를 숙지하고 있는가?</td><td></td><td></td></tr>
<tr><td colspan="2">어린이 통학버스 운행 및 일일안전점검 일지를 수시로 작성하여 운영자에게 보고하는가?</td><td></td><td></td></tr>
<tr><td rowspan="9">일일 안전점검 사항 준수 여부</td><td>어린이 통학버스 내 구급상자가 비치되어 있는가?</td><td></td><td></td></tr>
<tr><td>어린이 통학버스 내 비상연락망이 게시되어 있는가?</td><td></td><td></td></tr>
<tr><td>어린이 통학버스 내 날카로운 곳 또는 위험한 물건(인화물질 등)이 없는가?</td><td></td><td></td></tr>
<tr><td>어린이 통학버스 내 차량용 소화기가 고정 설치되어 있는가?</td><td></td><td></td></tr>
<tr><td>운행노선 및 시간표, 각 정류장별 승 · 하차 유아 명단을 소지하고 있는가?</td><td></td><td></td></tr>
<tr><td>동승 보호자는 유아가 자리에 착석한 동안 좌석안전띠 착용 등 보호 조치를 하는가?</td><td></td><td></td></tr>
<tr><td>동승 보호자는 유아가 안전하게 승 · 하차하는지 확인하는가?</td><td></td><td></td></tr>
<tr><td>지정된 하차 장소에서 보호자에게 안전하게 인계하는가?</td><td></td><td></td></tr>
<tr><td>동승 보호자 및 운전자는 유아가 하차 후 차량 내 모든 좌석을 직접 둘러보며 잔존 유아 여부를 확인하는가?</td><td></td><td></td></tr>
</table>

구분	점검내역	점검결과	
		예	아니오
운전자 동승 보호자	교통사고 또는 차량 화재 등 비상상황 발생 시 운전자 및 동승 보호자는 탑승 유아를 안전한 곳으로 대피시키고, 피해자를 구호하는 등 추가 피해를 최소화하도록 하는가?		
	동승 보호자는 어린이 통학버스 안전교육을 받았는가?		
교직원	모든 교직원은 안전교육 이수 시간을 준수하고 있는가?		
교사	교사는 등원시간에 출결을 체크하고 결석 유아 확인 즉시 학부모에게 결석 통보 및 사유를 확인하고 기록하는가?		
	교사는 유아의 출결 여부 및 결석 사유 등 출결사항을 운영자에게 매일 보고하는가?		
통학 버스 주차 공간	어린이 통학버스 승 · 하차 장소가 지정되어 있는가?		
	어린이 통학버스 승 · 하차 장소를 쉽게 알아볼 수 있도록 노면표시와 안전표시가 설치되어 있는가?		
	어린이 통학버스 승 · 하차 장소는 유치원 원아들이 도착 및 출발 시에만 접근하도록 제한하고 있는가?		
	방문자나 유치원 관계자의 주차 장소는 어린이 통학버스 주차 장소와 따로 지정되어 있는가?		
	사무실에서 통학버스 주차장을 감시할 수 있도록 영상정보처리기기 등이 설치되어 있는가?		
사고 발생 처리	어린이 통학버스 사고 발생 시 보고체계를 숙지하고 신속 정확히 보고하고 있는가?		
	어린이 통학버스 관련사고 발생 시 조치사항을 숙지하고 준수하고 있는가?		

유아교육기관에서 안전사고 예방을 위해 가정과의 연계도 필요하다. 안전사고 유형별 예방 안내문을 발송하거나, 유치원에서 통학버스 안전교육을 실시한 후 가정에서도 연계되어 지도하도록 권고하기 등이 그 예이다. 다음은 유치원에서 통학버스 교육을 실시한 후 연계 교육 차원에서 가정으로 보낸 가정통신문의 예이다.

가정통신문 예시

제○-○호	가 정 통 신 문	유치원 ☎ ○○○-○○○○

‘어린이 차량 갇힘 사고 대처 방법’ 아이에게 알려주세요.

유아의 안전을 위해 통학차량 안전교육이 강조되고 있습니다.
이에 ○○유치원에서는 어린이 차량 갇힘 사고 발생 시 대처할 수 있는 능력을 기르고자 교통안전교육을 실시할 예정입니다. 이에 유치원과 가정 간 연계 차원에서 안전교육의 효과를 극대화 하고자 가정에서도 차량 내 어린이 갇힘 사고 예방과 대처를 위한 안전교육에 힘써 주시길 바랍니다. 이번 주말에는 유아와 차 안에서 직접 할 수 있는 교통안전교육을 시도해 보세요.

★ 유아에게 자동차 클랙슨의 위치를 알려주고, 문이 잠겼을 때는 힘껏 반복해서 누르도록 이야기한 후 유아가 직접 해 보도록 합니다.

★ 유치원 통학버스에 갇혔을 때는 통학버스 운전석 옆에 있는 벨을 누르도록, 알려줍니다(유치원에서 직접 교육합니다).

★ 반복적인 교육은 실제 상황이 일어났을 때 당황하지 않고 현명하게 대처할 수 있는 능력을 길러줍니다. 유아들에게 수시로 알려주시고, 직접 해 보는 시간을 자주 가져 보시기 바랍니다.

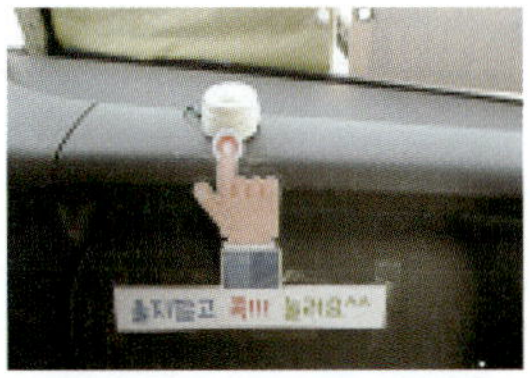

○○유치원

출처: 공주대학교사범대학 부설 유치원 자료 참조

3) 안전점검 및 관리

「학교보건법」에 의하면 학교의 장은 학생의 안전사고를 예방하기 위하여 학교의 시설 · 장비의 점검 및 개선, 학생에 대한 안전교육, 그 밖에 필요한 조치를 하여야 한다(학교보건법 제12조). 유치원 원장은 전체 시설의 안전점검을 실시하고, 담임 교사는 역할분담을 통해 유치원 전체 시설 및 설비에 관한 안전점검을 실시하도록 한다.

따라서 교직원을 대상으로 기본적인 안전교육을 실시하여야 하며, 교직원은 안전교육을 통해 안전관리 시설 및 설비(소화기 등)의 사용법을 숙지하여야 한다. 특히 안전사고가 발생하였을 경우 보고 체계를 매뉴얼화하여 24시간 이내에 사고보고서를 작성하고, 사고보고서에는 사고 발생 장소, 사고 발생 이유, 사고 후 처리과정을 상세히 기록한다. 유치원에 재원 시 안전사고에 대비해 유아교육기관에서는 유아에 대한 응급처치 동의서를 받아 비치해야 한다. 응급처치 동의서에는 비상 연락처, 의료보험 카드 번호 등을 기록한다. 안전사고가 발생하였을 경우 반드시 부모에게 알리고, 비상연락망에는 제 1연락처, 제 2연락처 그리고 제 3의 연락처까지 구비하여 부모와 연락이 이루어지도록 한다.

교사는 일상적 안전관리를 위하여 안전점검 수시 체크리스트를 비치하여 항상 확인하고 점검하는 것이 바람직하다.

표 7-2 안전점검 수시 체크리스트

	점검사항	그렇다	아니다	비고
일반 사항	안전관리를 위한 명문화된 지침이 눈에 띄는 곳에 비치되어 있는가?			
	파손된 용품은 없는가?			
	계단과 통로에 불필요한 시설물이나 피난에 방해가 되는 적치물이 없는가?			
	적절한 환기를 하고 있는가?			
	안전장치(안전덮개, 모서리보호대, 손끼임 방지장치 등)은 잘 부착되어 있는가?			
교실	실내온도는 18도 이상 28도 이하를 유지하고 있는가?			
	창문 주변에 딛고 올라설 만한 물건이 비치되어 있는가?			
비품 및 놀잇감	날카로운 물건(칼, 송곳, 가위 등)은 잠금장치가 있는 곳에 보관하고 있는가?			
	모든 비품 및 놀잇감은 청결한가?			
	모든 놀잇감에는 날카로운 부분이나 모서리, 가시, 갈라진 곳, 삼킬 우려가 있는 작은 부속품이 없는가?			
	비품 및 놀잇감은 유아가 꺼내고 수납하기 알맞은 높이에 있으며 크거나 무거운 비품 및 놀잇감은 교구장 아래에 위치해 있는가?			
가구	책상, 정리장 등 가구들은 바닥과 벽에 안전하게 배치되어 있는가?			
	가구의 볼트, 너트, 못 등이 튼튼하게 고정되어 있는가?			
현관 및 계단	방문한 사람의 신원을 확인한 후 출입시키고 있는가?			
	바닥은 미끄럽지 않고 미끄럼 방지장치가 파손된 곳은 없는가?			
	계단에 부착된 게시물은 잘 고정되어 있는가?			
화장실	바닥이 항상 건조한 상태로 유지되어 있으며 미끄럽지 않은가?			
	락스, 세제 및 변기를 청소하는 솔 등은 유아의 손이 닿지 않는 곳에 뚜껑을 잠가 따로 관리하고 있는가?			
놀이터	실외 놀이시설물은 바닥에 안전하게 고정되어 있는가?			
	놀이시설물은 날카로운 부분, 모서리, 뾰족한 부분이 없는가?			
	놀이시설물의 돌출 부분인 볼트와 너트는 튀어나와 있지 않는가?			
	유아가 걸려 넘어지거나 부딪칠 수 있는 방해물이 없는가?			
	모래에는 못, 나사, 유리 조각 같은 이물질이 없는가?			
	놀이시설물은 고장나거나 부서진 곳은 없는가?			

	점검사항	그렇다	아니다	비고
통학 버스	차량 내에 구급상자가 비치되어 있는가?			
	차량 내에 안전수칙이 부착되어 있는가?			
	차량 내에 날카로운 곳이나 불필요한 물건이 없는가 ?			
	차량용 소화기가 고정되어 있는가?			
	통학버스 운행 시 반드시 보조교사가 탑승하고 있는가?			
	응급 시 예비차량을 즉시 대치할 수 있는가?			
	통학버스 운행 시 긴급 연락할 수 있는 휴대용 전화를 가지고 탑승하는가?			
	운전자 및 통학버스 담당자들은 운행 일일 안전점검표를 기록하고 있는가?			
	통학버스 이용 어린이를 위하여 지정된 승하차 장소를 지정하는가?			
	지정된 승하차 장소는 유아의 활동 장소와 충분히 떨어져 있는가?			
	통학버스 승하차 시에는 유치원의 담당자가 지도 감독하는가?			
화재 예방 시설	소화기는 눈에 잘 보이는 곳에 설치되어 있는가?			
	소화기는 각 층마다 최소한 2개 이상 설치되어 있으며, 소화기의 게이지는 녹색에 있는가?			
	사용하지 않는 콘센트에는 안전덮개가 설치되어 있는가?			
	가스레인지의 중간밸브는 잠겨져 있는가?			
	취사용 가스나 유류 등은 항상 점검하고 기록하고 있는가?			
비상 대응 계획	비상연락망은 눈에 잘 띄는 곳에 부착되어 있는가?			
	구급상자는 유아의 손이 닿지 않는 곳에 비치되어 있는가?			
안전 감독	유아와 관련된 모든 장소와 상황에는 교직원이 감독하고 있는가?			
	안전사고 발생 시 사고일지를 기록하고 있는가?			
	안전사고 발생 시 일어난 사고에 대해 부모에게 알리고 있는가?			

4) 급 · 간식 위생관리

유아기는 성장과 발달이 급속하게 이루어지는 시기이므로 신체발달 단계와 영양적 요구를 고려한 급 · 간식을 제공하여 유아들의 원활한 성장과 발달을 도모하고 건강을 지원해야 한다.

정원이 100명 미만인 유아교육기관의 경우 공동 영양사를 두어도 무관하나, 100명 이상 기관의 경우 영양사를 의무적으로 배치해야 한다. 유아에게 올바른 급간식을 제공하기 위해 유아교육기관에서는 신선한 식재료를 구입하여 사용하고, 식자재를 위생적으로 관리하며, 조리된 식품은 신속하게 배식해야 한다. 조리실 공간과 조리실 내 시설 설비(개수대, 조리대, 식기수납장, 가스레인지, 후드, 환풍기, 주방가전 등)를 청결하게 유지한다. 그리고 조리실 장비, 급식 기구는 세척과 소독을 철저히 하고, 음용수 수질 검사도 정기적으로 실시할 필요가 있다. 또한 일일 위생 안전점검 실시 및 결과를 기록해야 한다.

문제 사례

A교사의 A반 유아들은 복도에 나가 자동차 경주 놀이를 즐긴다. 처음에는 자동차 경주 놀이가 반 내에서 시작되었지만, 교실에서 놀이하는 아이들이 자동차를 밟는 일도 발생했고, 자동차 경주 놀이를 하는 유아들 역시 불편함을 겪어 복도로 나가 놀이를 하게 된 것이다. 자동차가 멀리 굴러가다보니, A반 복도뿐 아니라 B반 복도에까지 자동차가 굴러가게 되고, B반 유아들도 관심을 보이며 교실 복도를 기웃거리는 일이 빈번해졌다. B반 교사는 공용 공간인 복도를 A반 유아들이 다 차지하는 것 같고, 자신의 반 놀이가 재미없어서 자꾸 자신의 반 유아들이 자동차 경주 놀이에 관심을 보이는 것은 아닌지 속상했다. 이에, A반 교사에게 이 상황을 이야기하니 A반 교사는 "아이들이 재미있게 하는 놀이를 제지할 수는 없다"며 B교사의 이야기를 일축한다.

토론 질문

1. A교사와 B교사가 갖는 갈등의 원인은 무엇인가?
2. 두 교사의 갈등을 줄일 수 있는 해결 방법은 무엇인가?

part 3

chapter **8**
신학기 오리엔테이션

chapter **9**
학부모 면담하기

chapter **10**
현장학습

특별한 일과 코칭

chapter 8

신학기 오리엔테이션

신학기 오리엔테이션

본 장의 목적은 유아교육기관에서 실시하는 신학기 오리엔테이션의 필요성과 내용, 그리고 운영 방법을 안내하기 위한 것이다. 신학기 오리엔테이션은 학부모와 유아가 기관에 적응하는 데 도움이 되도록 유아교육기관의 교육철학 및 교육과정과 일과운영을 중심으로 안내한다. 본 장을 통해 학습자는 유아교육기관에서 운영하는 신학기 오리엔테이션의 목적과 내용 그리고 실제 운영을 이해하고 실행하는 능력을 기른다.

1 오리엔테이션의 중요성

사진 8-1 학부모 대상 오리엔테이션 장면

새 학기를 시작하기 전에 유아교육기관에서는 유아 및 학부모를 대상으로 오리엔테이션을 실시한다. 오리엔테이션은 일반적으로 두 가지 목적에서 운영된다. 하나는 유아들이 기관에 원만히 적응할 수 있도록 기관에 대해 안내하는 것이고, 다른 하나는 유아교육기관의 교육철학이나 특성을 부모들에게 제시하고 가정과의 유대관계를 형성하기 위한 것이다.

오리엔테이션의 목적은 부모나 유아에게 유아교육기관을 소개하고 안내하는 것이지만 그 대상에 따라 다소 차이가 난다. 유아에게는 유치원의 시설과 생활을 안내하고 적응하여 기관에서 행복하게 지내도록 돕기 위한 것이다. 부모에게는 자녀가 다니는 기관의 특성과 일과를 이해함으로써 자녀가 유치원에 잘 적응할 수 있게 돕는 한편 유치원교육과 가정교육의 연계를 도모하는 부모의 역할을 잘 수행하도록 돕는 것이다.

① 유아 대상 오리엔테이션 목적

- 유아교육기관의 각 실(교실, 화장실, 강당, 서가 등)의 위치, 이동방법, 사용방법 등 구체적인 기관의 각 실 특징과 사용법을 익히고 사용한다.
- 유아교육기관의 생활과 일과를 이해하고 적응한다.
- 유아교육기관에서 다양한 놀이를 직접 경험한다.

② 학부모 대상 오리엔테이션 목적

- 유아교육기관의 교육목적과 특성을 바르게 이해한다.
- 자녀의 유아교육기관 생활을 이해하고 지원한다.
- 유아교육기관과 가정, 교사와 부모 간에 협력관계를 형성한다.
- 유아교육기관에서의 교육내용을 가정교육과 연계한다.

2 오리엔테이션의 유형

신학기 오리엔테이션의 유형은 그 목적이나 실시하는 대상에 따라 달라진다. 오리엔테이션의 대상은 유아가 될 수도 있고, 부모가 될 수도 있다. 유아를 대상으로 하는 오리엔테이션은 일반적으로 입학 전 또는 새학기를 시작하면서 실시한다. 반면 부모를 위한 오리엔테이션은 입학 이전에 실시하는 경우가 많다. 오리엔테이션의 유형을 대상에 따라 간단히 설명하면 다음과 같다.

1) 유아를 위한 오리엔테이션

유아를 위한 오리엔테이션은 유아의 신학기 기관생활 적응을 돕는 것을 목적으로 기관의 새로운 환경에 친숙해지게 하거나, 새로운 생활에 편안하게 적응하도록 돕는 과정이다. 아이들이 환경에 잘 적응하기 위해서는 유치원이 재미있고 가고 싶어하는 곳으로 경험해야 가능하다. 그래서 기관에서는 입학 전에 유아가 원을 방문하여 유치원에는 자신이 좋아하는 놀잇감이 많이 있고, 자신을 사랑으로 돌보아 주는 교사가 있음을 알게 하는 긍정적인 경험을 제공하도록 한다. 일반적으로 유아는 입학 이전에 유치원을 방문하여 선생님과 인사를 하고 자신이 소속될 기관을 돌아보거나 교실에서 일정 시간 놀이를 해 보게 한다. 또한 입학 이후에 부모와 떨어지기 힘들어하거나 불안해 하는 아이들은 신학기 일정 기간 동안 유아들은 부모와 함께 등원하여 일정 시간 동안 함께 지낼 수 있게 허용하거나, 일과시간을 단축 운영하면서 서서히 단체생활에 적응하도록 돕는다. 이러한 과정은 그동안 가정에서 생활했던 유아가 낯선 사람들이나 생소한 규칙이나 질서가 있는 단체생활에 서서히 적응할 수 있도록 돕기 위함이다.

(1) 입학 전 적응 프로그램

유아가 새로운 환경에 적응하도록 돕기 위해 입학 전 부모와 유치원을 방문하여 기관을 둘러보거나 교실에서 놀이를 해 보게 하는 프로그램이다. 입학이 확정된 유아들에게 2월 중 하루를 공지하여 유치원에서 준비한 몇 가지 놀이를 학부모와 유아, 교사가 함께 놀이하는 기회를 제공한다. 입학 전 적응 프로그램은 유아가 입학 전 환경 변화로 인한 불안감을 낮추고 교육기관에 대한 기대와 관심을 가질 수 있도록 하는 데 목적이 있다.

(2) 입학 초기 적응 프로그램

입학 초기 적응 프로그램은 입학 당일 또는 초기에 오전/오후 두 그룹으로 나누어 하루 일과를 경험하게 하거나 3일에 걸쳐 신입생 입학일, 재원생 입학일, 신입 · 재원생 모두 함께 등원하는 형태로 적응 프로그램을 운영하기도 한다.

적응 프로그램은 유아의 연령에 따라 다르게 운영되기도 한다. 만 3세아를 위해서는 입학 당일 오전/오후 두 그룹으로 나누어 하루 일과를 경험하게 하고, 만 4~5세는 대부분 정상적인 일과 운영을 한다. 필요한 경우 각 연령의 신입원아 전체를 대상으로 3일에 걸쳐 적응 프로그램을 진행하기도 한다.

유아 적응 프로그램은 유치원에서 유아가 소속된 학급에서 일정 시간 동안 하루 일과를 경험하는 형태로 이루어진다. 1~2주일 동안 기간을 두고 부모와 함께 유치원에 등원하여 친숙한 활동부터 시작하며 대개는 교실에서 놀이하기, 미술활동, 간식 먹기 등으로 진행한다.

2) 학부모를 위한 오리엔테이션

학부모를 위한 오리엔테이션은 자녀의 유치원 적응을 돕기 위한 것으로 유치원 교육과정 및 하루일과 운영, 교사 소개, 학사일정, 입학일 및 준비물 안내 등으로 구성된다.

오리엔테이션 기간에 유아의 발달을 진단하기 위한 간단한 기초학습능력 검사나 면담을 실시할 수 있다. 기초학습능력은 몇 가지 놀잇감이나 기초학습능력 검사지로 유아의 학습준비도를 점검하는 것이며, 면담은 간단한 질문으로 유아의 성격 특성을 파악하는 것이다. 유아의 기본생활습관이나 유치원 생활 적응과정에서 특별한 도움이 필요한지 파악하기 위한 목적으로 이루어진다.

사진 8-2 학부모에게 정보를 전달하는 프레젠테이션 예시

사진 8-3 유치원하면 생각하는 것(졸업하는 형님들이)

3 오리엔테이션 운영의 실제

오리엔테이션의 유형에는 앞서 제시한 대로 유아 오리엔테이션과 학부모 오리엔테이션이 있다. 여기서는 교사가 학부모 전체를 대상으로 하는 첫 번째 행사인 학부모 대상의 오리엔테이션의 운영 실제를 구체적으로 제시하겠다.

학부모 오리엔테이션은 부모에게 유치원의 교육철학과 전반적인 교육과정 운영방침을 알림으로써 부모가 유치원 운영을 이해하고 신뢰감을 가질 수 있도록 구성한다. 오리엔테이션은 부모가 공식적으로 유치원에 처음 방문하는 기회이며, 부모들은 자녀들이 생활하게 되는 교실, 화장실, 놀이터 등의 관련 시설은 물론 담임교사에 대해서도 알고 싶어 한다. 따라서 오리엔테이션을 계획할 때 부모의 입장이 되어 유아교육기관에 대해 알고 싶어 하는 것이 무엇일지 생각한 후 계획하면 효과적이다. 유아교육기관 오리엔테이션의 준비 단계를 계획 및 준비, 식전 준비 및 진행, 평가의 단계로 나누어 각 단계별로 준비해야 할 업무를 정리하면 〈그림 8-1〉과 같다.

단계	교사 업무	실행 업무
계획 및 준비	1. 계획 수립하기	① 오리엔테이션 일정 계획 ② 오리엔테이션 내용 선정하기 ③ 업무 분장 작성
	2. 오리엔테이션 준비하기	① 행사일정표 작성 ② 오리엔테이션 파워포인트 작성 ③ 안내 서류와 봉투 준비 ④ 교사 및 학부모, 유아 이름표 준비 ⑤ 학부모 출석표 준비 ⑥ 장소 세팅 및 장식 ⑦ 다과와 기념품 준비
식전 준비 및 진행	1. 식전 준비하기	① 장소 세팅 및 환경 점검 ② 음악 및 동영상 틀어놓기 ③ 학부모 출석부에 날인 받기 ④ 학부모 자리 안내
	2. 진행하기	① 개식사 및 국민의례 ② 유치원 소개 ③ 교직원 소개 ④ 유치원 생활 안내 ⑤ 폐식사
평가	1. 평가하기	① 행사장 정리 ② 오리엔테이션 평가

그림 8-1 오리엔테이션 관련 업무 체크리스트

1) 계획 및 준비

(1) 계획하기

오리엔테이션 계획은 일시, 장소, 대상을 정하는 것부터 시작한다. 오리엔테이션의 시기는 신입원아 모집이 끝난 후 2월에 진행되는 경우가 많다. 유치원 내 강당과 같이 여러 사람이 모일 수 있는 공간에 장소를 정한다. 오리엔테이션 계획의 첫 단계는 지난해 오리엔테이션의 내용과 평가를 검토하고 그 결과에 기초하여 시작한다. 지난해 오리엔테이션의 내용은 물론 장소, 시간, 자료 등 모든 과정을 점검하고 수정할 부분은 없는지 검토한다. 이후 교사들과의 협의를 통해 오리엔테이션의 전반적인 내용을 결정하고 기안문을 작성하여 행사의 진행을 허가받는다.

오리엔테이션 계획이 수립된 후에는 행사 진행의 효율성을 높이기 위해 교사들이 업무를 분장한다. 업무 분장과정에서 반드시 행사 전 수행 업무와 행사 당일 수행 업무를 나누어 체계적으로 작성한다. 행사 전 주요 업무는 오리엔테이션 참석 인원 확인하기, 장소 세팅하기, 관련 자료 준비하기 등이다. 행사 당일 주요 업무는 오리엔테이션 진행하기, 질문에 대응하기, 행사 장소 세팅과 뒷정리하기 등이 있다. 각 항목별로 추진해야 할 내용을 미리 업무 분장에 반영하고, 교사들이 담당하게 되는 업무의 비중을 균등하게 배분하여 각자 맡은 부분에 충실하게 오리엔테이션을 준비한다.

표 8-1 오리엔테이션 업무 분장표 예시

<table>
<thead>
<tr><th>구분</th><th>추진시기</th><th colspan="3">추진내용</th><th>담당자</th></tr>
</thead>
<tbody>
<tr><td rowspan="12">행사
전
추진
업무</td><td rowspan="6">1월 25일
~
2월 23일</td><td rowspan="6">행사관련
자료준비</td><td colspan="2">신입생 학부모 오리엔테이션 기안 및 총 진행사항 점검</td><td></td></tr>
<tr><td colspan="2">오리엔테이션 안내문 작성 및 인쇄, 봉투 작업</td><td></td></tr>
<tr><td colspan="2">입학물품 품의 및 확인</td><td></td></tr>
<tr><td colspan="2">신입생 학부모 오리엔테이션 현수막 준비,
오리엔테이션 안내 판넬 제작</td><td></td></tr>
<tr><td colspan="2">차량 시간표 작성</td><td></td></tr>
<tr><td colspan="2">학부모 출석표, 이름표 준비</td><td></td></tr>
<tr><td rowspan="6">2월 24일
(14:00~
16:00)
행사
전일</td><td rowspan="6">오리엔테이션
장소
꾸미기</td><td colspan="2">식장 세팅(단상, 의자, 식장 내 안내, 차량 시간표 게시 등)</td><td></td></tr>
<tr><td colspan="2">파워포인트 자료 시연 및 인터넷 연결, 방송 상태 점검</td><td></td></tr>
<tr><td colspan="2">학부모 출석표, 이름표, 봉투 세팅</td><td></td></tr>
<tr><td colspan="2">입학물품 세팅(체육복, 가방 샘플)</td><td></td></tr>
<tr><td colspan="2">다과 테이블 및 다과 준비</td><td></td></tr>
<tr><td colspan="2">오리엔테이션 현수막, 판넬, 차량시간표 게시, 실내화 준비</td><td></td></tr>
<tr><td rowspan="14">행사
당일
업무</td><td rowspan="8">2월 25일
(10:00~
11:30)</td><td rowspan="8">신입생
학부모
오리엔테이션</td><td colspan="2">신입생 학부모 오리엔테이션 사회</td><td></td></tr>
<tr><td colspan="2">파워포인트 담당</td><td></td></tr>
<tr><td rowspan="4">학부모 안내</td><td>유치원 현관</td><td></td></tr>
<tr><td>중간</td><td></td></tr>
<tr><td>행사장 입구</td><td></td></tr>
<tr><td>행사 시작 후 마지막까지 안내</td><td></td></tr>
<tr><td colspan="2">학부모 출석표 확인 및 서류봉투 배부</td><td></td></tr>
<tr><td colspan="2">사진 촬영</td><td></td></tr>
<tr><td rowspan="3">11:30~
12:00</td><td rowspan="3">질의응답
및 기타 안내</td><td colspan="2">개별 질의응답</td><td></td></tr>
<tr><td colspan="2">차량 운행 관련 질의응답</td><td></td></tr>
<tr><td colspan="2">입학물품 샘플 안내 및 신청서 받기</td><td></td></tr>
<tr><td rowspan="3">12:00~
12:30</td><td rowspan="3">오리엔테이션
정리 및 평가</td><td colspan="2">오리엔테이션 출 · 결석 최종 확인, 남은 서류 정리</td><td></td></tr>
<tr><td colspan="2">학부모 안내</td><td></td></tr>
<tr><td colspan="2">오리엔테이션 장소 정리 및 평가</td><td></td></tr>
</tbody>
</table>

(2) 일정표 준비하기

오리엔테이션 행사 계획이 끝나면 교사는 시간의 흐름에 따라 행사 일정표를 작성한다. 전체 시간을 고려하여 주요 내용별로 시간을 배분하고, 각 시간 안에 일정이 진행될 수 있도록 행사 내용을 계획한다. 행사 일정표가 작성되면 식순을 작성하여 행사 일정을 한눈에 볼 수 있게 식장 앞에 부착하고 식순표도 준비한다. 또한 행사 일정표에 맞게 행사 진행 시나리오를 작성해 행사 당일 행사가 원활하게 진행될 수 있도록 한다.

표 8-2 오리엔테이션 행사 일정표 예시

일정	추진내용	
~10:00	입장하기	1. 오리엔테이션 장소에 입장 후 착석하기 * 학부모 출석부에서 출석 확인 * 명찰과 서류봉투 배부
10:00 ~ 11:30	신입생 학부모 오리엔테이션	1. 개식사 2. 유치원 소개 * 연혁 및 교육목표 소개 * 유치원 현황 안내 * 실내 · 외 환경 소개 3. 교직원 소개 * 학급반 담임 소개 4. 원장선생님 말씀 5. 신입생을 위한 안내 * 하루 일과 * 만 3, 4, 5세 교육과정 * 연간행사 안내 * 입학일 및 입학 준비물 안내 * 적응을 돕기 위한 가정연계 안내 * 교육비 안내 * 제출서류 안내 * 공지사항 안내 6. 폐식사 * 전체 질의응답 * 폐식사
11:30 ~ 12:00	질의응답 및 기타 안내	* 개별적인 질의응답 * 체육복, 가방 신청서 받기 * 차량 승 · 하차 지점 확인 및 차량 운행 관련 질의응답

(3) 관련 서류 준비하기

교사는 오리엔테이션에서 사용할 파워포인트를 제작해야 한다. 이는 학부모들이 유치원의 전반적인 이해를 돕기 위한 자료이므로 학부모들에게 전달하고자 하는 내용을 간략하면서도 핵심적으로 담도록 한다. 파워포인트에 작은 글씨로 입학서류의 내용을 모두 넣게 되면 가독성이 떨어질 뿐만 아니라 프리젠테이션의 효율성이 떨어진다.

유아와 학부모가 오리엔테이션을 통하여 유치원에 대한 이해를 높이고 필요한 정보를 알아가는 것과 마찬가지로 유치원도 유아와 학부모를 이해하기 위한 기초자료가 필요하다. 유아와 부모에 대한 기초자료를 수집할 수 있는 가장 효과적인 시기는 바로 오리엔테이션을 통해서이다. 따라서 부모에게 안내하는 자료에 교육 안내문과 함께 유아가 1년간 교육활동을 하는 데 필요한 각종 서류를 준비하여 학부모가 작성 후 제출하도록 한다. 봉투 겉에는 배부 서류 목록을 부착하여 빠진 것이 없는지 부모가 확인할 수 있도록 하고, 제출일과 제출방법을 제시하여 한눈에 확인할 수 있게 한다. 유아의 연령과 이름을 적어 배부 시 빠진 유아를 바로 확인하여 챙기도록 한다.

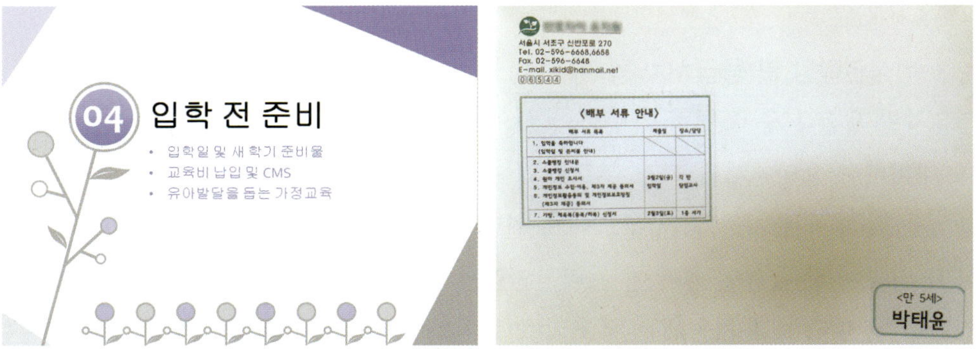

사진 8-4 오리엔테이션 파워포인트 화면과 배부 서류봉투 예시

미리 준비할 서류로는 교육안내문, 입학원서, 응급처치 동의서 및 비상연락망, 현장학습 참여 동의서, 귀가지도 확인서, 차량 탑승 여부 확인서, 방과후 특별활동 참여 동의서, 방과후반 참여 동의서, 원복 사이즈 조사서, 개인정보활용 동의서와 기타 동의서 및 안내문을 포함한다. 그 밖에 행사 당일 식순이 포함된 오리엔테이션 안내문을 준비한다.

① 교육 안내문

유치원 생활에 필요한 신학기 준비물과 일정, 일과활동시간 안내 및 1년간 생활하며 납부해야 하는 교육비에 관한 안내문을 준비한다. 교육비 목록에는 입학금, 교육비, 급식비, 차량운영비, 방과후 특별활동, 방과후반 교육비가 있으며 각 항목별로 금액과 교육비가 어떻게 사용되는지에 대한 내용을 상세하게 제시한다. 납부 방법도 월별, 분기별 분납이 가능함을 구체적으로 안내한다. 유아교육기관의 특성에 따라 교육 안내문의 세부 내용은 차이가 있을 수 있으나 기본적인 내용은 〈서식 25〉를 참고한다.

② 입학원서

입학원서는 유아가 유치원에 입학하기 위해 필요한 기본 정보를 담은 문서로, 유아의 사진과 함께 성명, 생년월일, 성별, 입학 전 기관 경험, 주소, 보호자 연락처, 가족관계 등을 기입하도록 한다. 교사는 입학원서의 내용을 기초로 유아에 대한 기본 정보를 파악할 수 있으며, 이후 유아의 유치원 생활 적응이나 잘 적응할 수 있도록 돕는 기초자료로 활용할 수 있다. 입학원서는 각 기관의 서식을 따르되 〈서식26〉을 참고한다.

③ 비상연락망 및 응급처치 동의서

유치원 생활 도중 특별히 가족과의 협의가 필요하거나 유아가 아프거나 다쳤을 때를 대비하여 오리엔테이션 시 부모들의 응급처치 동의서를 받는다. 응급 상황이 발생했을 때 교사는 가장 먼저 부모에게 연락하여 유아의 상태를 바로 알린다. 만약 부모와 연락이 닿지 않을 경우에는 비상연락망에 기재된 순서대로 보호자와 신속하게 연락한다. 따라서 유치원에는 부모의 연락처와 비상 시 연락 가능한 번호를 보관한다. 또한 유아가 다쳤을 경우 유아를 데려가기 원하는 특별한 인근 병원이 있는지 조사하고, 의료보험 관련 정보도 미리 받아놓아 유아가 의료기관에서 신속하게 치료받을 수 있도록 준비한다. 자세한 내용은 〈서식 27〉을 참고한다.

④ 현장학습 참여 동의서

유치원에서는 진행하는 생활주제와 관련하여 현장학습을 나가게 된다. 현장학습을 통해 유아들의 경험을 확장하거나 심화시키므로 필요한 경우 현장학습을 운영한다.

따라서 유치원에서 필요시 운영하는 현장학습 참여 동의서를 사전에 받아놓으면 현장학습 운영 때마다 매번 동의서를 받는 번거로움을 줄일 수 있다. 현장학습 참여 동의서의 내용은 〈서식 28〉을 참고한다.

⑤ 귀가지도 확인서

유아가 하원 후 어떤 방법으로 가정에 귀가할지에 대한 정보도 미리 조사한다. 교사가 유아들과 보내는 하루 일과 중 가장 마지막 일과는 유아들을 안전하게 귀가시키는 일이므로 각 유아와 유치원의 특성과 여건에 맞게 미리 하원 방법을 파악한다. 주거 형태와 지역에 따라 구체적인 내용은 달라질 수 있으나 귀가지도 확인서의 내용은 〈서식 29〉를 참고하도록 한다.

⑥ 차량 탑승 여부 확인서

유아들의 등 · 하원을 돕기 위하여 대부분의 유치원에서는 등 · 하원 차량을 운영한다. 따라서 유아가 입학하기 전 등 · 하원 차량 이용 여부를 파악하여 미리 차량 탑승 시간과 노선을 조정한다. 차량 탑승 여부 확인서를 받을 경우 반드시 버스 운영 노선과 각 정류장의 승 · 하차 시간을 기재하여 학부모의 이해를 돕는다. 운행 노선과 주변 교통 상황에 따라서 등원과 하원 시 시간이 달라질 수 있으므로 시간을 정확히 알 수 있도록 제시한다. 차량 탑승 여부 확인서의 내용은 〈서식 30〉을 참고한다.

⑦ 방과후 특별활동 참여 동의서

유치원 정규 수업시간 이후 오후 시간을 활용하여 음악, 미술, 과학, 발레, 체육, 코딩 등 유치원별 특색을 살린 방과후 특별활동이 진행되고 있다. 방과후 특별활동을 전문적으로 하는 강사가 수업을 준비하고 특색 활동으로 진행하기 때문에 유아들도 정규시간 이외에 다양한 활동을 접해 볼 수 있는 기회를 가진다. 방과후 특별활동 참여 동의서에는 유치원에서 진행하는 특별활동의 종류에 대한 자세한 설명과 교육 목표에 대한 안내가 있어야 한다. 특별활동에 대한 부모의 요구를 조사한 후 참여 동의서를 받아 방과후 프로그램을 미리 계획한다면 부모의 요구도 반영하고, 방과후 활동 운영에도 차질이 없게 될 것이다.

⑧ 방과후반 참여 동의서

여성의 사회 진출 증가와 다양한 가족구조의 변화뿐만 아니라 육아에 대한 부담 등으로 과거 가정에서 담당하였던 교육과 보호의 기능을 보완하기 위해 사회 공동의 책임과 노력이 필요하다는 인식이 높아지고 있다. 이에 많은 유치원에서 누리과정 운영 시간 이외에 방과후 프로그램을 운영한다. 학부모들에게 유치원의 방과후반 운영 형태나 교육과정을 상세하게 설명한 안내문을 제공하고 참여 여부를 조사한다. 참여 인원에 따라 반을 구성하고 유아들의 특성과 요구에 맞는 방과후 프로그램을 미리 계획한다.

⑨ 원복 사이즈 조사서

유아들은 유치원에서 일상복을 입는 경우도 많으나 유치원의 원복과 체육복을 착용하는 경우도 있다. 원복을 착용하여 단체 주문이 필요할 경우 교사는 입학 전에 원복과 체육복 견본을 준비하여 학부모들이 직접 사이즈를 선택하도록 한다.

⑩ 각종 동의서

유치원의 운영이나 유아의 등 · 하원 관련 책임 또는 납입금과 관련하여 유치원과 이용자인 학부모 간 동의가 필요한 부분이 있다. 이러한 동의는 유치원의 교육과정 운영과정에서 매우 중요한 부분이므로 유아가 입학하기 이전에 학부모가 제출하는 것이 일반적이다. 이런 과정은 유치원과 학부모 간의 신뢰를 높이고 유치원 운영에 차질이 없도록 돕는다. 동의서는 오리엔테이션을 통해 부모에게 충분히 설명한 후 받도록 한다. 구체적인 내용은 유치원의 실정에 따라 조금씩 달라질 수 있으나〈서식 31〉을 참고한다.

최근 개인정보 보호에 대한 사회적 관심이 높아지면서 유치원에서도 교육활동을 통해 수집하게 되는 유아나 학부모의 개인정보를 유치원의 교육목적을 위해 활용할 수 있음에 대한 학부모의 동의서가 필요하다. 유치원에서 활용하는 개인정보는 성명, 주민등록번호, 주소, 전화번호, e-mail 주소, 사진 및 동영상 등이 있다. 동의서에는 개인정보를 활용하는 목적, 방법, 기간 등을 정확하게 기재해야 하며, 수집된 개인정보는 교육 목적 이외에 다른 목적으로는 사용하지 않아야 한다. 내용은 〈서식 32〉를 참고한다.

최근 유치원에서는 가정과의 연계와 의사소통을 위하여 카페나 스마트폰 앱을 사용하는 경우가 늘어나고 있다. 이러한 소통방법은 유아들이 유치원에서 하는 활동의 내용과 사진들을 학부모들이 즉각적 · 계속적으로 확인할 수 있고, 이를 통한 가정연계 수업이 이루어질 수 있다는 장점이 있다. 그러나 이때 유아의 실명과 사진 등이 함께 공유되기 때문에 반드시 사전에 부모의 동의를 받아야 한다. 카페 활동 및 스마트 알림장 사용 동의서는 〈서식 33〉의 내용을 참고하도록 한다.

(4) 이름표 준비하기

입학 전 필요한 각종 서류와 함께 오리엔테이션 당일날 교사와 학부모가 착용할 이름표를 준비한다. 오리엔테이션 날에는 반별로 자리를 배치하여 교사와 학부모가 앉기 때문에 이름표도 반별로 색을 다르게 하여 구분한다. 교사 이름표에는 유치원의 이름, 유치원 로고, 반 이름, 교사 이름을 기재한다. 또한 교사 이름표 뒷면에는 행사 일정표를 넣어 시간을 확인하고 정해진 시간 내에 행사가 마무리될 수 있도록 한다. 학부모의 이름표에는 유치원의 이름, 로고, 반 이름, 유아의 이름을 기재하고, 유아가 오리엔테이션에 참석하는 경우라면 유아의 이름표도 별도로 준비한다. 입구 쪽에 이름표와 출석표를 함께 준비하여 부모의 참여 상황을 한눈에 확인할 수 있게 한다. 학부모의 이름표를 반별로 배치하면 교사들은 학부모들에게 편리하게 자리를 안내할 수 있고, 학부모도 낯선 환경에서 쉽게 자리에 앉을 수 있다.

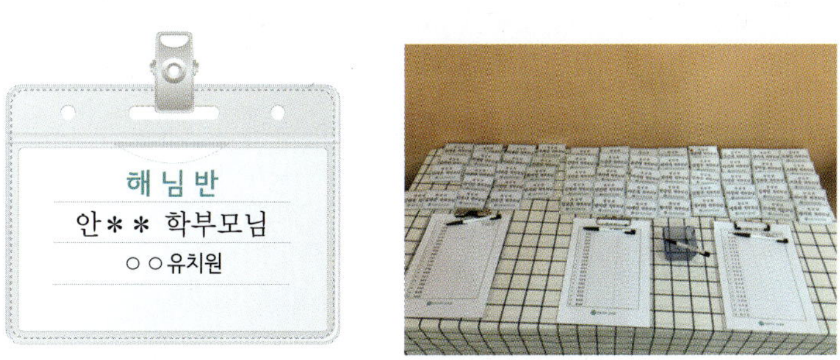

사진 8-5 학부모 이름표와 학급별 출석표 배치 예시

(5) 장소 세팅 및 장식하기

오리엔테이션 장소는 대부분 유치원의 강당과 같이 많은 인원을 수용할 수 있는 공간으로 정한다. 유치원에 처음으로 방문하는 유아와 학부모를 환영하는 분위기, 따뜻한 분위기가 나도록 공간을 구성한다. 유치원에 들어오는 입구부터 입간판을 세우고 유치원 방문을 환영하는 분위기를 조성한다. 또한 학부모들이 발열 체크와 손 소독을 한 후, 행사장까지 가는 길을 안내하는 벽보를 붙여 행사장까지 쉽게 찾아올 수 있게 한다. 현수막을 걸고 풍선이나 글씨, 그림 등으로 오리엔테이션을 위한 분위기를 조성할 수 있다. 또한 조명과 음향 시설은 미리 확인하여 행사가 차질 없이 진행되도록 한다. 학부모들이 앉을 수 있는 의자를 반별로 배치하여 자연스럽게 담임교사–학부모, 학부모–학부모의 관계가 형성될 수 있도록 한다. 각 반의 맨 앞자리는 담임교사가 앉고, 반을 표시하는 팻말 등을 세워둔다.

사진 8–6 학부모 오리엔테이션 현수막 디자인 예시

사진 8–7 입구 오리엔테이션 안내 표지판과 오리엔테이션 장소 좌석배치 예시

(6) 다과 준비하기

오리엔테이션을 진행하면서 학부모가 간단하게 먹을 수 있는 간단한 다과를 준비한다. 다과는 행사장 입구에 비치해 학부모들이 행사장에 들어가면서 자연스럽게 가져가 자리에 앉아 먹을 수 있게 한다. 사회적 거리두기 단계가 높을 경우는 다과를 준비하기보다 가정에 가지고 갈 수 있는 간단한 선물을 준비하기도 한다.

2) 식전 준비 및 진행

(1) 식전 준비하기

행사 당일 교사는 행사가 진행되기 전까지 미리 준비한 것들을 점검하고 확인하여 행사가 차질 없이 진행될 수 있도록 한다. 교사는 방송 음향시설, 멀티미디어 장비, 냉난방 설비시설, 조명, 환기, 카메라 등의 사항을 점검하여 쾌적하고 안정적인 환경에서 오리엔테이션이 진행되도록 한다. 학부모들이 행사 일정을 쉽게 알 수 있게 행사장 앞에는 식순을 붙이고 학부모의 자리에 이름표를 붙여 자리를 표시한다.

학부모들이 도착하면 교사는 밝은 표정과 목소리로 학부모를 맞이하고 오리엔테이션을 위한 자료를 배부한 후 행사 장소로 안내한다. 행사장으로 가는 길에는 유아들의 교육 활동 사진이나 작품을 전시해 학부모들이 볼 수 있도록 한다. 행사장 입구에 준비해 둔 출석부에 학부모들이 날인을 하게 안내하고 간단한 다과와 안내문을 챙겨 자리에 앉게 안내한다. 행사장 전면에는 재원생들의 1년간 생활 모습이 담긴 영상이나 유치원 홍보 영상을 틀어놓아 행사를 시작하기 전까지 학부모들이 유아교육기관의 교육 운영을 알 수 있게 한다.

사진 8-8 학부모에게 배부되는 오리엔테이션 안내문 예시

(2) 진행하기

① 개식사, 국민의례 및 애국가 제창

준비해 둔 오리엔테이션 시나리오를 참고하여 개식사를 읽으며 오리엔테이션을 시작한다. 개식사는 원장, 원감, 주임교사 등 행사 진행을 맡은 담당 교사가 읽는다. 개식사 후에는 모두 자리에서 일어나 국민의례를 하고 애국가를 제창한다.

② 유치원 소개

유치원 소개는 주로 원장선생님의 환영 인사로 시작한다. 환영 인사 후에는 유치원의 교육철학 및 설립 이념, 연혁, 원훈을 미리 준비한 자료와 함께 소개한다. 오리엔테이션은 학부모들에게 유치원을 처음 소개하는 시간이므로 학부모들이 이해하기 쉬운 어휘와 내용으로 소개한다. 또한 당해 연도의 교육 목표와 교육 과정, 교육 프로그램을 중심으로 학부모들이 유치원의 전반적인 교육을 이해하도록 한다. 이러한 과정은 이후 가정과 유치원의 교육 연계를 위해서도 매우 중요하므로 교육 목표와 교육 과정을 소개할 때 학부모 역할의 중요성도 강조한다. 이 외에도 월별 행사나 현장 학습, 유치원 특색 활동, 방과후 프로그램 등 다양한 교육 프로그램을 설명하여 학부모들이 필요한 정보를 얻을 수 있게 한다.

③ 교직원 소개

오리엔테이션에서 유치원의 원장, 원감, 각 학급의 담임교사, 행정사무원, 조리사, 관리기사, 운전기사 등 유치원의 교직원을 소개한다. 이때 교직원의 이름과 직무를 간단하게 소개하도록 한다. 특히 학부모들은 각 학급의 담임교사에 대해 관심이 많으므로 교사의 이름과 맡은 연령에 대해 소개한다. 이때 교사는 용모와 품행을 단정히 하고 예의 바른 태도로 소개에 임하는 것이 좋다.

④ 유치원 생활 안내

전반적인 유치원 소개와 교직원 소개가 끝난 후에는 유아들의 유치원 생활을 안내한다. 가장 먼저 유아들이 유치원에 등원하여 하원하기까지의 하루 일과를 소개한다. 유아들이 등원하는 모습, 인사 나누는 모습, 간식 먹는 모습, 이야기 나누기 하는 모습, 대 · 소집단 활동하는 모습, 자유선택활동하는 모습 등 유아들의 활동 사진을 제시하면서 하루 일과를 소개하면 좋다. 각각 활동의 교육적 의의와 유아들이 하루 일과를 통하여 도달하고자 하는 교육 목표에 대해서도 간단히 소개한다.

유아들이 생활하는 유치원의 시설과 공간에 대한 안내도 필요하다. 이때는 "학부모님들께서 들어오신 문으로 유아들이 등원을 하게 됩니다."와 같이 학부모들이 유치원의 공간에 대해 이해하기 쉬운 내용으로 설명하는 것이 좋다. 유치원의 하루 일과 소개와 같이 각 공간의 사진을 활용하여 시설이나 설비 또는 공간이 갖는 교육적 의미를 설명하고 시설의 안전성 등을 설명하여 학부모들의 이해를 돕는다. 교실에 비치된 놀잇감과 교재교구도 간단히 설명하고, 연령에 따른 놀이 지원방법을 설명하여, 부모들이 유아교육에 관심을 가지고 가정교육과 연계되도록 한다. 이와 함께 학기 초 유아들에게 요구되는 기본생활 습관과 자조 기술 등에 대한 내용도 안내하여 가정과 함께 일관된 교육을 할 수 있도록 한다.

유치원 공간과 하루 일과에 대한 설명 후에는 유치원 적응기간을 안내한다. 유치원에 처음 등원하는 유아들은 낯선 환경에 적응하기 위하여 일반적으로 적응기간을 가지게 된다. 유아들이 새로운 환경에 익숙해질 때까지 하루 일과 중 일부만 운영한 후 집으로 귀가하게 하고, 점차 일과 운영시간을 늘린다. 따라서 유치원의 생활 적응기간과 그 과정을 자세히 안내한다. 적응기간 동안의 교육 내용, 차량 운영, 급식 등 자세한 내용을 안내하여 학부모들이 유아들의 유치원 생활 적응을 도울 수 있게 한다.

유아교육기관에 처음 입학하게 되는 만 3세 유아 중에는 부모와의 분리가 어려운 경우도 있으므로 이러한 행동이 나타나는 이유를 발달심리학적인 측면에서 설명하고 부모님과 떨어져 낯선 교사나 친구들과 적응하는 과정을 이해하게 한다. 그 밖에 교육비 안내, 교육비 납입 방법, 유치원과의 연락 방법, 수입자 부담 비용의 내역, 담임교사에게 상담을 요청하는 절차, 통화 가능한 시간 등을 안내한다. 또한 부모나 가족의 유치원 교육과정 운영 참여 행사, 가정에서의 부모 역할을 안내한다. 예를 들어 부모 운영위원회의 운영과 선출, 자원봉사 등을 소개하여 부모들의 다양한 유치원 참여 방법을 소개한다.

오리엔테이션의 마지막 단계는 학부모가 유치원에 궁금한 점에 대한 질의응답 시간을 가진다. 학부모의 질문에 즉시 답변하기 어려운 경우에는 더 알아본 후 추후에

사진 8-9 사진을 활용한 오리엔테이션 화면구성 예시

따로 연락을 드리겠다고 이야기하는 것이 좋다. 또한 미리 자리에 두었던 서류에 대해 설명하고, 당일 제출해야 하는 서류는 학부모들이 일괄적으로 작성하게 한 후 제출할 수 있도록 안내한다.

3) 평가

오리엔테이션을 마치고 학부모들이 모두 귀가한 후에 교사는 행사장을 원래 상태로 정리한다. 행사를 위하여 꾸몄던 자료를 모두 떼어내고 의자 배치도 정리한 후 교사는 모두 모여 그날 행사를 평가한다. 평가의 주요 내용은 오리엔테이션을 위한 장소가 적합했는지, 준비사항 중 미흡한 부분은 없었는지, 내년도 오리엔테이션에서 수정 · 보완할 부분은 무엇인지 등이다. 또한 오리엔테이션 질의응답 시 학부모가 질문한 사항이나 건의사항에 대해서도 함께 의논하여 학부모의 요구가 교육 운영에 반영될 수 있는 방안을 함께 생각한다.

생각해 봅시다

학부모들이 학기 초 유치원 생활에 대해 아래와 같이 궁금한 점을 질문했다면 나는 어떻게 답변할지 생각하여 토론해 봅시다.

Q 아이가 유치원에서 적응하지 못하면 어떻게 하나요?

A

Q 아이가 등원 거부를 하면 어떻게 하나요?

A

Q 아이가 친구와 싸우고 와서 속상해 하면 어떻게 하나요?

A

Q 아이가 기관에서 급식을 먹기 싫어하면 어떻게 하나요?

A

Q 아이가 한 가지 놀이만 해요. 어떻게 해야 하나요?

A

Q 아이가 친구들이 같이 놀아주지 않는다고 속상해 합니다. 어떻게 하나요?

A

chapter 9

학부모 면담하기

학부모 면담하기

본 장에서는 유아교육기관에서 운영하는 학부모 면담의 중요성과 학부모 면담의 다양한 운영 형태를 알아본다. 이와 함께, 학부모 면담 형태에 따른 운영 실제를 소개함으로써 유치원 교사들이 현장에서 학부모 면담을 운영하는 목적과 내용 그리고 기술을 이해하고 습득하게 하는 것을 목적으로 한다.

1 학부모 면담의 중요성

학부모 면담은 유아교육기관과 학부모가 자녀의 전인적 성장과 발달이라는 공통의 목적을 달성하기 위한 가장 적극적인 의사소통이다. 학부모 면담을 통하여 교사는 유아의 가정생활과 성장 배경, 가족관계 등 구체적인 정보를 듣고 유아를 이해하는 데 도움을 받을 수 있고, 유아에 대한 정보를 학부모와 공유하면서 유아의 적응이나 문제행동을 인식하거나 해결방안에 대해 함께 의논할 수 있다. 교사와의 면담을 통하여 학부모는 유아의 유아교육기관 생활이나 또래 관계에 대한 정보를 알게 됨으로써 가정에서 발견하지 못했던 자녀의 특성을 알 수 있으며, 가정과 유아교육기관이 자녀의 행동 지도에서 일관성을 가질 수 있다. 결국 학부모 면담은 유아가 건강하고 행복하게 성장할 수 있도록 유아교육기관과 학부모가 호혜적인 관계를 맺어 상호 교류함으로써 교육의 효과를 높이기 위한 것이다.

사진 9-1 학부모 전화면담 장면

교사와 학부모 간의 면담을 통해 기대하는 구체적 목표는 다음과 같다.

- 학부모와 교사는 유아의 성격, 또래 관계, 생활습관, 발달, 유치원 생활 등 유아에 대한 이해를 높인다.
- 학부모와 교사는 유아가 가진 문제를 공유하고 가정과 유아교육기관 간의 연계를 통해 효과적으로 유아를 지도한다.
- 학부모에게 유치원의 교육 방침, 교육과정을 공개하여 유치원 교육에 대한 이해를 높여 신뢰를 형성한다.

2 학부모 면담의 유형

학부모 면담의 유형은 면담의 대상이나 시기, 성격 등에 따라 구분된다. 우선 학부모 면담의 대상이 개인인지 또는 집단인지에 따라 개별면담과 집단면담으로 나뉘며, 면담의 시기가 정기적인지 아니면 비정기적인지에 따라서 정기면담과 수시면담, 또는 정해진 일정에 따른 것인지 아니면 특정 상황이나 요구에 따라 이루어지는 것인지에 따라서도 공식적 면담과 비공식적 면담으로 구분된다. 뿐만 아니라 면담의 형식이 직접 만남을 통한 것인지 아닌지에 따라서도 대면면담과 이메일 또는 전화, 온라인 화상채팅을 통한 비대면면담으로 구분된다. 학부모 면담은 학부모와 유아의 상황, 면담하고자 하는 문제의 위급성 정도에 따라 적절한 유형을 선택하여 운영될 필요가 있다.

1) 개별면담

학부모 개별면담이란 교사와 개별 학부모가 유아에 관해 상담하는 형태이다. 학부모 개별면담은 1학기 초와 2학기 말, 즉 1년에 2차례 운영되는 것이 일반적이나 분기별로 진행되기도 한다. 그 외에 특별한 요구가 있을 경우 수시로 이루어질 수도 있다. 학부모 개별면담을 학기 초와 학기 말로 구분하여 각 시기 면담의 목적과 진행방법을 알아보고 특별한 요구가 있을 때 운영되는 전화면담 등의 방법을 소개한다.

(1) 학기 초 개별면담

① 학기 초 개별면담의 목적

학기 초 개별면담은 유아가 유아교육기관에 입학이나 진급한 후에 교사가 유아에 대한 구체적인 정보를 부모와 공유하기 위해 실시한다. 학부모는 자녀의 입학 전 기관 경험, 성장 과정, 가정환경, 생활 습관 등에 관한 정보를 교사에게 제공함으로써 유아의 유치원 생활 적응을 도울 수 있다. 한편 재원하고 있던 유아의 경우에는 교사도 지난 한 해 동안 유아가 유치원에서 보인 단체생활에 대한 적응, 친구관계, 놀이

유형 등의 정보를 바탕으로 향후 변화될 또는 변화가 필요한 행동 특성에 대한 정보를 부모에게 제공할 수 있다. 학부모와 교사는 학기 초 면담에서 상대방에 대한 기대나 요구를 말할 수 있다.

② 학기 초 개별면담을 위한 준비

학기 초 개별면담은 주로 교사가 부모로부터 유아의 정보를 얻기 위한 것이므로 필요한 정보를 얻을 수 있는 질문목록을 작성하는 것이 좋다. 이때 중요한 것은 면담 질문은 유아 개인에 따라 다르게 작성되어야 한다는 점이다. 모든 부모에게 동일한 질문을 한다면 개인 유아에게 필요한 내용을 놓칠 수 있으므로 유의한다. 또한 면담 과정에서도 교사보다는 학부모가 자녀의 생활이나 특성에 대해 이야기할 수 있는 시간을 충분히 주도록 한다.

- 면담에 앞서 사전에 수집한 자료(입학원서, 가정환경조사서, 기초조사서, 재원생의 경우 생활기록부, 평가표 등)를 중심으로 유아에 대한 객관적인 정보를 정리한다.
- 위의 자료를 통해 충분히 이해할 수 없는 정보나 기타 의문이 있는 점을 기초로 개별면담 질문을 구성한다.
- 재원 유아의 경우에는 지난해 담임과 의논하여 그동안 유아의 유치원 생활, 놀이 유형, 친구 관계 등 정보를 정리하고, 현재 발달 정도, 기관의 교육 방향 그리고 가정과 연계하여 지도해야 할 점 등을 정리하여 면담 자료를 작성한다.

교사는 개별면담 시 준비한 질문을 기초로 자연스럽게 학부모와 면담을 진행하고 부모의 의견을 듣는 시간을 가진다. 이때 교사가 필요한 질문을 사전에 치밀하게 준비하면 어떤 질문을 해야 할지 당황하거나 대화가 단절되지 않고 자연스럽게 면담이 진행된다. 면담 내용은 면담 중에 간단하게 메모하고, 면담이 끝난 후에 구체적인 내용을 면담 결과로 작성한다. 준비한 질문목록 중 중요하지만 시간 관계상 알아보지 못한 부분은 추후에 전화면담 등을 통해 확인하도록 한다.

학부모는 학기 초 면담을 통해 유아교육기관의 교육 방향과 내용을 이해하고, 자녀를 객관적으로 바라보는 계기가 된다. 또한 기관과 교사에 대한 신뢰감을 형성하고, 자녀 양육에 필요한 구체적인 내용과 방법을 얻어 기관-가정 간의 교육적 연계를 이루어 일관성 있게 자녀를 지도할 수 있게 된다.

(2) 학기 말 개별면담

① 학기 말 개별면담의 목적

학기 말 개별면담은 한 학기 또는 일 년 동안 유아교육기관에서 이루어진 교육과 그에 따른 유아의 발달에 대한 정보를 부모와 공유하고 앞으로의 교육 방향에 대해 의견을 나누기 위해 실시한다. 따라서 교사는 유아가 그동안의 기관 생활에서 보인 발달 정도나 행동 특성을 모두 정리하여 그 결과를 부모에게 제공하여 향후 유아의 발달을 지원하기 위해 가정과 유아교육기관에서 필요한 노력에 대해 의논한다.

② 학기 말 개별면담을 위한 준비

학기 말 개별면담은 교사가 부모에게 한 학기 또는 일 년 동안의 유아 발달 정보를 제공해야 하므로 유아 평가 자료 준비가 중요하다. 교사는 평소에 유아의 행동을 관찰하고 기록했던 관찰 기록이나 포트폴리오, 각종 검사 결과(학습 준비도 검사, 체력 측정 등) 등의 자료를 정리해서 부모에게 유아에 대한 정보를 제공할 수 있게 준비한다.

- 학기 말에 실시하는 개별면담이라면 면담 이전에 학기 초 면담 자료의 유아 발달 상황 및 학부모의 요구 사항을 다시 한 번 점검한다. 학기 초와 학기 말 유아 발달의 변화를 살펴보고, 학기 초 학부모의 요구 사항이 일 년 동안 어떻게 반영되었는지에 대해 검토해야 한다.
- 유아 평가 자료로 학습 준비도 검사, 누리과정 5개 영역인 신체운동·건강, 의사소통, 사회관계, 예술경험, 자연탐구에 근거한 영역별 유아 수행 평가, 신체검사, 기본생활습관 평가, 자유선택활동 평가, 일화기록을 활용한다.
- 유아는 자신의 흥미와 관심에 따라 놀이하고, 놀이에서 자신의 유능함을 나타내기 때문에(교육부, 보건복지부, 2019) 유아 놀이 관찰 기록은 유아의 발달과 변화 과정을 이해하는 중요한 근거가 된다. 따라서 유아가 놀이에서 하는 말과 행동, 표정 등에 교사가 주목하여 유아에게 갖는 놀이의 의미와 특성을 관찰한 기록을 학부모 면담에서 적극 활용하도록 한다.
- 포트폴리오는 유아의 발달이 균형 있게 이루어졌는지, 긍정적으로 발달한 부분과 앞으로 지원이 더 필요한 부분을 설명할 때 구체적인 자료가 되므로 중요하다.

1학기 말 면담에서는 2학기 교육 방향에 대해, 2학기 면담에서는 상급반에서 진행되고 있는 교육과정에 대해 소개하면서 현재 유아의 발달과 더불어 향후 이루어질 교육에 대비하여 필요한 지도나 지원을 학부모에게 안내한다. 학부모는 면담을 통하여 다음 학기 또는 상급반의 교육과정에 대해 이해하고, 필요에 따라 상급반으로의 진급 여부를 결정할 수 있다.

(3) 비공식적 개별면담

비공식적 개별면담은 등 · 하원 시간에 교사와 학부모가 유아에 대한 의견을 주고받는 형태와 전화나 이메일, SNS, 밴드, 카페, 앱 등을 활용해 간단한 정보 교환을 할 수 있다. 일상적으로 가장 자주 활용하게 되는 전화면담과 사회적 요구로 새롭게 도입하게 된 실시간 온라인 면담에 대하여 아래에 좀 더 자세히 소개한다.

① 등 · 하원 시 개별면담

등 · 하원 시 교사와 학부모가 유아에 대해 짧게 의견을 주고받는 형태이다. 등 · 하원 시간을 이용한 짧은 면담은 전화통화보다 얼굴을 보고 정보를 나눌 수 있기 때문에 정확한 정보를 전달할 필요가 있거나, 중요한 의논이 필요한 경우 사용하면 좋다. 전화면담 시에는 학부모의 표정이나 반응 등을 볼 수 없어 전달과정에서 오해가 생길 수 있기 때문이다.

② 전화면담

전화면담은 유치원 현장에서 가장 많이 사용되는 의사소통 방법으로, 필요에 따라 기관에서 수시로 사용할 수 있는 편리한 형태이다. 전화면담의 특징과 면담 과정에서 주의해야 할 점을 제시하면 다음과 같다.

가. 전화면담의 특징

전화면담은 학부모가 유치원을 방문하여 실시하는 개별면담보다는 부담을 덜 가질 수 있으며, 일 년에 1~2회 진행하는 정기 대면면담을 보완할 수 있는 방법이다. 전화면담은 교사 혹은 부모의 요청에 의하여 다음과 같은 내용으로 연락할 수 있다.

- 유아의 성장 및 변화에 대해 칭찬 및 격려가 필요할 때
- 기관에 유아가 결석했을 때
- 기관에서 생활하다 유아가 다쳤을 때
- 기관에서 유아가 속상한 일이 있었을 때
- 유아가 새로운 문제행동을 보여 학부모와 의논이 필요할 때
- 유아의 습관 지도를 위하여 가정과의 연계가 필요할 때
- 유치원 행사로 인하여 특별한 전달사항이 있을 때
- 학부모가 유아에 대한 고민 상담을 요청할 때

교사는 유아에게 문제가 있을 때만 전화면담을 하기보다는 유아의 성장 및 변화에 대해 칭찬 및 학부모의 격려가 필요할 때도 활용한다. 유아에게 특별한 일이 발생하거나 다친 경우에만 전화면담을 하다 보면 학부모는 교사의 전화가 긍정적으로 느껴지지 않고 유치원으로부터의 연락을 부정적인 일로 생각할 수 있다. 전화면담의 내용도 긍정적인 정보 전달과 부정적인 정보 전달의 균형을 이루도록 하는 것이 이상적이다.

공지사항이나 전달사항은 간단히 문자를 통해 연락할 수 있다. 최근에는 앱을 이용한 스마트 알림장을 사용하기도 한다. 하지만 학부모와 직접 통화가 필요한 내용은 문자로 전달하지 않는다. 짧은 문자가 특정 상황을 충분히 설명하기 어렵고, 사건이 일어난 맥락이나 정서가 충분히 전달되지 않으므로 자칫 오해를 불러일으킬 수도 있기 때문이다.

나. 전화면담 진행방법

전화면담도 간단한 내용과 횟수를 전화면담 기록부에 기록한다. 교사의 필요에 의해 또는 부모의 요구가 있는 유아들 이외에도 모든 유아들이 일정한 주기로 전화면담이 균형 있게 진행되고 있는지도 확인한다. 면담 기록부의 내용은 추후 원이나 학급 운영, 유아와의 상호작용 등에 반영한다.

표 9-1 전화면담 기록부

우정반 면담일지 - 3월

유아명	날짜	시간	상담 내용
강○○	3월 4일 3월 24일	4:30 5:00	〈전화〉 〈전화〉
구○○	3월 19일	하원 시	〈대면〉

전화면담도 면담의 한 형태이기 때문에, 명확한 목표를 가지고 다음 항목의 내용을 모두 포함하여 진행되도록 한다.

- 상대방을 확인하고 소속기관과 반명과 함께 누구인지 신분을 밝히고 짧은 인사를 나눈다. 통화 가능 여부를 묻는다.
- 전화하게 된 이유를 간단히 설명한다. 상황을 객관적이고 중립적으로 전달하고, 부모에게 공감이 필요한 부분이 있다면 공감을 표현하도록 한다.
- 단순하게 상황을 알리는 것에서 끝나지 않고 문제 내용에 대해 상담이 필요하다면 상담을 진행한다.
- 전화면담 시 교사가 일방적으로 정보를 전달만 하기보다는 가정에서의 모습이나 학부모의 의견에 대한 질문도 준비해서 학부모와 상호 교류할 수 있도록 한다.
- 원에서의 향후 지도방안과 가정에서의 지도방안을 이야기 나눈 후에 문제에 대해 마무리한다. 추후 상담이 더 필요하다면 그 부분에 대한 안내도 진행한다.

다음의 전화면담 예시를 활용하여 모의 전화면담을 실시해 보고 실제 면담 과정에서 유의해야 할 사항을 알아본다.

전화면담 예시 1 〈유아의 결석 시 전화면담〉

대한이 어머님 맞으신가요? 안녕하세요? 푸른 유치원 하늘반 대한이 담임 홍길동입니다. 지금 잠시 통화 가능하실까요? 다름이 아니라 오늘 대한이가 결석을 해서 걱정이 되어 연락드렸어요. 대한이가 어디 아픈가요? 혹시 무슨 일이 있나요? (중략) 아, 그랬군요. 어제부터 조금 기운이 없어 보였는데 빨리 열도 내리고 회복했으면 좋겠네요. 네, 알겠습니다. 집에서 푹 쉬고 건강한 모습으로 월요일에 선생님과 만나자고 대한이에게도 꼭 전해 주세요. 안녕히 계세요.

전화면담 예시 2 〈유아의 문제행동 관찰 후 전화면담〉

대한이 어머님 맞으신가요? 안녕하세요? 푸른 유치원 하늘반 대한이 담임 홍길동입니다. 지금 잠시 통화 가능하실까요? 다름이 아니라 지난번 상담에서 대한이가 편식하는 것 때문에 많이 걱정하시는 것 같아 연락드렸습니다. 아직 새로운 음식을 먹는 것을 어려워하기는 하지만 예전과 달리 완전히 거부하거나 안 먹겠다고 하지 않고 조금씩이라도 먹어보려는 노력을 합니다. 지난번에는 "선생님, 저 보세요. 저 건강 당근 먹어요." 하면서 감자볶음에 있는 당근을 먹더라구요. 집에서는 어떤가요? (중략)

수업 중에 요리활동 할 때 요리 재료를 탐색하는 시간이 있었어요. 음식물이 우리 몸에 어떤 영향을 미치는지 알아봤는데 대한이가 음식에 대한 질문을 제일 많이 했어요. 다른 친구들이 잘 먹는 모습을 보고 안 먹어 본 음식에도 관심이 생기고 있어요. 앞으로도 유치원에서 음식에 대해 친근감이 생기도록 꾸준히 지도하겠습니다. 집에서도 대한이가 음식에 대해 관심 갖는 것이나 먹어보는 도전에 대해서도 많이 격려해 주세요. 어머님이 격려해 주시고 유치원에서도 격려해 주면 대한이가 더 잘 해낼 것이라고 생각합니다. 어머님, 또 궁금하시거나 대한이에 대해 이야기해 주실 것이 있으면 언제든지 전화 주세요. 다음에 또 전화 드리겠습니다. 안녕히 계세요.

③ 실시간 온라인 면담

특별한 재난 상황이나 공간적, 시간적 한계로 인해 대면 면담이 어려운 경우에는 실시간 온라인 면담(예, ZOOM, 실시간 화상회의)으로 부모와 교사의 쌍방향적 소통을 가능하게 할 수 있다. COVID-19로 인한 특별재난 상황에서 유치원이나 어린이집에 등원을 하지 못하고 가정에서 지내고 있는 아이들과 부모들은 디지털 기기를 활용하여 선생님과 비대면 면담을 통해 서로의 모습을 볼 수 있고, 유치원 생활에 대한 관심을 지속시킬 수도 있다. 부모들 역시 가정에서 일과 양육을 병행하는 상황에서 전화면담의 한계나 공간적 거리로 인한 이동 시간을 절약하는 차원에서 선생님과 직 · 간접적인 교감을 나누어 볼 수 있는 기회를 갖는다는 측면에서 의미를 부여할 수 있다.

2) 집단면담

학부모 집단면담은 유사한 문제로 고민하는 부모들과 교사가 소규모 모임을 통해 문제의 원인이나 증상, 해결방안 등에 대해 같이 의견을 교류하는 방법을 말한다. 처음 유아교육기관을 보내는 학부모들이나 학기 초 유아들의 적응을 걱정하는 학부모들을 대상으로 집단면담을 실시하는 경우가 많다. 특히 처음 유아교육기관에 유아를 보내는 학부모들은 유치원에 대해서나 유아기 자녀의 부모역할에 대해 궁금한 점이 많다. 예를 들면 유아의 적응을 도울 수 있는 방법, 유아가 등원 거부 시 대처방법, 선생님과 전화할 때 말하는 방법 등이다. 인터넷 육아 관련 사이트에 3월 내내 '유아교육기관을 보낼 때 알아야 할 점'에 대한 글이 1위인 것과 '유치원 다닐 때 알아야 할 65'와 같은 기관 적응에 대한 책들이 베스트셀러인 것만 보아도 학부모가 자녀를 유아교육기관에 보내 놓고 궁금한 것이 많음을 알 수 있다. 따라서 기관에서는 학부모 개별면담이 시작되기 전까지 한 달 정도 기간이 소요되므로 그 전에 학부모 집단면담을 실시하여 유치원과 유아 적응에 대해 궁금한 점을 이야기하는 시간을 가질 수 있다.

집단면담 시 참여할 수 있는 적정 인원수와 주관하는 사람은 집단면담의 목적이나 성격에 따라 달라질 수 있다. 예를 들어 전반적인 유치원 적응에 관한 사항은 원장이나 원감님이 진행할 수 있으며, 학급 내 특정 상황에 대한 부분은 교사가 주관할 수 있다. 대상은 특정 학급에 국한하지 않고 유치원의 전체 부모가 될 수 있으며, 학급별로 진행할 수도 있다. 학부모 집단면담의 장점은 학부모끼리 고민을 이야기하는 과정을 통해 서로의 이야기에 공감하고 문제행동의 원인을 다양한 시각에서 이해할 수 있으며, 다른 부모들과 함께 해결 방안을 모색할 수 있도록 돕는다는 것이다.

3) 면담 시 유의점

학부모 면담은 교사와 학부모가 직접 얼굴을 마주보며 대화를 나누게 되므로, 교사는 면담을 위한 준비를 철저하게 해야 한다. 면담의 목적에 따라 학부모를 대할 때 표정과 말투, 전달할 내용 등 유의해야 할 점을 숙지해야 한다. 학부모 개별면담 시 교사가 유의해야 할 점은 다음과 같다.

- 사전에 면담 자료를 철저하게 준비한다.
- 면담의 목적을 확실히 하여 학부모와 기관 모두에게 도움이 될 수 있도록 한다.
- 면담내용은 비밀이 유지됨을 확인시켜 학부모가 안심하도록 한다.
- 학부모를 완벽한 인간으로 보지 않는다. 때로는 학부모는 자녀를 사랑해서 이성적이지 못하고, 객관적이고 다양한 시각으로 보지 못할 수도 있음을 유념한다.
- 학부모와 대화 시 유아에 대해 언급할 때는 객관적이고 긍정적인 어휘를 사용하도록 한다. 같은 말이라도 긍정적으로 표현한다. 학부모에게 유아나 상황에 대해 설명할 때는 직접적 표현을 사용하지 않는다. 하지만 정확하게 전달해야 할 일들은 실제 일화를 전달하는 것이 더 바람직하다.

- 부모가 이야기할 수 있는 기회를 주고, 학부모의 이야기를 경청하며 부모의 노력에 대해 지지해 주어야 한다.
- 학부모가 자녀의 문제에 대해 이야기하는 것 자체만으로도 정화의 가치가 있다. 면담을 통해 모든 문제를 해결하겠다고 생각하지 않는다. 아이들의 문제를 변화시키는 데는 시간이 걸리고 여러 사람의 관심과 노력이 필요함을 생각한다.
- 부모의 질문은 그 자리에서 모두 답해야 하는 것은 아니므로 미처 파악하지 못하거나 잘 알지 못하는 내용에 대해서 추측하여 답변하지 않는다. 바로 답변을 할 수 없는 질문에 대해서는 객관적이고 정확한 내용을 살피고 좀 더 유아를 관찰한 후 이야기해야 한다.
- 부모의 이야기가 길어지거나 여러 주제를 언급하였을 때는 요약해 준다.
- 부모도 때로는 과장할 수 있으며, 모든 것은 사실대로 이야기하기 어려울 때도 있음을 유념한다.
- 교사는 부모가 한 가지 측면이 아닌 다양한 측면에서 바라볼 수 있는 시각을 제시하고 자녀의 발달을 전체적인 관점에서 바라볼 수 있게 한다.
- 유아의 문제행동에 관련하여 상담할 때에는 분명한 목표행동과 행동에 따른 교사의 대처 방안에 대해서도 함께 이야기해야 한다.
- 중요한 결단은 교사가 부모를 대신하여 내려 주지 않는다.
- 면담시간을 너무 길게 하지 않는다. 정해진 일정한 시간 내에 면담을 하는 것이 가장 좋으며, 효율성을 생각한다.
- 면담에서 중요한 것은 면담의 기술이 아니라 교사와 부모가 서로에게 도움을 주고 유아의 문제를 이해하고 해결해 나가려는 진실한 자세임을 기억한다.

면담 과정에서 필요한 요소들로는 래포(rapport), 공감(empathy), 수용적 존중, 전문적 능력, 의사소통 등이 있다.

- 래포: 편안한 분위기에 일반적이고 편안한 질문에서 시작하여 본론적인 이야기를 하는 것이 좋다.
- 공감: 표정이나 동작 또는 말로 상대방의 말에 공감하고 있음을 표현한다(예: 끄덕임, 간단한 반응 '네').

- 수용적 존중: 부모의 생각을 잘 들어주고 존중해 주는 것이다. 존중하되 따라 줄 수는 없을 때에는 다른 예를 들어서 “제 생각에는요~”라고 의견을 표현한다.
- 전문적 능력: 많은 정보를 주되 선택은 부모가 하게 하여 협조자 입장에서 이야기한다. 그러나 교사가 권위적인 입장을 내세우거나 결정을 내려서 이야기를 하지 않는다.
- 의사소통: 목적하고자 하는 내용을 충분히 다루고 제한된 시간 내에서 효율적인 의사소통을 한다. 면담 시 언어적, 비언어적 의사소통에 모두 유의한다.

이와 같은 유의사항을 교사가 숙지하여 학부모와 면담을 진행한다면, 학부모와의 면담은 교사와 부모에게 모두 부담스러운 시간이 아니라 유아를 위해 중요한 정보와 의견을 교환하는 중요한 시간이 된다.

3 학부모 면담 운영의 실제

학부모 면담은 크게 준비 단계, 진행 단계, 마무리 단계로 나누어 계획하고 실행할 수 있다. 각 단계에 따라 필요한 자료와 서류를 미리 준비해 두어 학부모가 유아와 기관에 대해 이해하고 접근할 수 있도록 도와야 한다. 또한 교사는 부모와의 면담이 마무리된 후 그 내용을 빠짐없이 기록하여 이후 유아의 생활 지도와 교육에 반영될 수 있도록 한다. 교사가 학부모 면담을 위해 계획하고 실행해야 하는 전체적인 업무는 〈그림 9-1〉과 같다.

단계	교사 업무	실행 업무
계획 및 준비	1. 학부모 요구 조사하기	① 가정통신문 발송하기 (상담기간 안내 및 상담 가능한 시간 조사) ② 면담 질문 사항 양식 발송하기
	2. 면담자료 준비하기	① 면담 질문목록에 대한 답변 작성하기 ② 면담자료 준비하기: 유아 평가 자료, 유아 포트폴리오, 유아 관찰일지, 상담 자료, 기타 자료
실행	1. 면담환경 조성하기	① 학부모 대기실 마련하기 ② 상담실 환경 조성하기
	2. 면담 진행하기	① 면담 분위기 조성하기 ② 면담 진행하기
평가	1. 면담내용 정리하기	① 면담내용 정리하기 ② 교육내용에 반영하기
	2. 면담내용 보고하기	① 면담보고서 작성하기 ② 기관에 면담 보고하기

그림 9-1 학부모 면담 관련 업무 체크리스트

1) 계획 및 준비

(1) 학부모 요구 조사하기

면담을 진행하기 전 교사는 면담을 통해 도달하고자 하는 목표를 분명히 설정한다. 진행되는 면담의 성격에 따라 면담의 목표는 달라질 수 있지만, 기본적인 목표는 학부모와 상호 협력적 관계를 형성하여 유아와 유아교육기관에 대한 이해를 높이는 것이다. 따라서 교사는 면담이 이루어지기 1~2주 전에 어떤 내용으로 면담이 진행될지 학부모에게 안내하는 가정통신문을 작성하여 발송한다. 〈서식 34〉와 같이 가정통신문에는 면담이 진행되는 기간, 면담 가능시간, 면담 내용, 면담 장소를 명확히 명시하고, 면담신청서를 기관에 제출하도록 한다. 면담 일정이 확정되면 〈서식 35〉와 같이 면담일시에 관한 최종 가정통신문을 발송한다.

학부모 개별면담은 일 년에 한두 번 정도 진행하며 유아, 부모, 교사에게 모두 중요한 시간이므로 맞벌이 가정의 부모가 유아교사의 근무시간 중 참석하기 어렵다면 조정하도록 배려한다. 면담은 1~2주에 걸쳐 하루 3~4명 정도의 학부모와 면담 일정을 잡는다. 실제 면담은 한 부모당 통상적으로 15~20분 정도 진행한다. 신청서 작성 시 면담 가능시간을 2~3개로 제시하여 겹치는 시간이 없도록 한다. 대면면담이 불가능한 경우에는 전화면담도 가능함을 안내한다.

면담이 효과적으로 이루어지기 위해서 사전에 면담신청서를 부모가 작성하도록 한다. 면담신청서에는 유아와 부모에 대한 기본 정보, 부모의 양육 태도, 가정에서의 양육 상황, 면담 시 다루었으면 하는 내용, 교사와 기관에 바라는 점 등 유아에 대한 기본 사항과 부모의 궁금한 부분을 담도록 한다. 면담신청서 양식은 면담이 이루어지기 이전에 미리 가정으로 발송하여 학부모가 작성해 오도록 한다. 면담 신청서는 각 기관에서 사용하는 양식을 따르되 〈서식 36〉의 예시를 참고하도록 한다. 교사는 학부모로부터 받은 신청서 내용을 참고하여 면담을 준비할 수 있고, 이는 교사와 학부모 모두에게 의미 있는 면담을 위한 밑거름으로 작용할 수 있다. 또한 교사와 기관의 입장에서는 학부모가 작성한 면담신청서와 면담 결과를 기록한 보고서 내용을 기초로 더욱 나은 교육 계획을 수립할 수 있다.

(2) 면담자료 준비하기

학부모 면담에 앞서 필요한 자료를 준비하여 구체적인 계획을 세우고 준비한다. 면담을 위해 원아조사서와 유치원 생활기록부, 전화면담 기록, 설문지, 일화기록, 행동발달 관찰기록, 포트폴리오 등 여러 가지 구체적이고 객관적인 자료를 준비한다. 신체건강 · 운동, 의사소통, 사회관계, 예술경험, 자연탐구 영역 등 누리과정 전반적인 영역에서 유아가 어떤 발달을 보이고 있으며, 이를 통한 유아의 장점과 지원이 필요한 부분에 대한 면담을 진행할 수 있다. 학기 말에 면담이 진행되는 경우에는 유아에 관한 자료 이외에도 교육과정을 평가한 내용을 상담 자료로 활용할 수 있다. 〈서식 37〉과 같이 1학기 동안 유아들을 교육하기 위해 교사가 진행한 교육과정이 유아들에게 어떤 영향을 미쳤는지, 어떤 발달이 이루어지게 되었는지 등을 제시하면 학부모에게 기관의 교육 철학, 교사의 교육에 대한 이해와 관심을 고취시킬 수 있다.

교사는 위의 내용을 바탕으로 면담 자료에 내용을 요약하고, 학부모가 작성한 면담 신청 양식을 기초로 하여 면담 질문 및 답변 목록을 사전에 작성한다. 면담 질문 목록에는 교사가 학부모에게 궁금한 점, 또는 학부모가 교사나 기관에 대해 궁금해 할 수 있는 점, 유아에 대해 상담하고자 하는 내용을 포함시킬 수 있고 이에 대한 답변을 준비한다. 교사가 미리 면담 질문 목록을 작성해 둔다면 학부모와의 상담 효과를 높일 수 있을 것이다.

학부모와 면담을 진행할 때 교사는 객관적인 자료를 제시함으로써 학부모의 이해를 높이고 신뢰를 얻도록 한다. 교사가 유아에 대해 충분히 이해하고 관찰 등을 통해 수집한 객관적인 자료가 있다면, 학부모는 교사에 대해 신뢰를 가지고 면담에 임할 것이다. 하지만 객관적인 자료 없이 단순히 말로만 유아에 대해 이해하고 있다고 한다면 학부모는 상담 내용에 대해 공감하거나 이해하기 어렵고 쉽게 동의하지 못할 것이다. 따라서 교사는 평소에 유아를 수시로 관찰하고 그 내용을 기록해 두어 상담 시 자료로 활용해야 한다.

2) 실행

(1) 면담환경 조성하기

학부모 면담을 성공적으로 실시하기 위한 첫 단계는 편안한 면담환경을 조성하는 일이다. 면담 환경 조성을 위해 다음 사항에 유의한다.

- 학부모 의자 위치: 교사는 학부모의 동선을 생각하여 의자와 테이블을 배치한다. 학부모가 문을 열고 들어왔을 때 앉아야 할 자리를 쉽게 알 수 있도록 한다.
- 교사 의자 위치: 교사가 창 밖이나 복도가 보이는 자리에 앉고 반대쪽에 부모가 앉도록 하여 주의가 분산되지 않게 한다. 교사는 시계가 보이는 자리에 앉아 면

담시간을 확인하고 약속된 시간에 면담을 종료할 수 있도록 한다.

- 물리적 환경: 편안하고 따뜻한 분위기를 조성하기 위하여 밝고 차분한 색의 테이블보를 덮고 꽃이나 화분을 준비하면 좋다. 일대일 면담이지만 부모와 교사가 성인인 것을 감안하여 넓은 책상과 의자를 여유 있게 배치한다.
- 자리 위치: 면담 시 교사와 부모의 자리 배치는 마주보거나 ㄱ자 형태로 앉는다. 면담 시 거리가 너무 가까우면 거부감이 들거나 불편할 수 있으며, 거리가 너무 멀면 거리감이 느껴지고 의사소통에 문제가 있을 수도 있다.
- 준비 자료: 교사는 책상 위에 면담자료 파일과 함께 면담 내용을 기록하기 위한 필기구를 준비하고 혹시나 면담 중 학부모가 눈물을 흘리거나 필요할 경우 제공할 수 있도록 휴지를 준비한다.

이 외에 주의해야 할 사항으로는 다음과 같다.

- 학부모가 기관에 와서 면담 전까지 대기할 수 있는 공간을 마련한다. 대기실 환경도 낯선 느낌이 들지 않고 편안하고 안락한 분위기를 느낄 수 있도록 구성한다.
- 대기실에 면담 일정을 부착하여 면담순서와 시간을 알 수 있도록 한다.
- 대기 장소에는 간단한 다과와 유아들의 활동사진이나 작품 등을 준비하여 기다리는 동안 살펴볼 수 있도록 한다. 작품을 게시하거나 작품집을 놓을 때에는 모든 유아의 작품이 포함되도록 한다.
- 면담 대기실과 면담 공간은 적정 거리를 유지하여 면담 시 대화 내용이 다른 사람에게 전달되지 않도록 프라이버시를 확보하는 것이 중요하다.

사진 9-2 학부모 면담 대기실과 면담 공간의 환경 구성 예시

(2) 면담 진행하기

교사는 미리 작성해 둔 질문 목록과 면담 시나리오를 통하여 학부모와의 면담을 진행한다. 면담을 처음 시작할 때에는 반갑게 인사를 나누고 유아의 기초조사서 등에 있는 가족관계를 파악하여 관련된 질문을 하면서 관심을 표시하고 유대관계를 형성한다.

- 진호는 지금 뭐하고 있나요? 누구랑 있나요?
- 진호 동생도 이제 많이 컸지요? 벌써 걸을 때가 됐나요?
- 할머님도 건강하시지요? 가끔 하원할 때 뵀었는데 요즘에는 통 못 뵌 것 같아요.
- 어머님은 여전히 바쁘시지요? 오늘 일부러 시간 내서 오셨겠어요.

면담을 위한 분위기가 조성되면 교사는 면담을 통해 도달하고자 하는 목표를 학부모에게 분명하게 이야기한 후, 준비한 자료와 함께 면담을 진행한다. 1학기 면담 시에는 교사보다 학부모에게 더욱 많이 이야기할 기회를 제공하고, 부모가 교사에게 유아에 대한 질문을 많이 할 수 있게 한다. 이에 반해 2학기에는 교사가 유아와 지내며 알게 된 것과 관찰한 내용을 부모에게 더욱 많이 전달할 수 있도록 한다. 특히 일상생활에서 교사가 기록한 유아의 누적적인 놀이 관찰기록은 단체생활에서 보이는 유아의 행동 특성을 설명하고 이해할 수 있는 객관적인 자료가 되므로 학부모면담 시 적극적으로 활용하는 것이 좋다. 특히 교사가 꾸준히 작성한 유아관찰 기록은 부모들로 하여금 시간적 흐름이나 상황에 따라 나타나는 자녀의 성장 발달은 물론 그 특성을 이해하도록 도울 것이다. 이러한 경험을 통해 학부모는 자녀의 특성이나 행동을 객관적으로 이해하게 되고, 문제가 되는 점이 있다면 교사와 협력할 수 있게 된다. 이러한 노력은 나아가 교사에 대한 신뢰는 물론 유아교육기관에 대한 신뢰로 이어질 수 있다.

학기 초 개별면담 예시

우리 반 아이들 처음 만나서 인사했던 것이 엊그제 같은데 벌써 한 달이 지났어요. 아이들도 저도 이제 서로에게 적응이 잘 되어가고 있는 것 같아요. 앞으로 저도 시간이 지나면서 아이들과 활동하고 관찰하면서 알게 되겠지만 오늘은 수민이가 앞으로 일 년 동안 바다반에서 잘 지낼 수 있게 수민이에 대한 여러 가지를 어머님에게 이야기를 좀 많이 들으려고 해요.

학기 말 개별면담 예시

학기 초에 수민이에 대해서 여러 가지로 말씀을 잘 해 주셔서 수민이와 함께 생활하는 데 많은 도움이 되었습니다. 가끔씩 전화로 말씀 드리기는 했지만 수민이가 원에서 일 년 동안 어떻게 지냈는지 많이 궁금하셨지요? 오늘은 그동안 수민이와 여러 가지 활동을 함께 했었던 것들도 소개해 드리고 그동안 제가 수민이를 지도하면서 관찰하고 느낀 점을 말씀드리려고 합니다.

학부모와의 면담 시 유아에 대한 긍정적이고 따뜻한 말로 시작하도록 한다. 자녀에 대한 교사의 애정과 관심을 느낄 때 부모는 마음의 문을 열게 된다. 반대로 자녀에 대한 부정적인 평가를 듣게 되면 부모는 거부감이 들고 방어적인 자세를 취하게 된다. 긍정적인 말도 의례적이거나 막연한 칭찬보다는 구체적인 일화를 제시하면서 시작하도록 한다.

- 지영이는 관찰력도 뛰어나고 표현력이 풍부한데, 이런 특징이 친구들과 잘 지내는 데 장점으로 발휘될 때가 많아요. 친구가 블록으로 로봇을 만들고 있으면 '네가 만든 로봇은 진짜 변신 로봇보다 더 멋있다. 뒤에 손잡이까지 있어서 조정하기도 훨씬 쉬울 것 같아.' 하고 그 친구만의 독특한 부분을 칭찬을 해요.

- 태호는 책을 볼 때 굉장히 집중해서 봐요. 보통은 그림을 보고 휙휙 넘기거나 스토리 중심으로 이야기를 읽고 가는데 '난 토마토는 절대 안 먹어' 책을 보면서 한 페이지를 2~3분은 뚫어져라 살펴보더라구요. 다른 애들이 잘 안보는 글씨 크기, 폰트, 줄 간격, 콜라주 할 때 그림을 어떻게 붙였을까 하는 것까지 생각하면서 보는 것 보고 깜짝 놀랐어요.

학기 초 학부모면담에서는 부모에게 주로 이야기를 듣는 것이 좋으나 교사의 준비가 없다면 오히려 어색하고 서먹한 분위기가 될 수 있다. 교사는 다음과 같은 질문을 통해 부모와의 면담을 자연스럽게 이끌 수 있다.

- 한 달 동안 ○○이 유치원에 다녔는데 집에서 유치원 이야기를 하나요?
- 부모님은 한 달 동안 ○○을 유치원에 보내시면서 어떠셨나요?
- 유치원 생활에 대해 궁금한 점이 있으신가요?
- (기관 경험이 있는 유아) 전 기관에서는 어떻게 지냈나요?
- 하원 후 집에서는 무엇을 하면서 지내나요?
- 아이와 주로 많은 시간을 보내는 사람은 누구인가요?
- 부모님은 아이와 놀 때 어떻게 놀아 주시나요?
- 좋아하는 것과 싫어하는 것은 무엇인가요?
- 주말에 가족들과 시간을 어떻게 보내나요?
- 건강상의 과거 병력, 알러지 증상은 있나요?
- 양육할 때 중요하게 생각하는 부분은 어떤 것이 있나요?
- 그 밖에 교사가 아이에 대해서 알아두었으면 하는 것이나 바라는 점, 궁금한 점은 무엇인가요?

면담에서는 유아 발달을 전체적인 관점에서 바라보고 같은 내용이라도 긍정적으로 표현하는 것이 좋다. 단점보다는 장점을 먼저 이야기하고 유아의 행동에서 개선이 필요한 부분이나 가정에서 협력해서 지도해야 할 부분에 대해서도 의견을 제시하도록 한다. 유치원에서 있었던 일을 이야기할 때는 행동의 결과나 사건을 단정적으로 짧게 전달하기보다는 전후 상황을 충분히 설명하는 것이 중요하다. 행동에 문제가 있다고 생각되는 경우라도 상황을 고려하는 교사의 태도는 유아의 입장에서 생각하고 이해하려고 애쓰고 있다는 것을 알릴 수 있는 방법이다. 또한 부모의 기대처럼 유아의 문제행동은 빨리 개선되기 어려운 경우가 많으므로 전체적인 방향이 개선되도록 노력하고 그것을 인식할 수 있도록 알려주도록 한다.

면담시간 안에 문제를 해결하려 한다면 부모의 입장에서 오히려 강요받는 느낌을 받거나 거부감이 나타날 수 있다. 유아의 문제행동이나 발달상의 어려움, 양육에서 힘든 부분은 하루아침에 개선되기 어려운 경우가 대부분이다. 면담시간에 부모가 편안하게 이야기를 꺼내 놓으면서 자신과 자녀의 문제를 되돌아보는 시간을 갖는 것도 변화를 위해 충분히 좋은 시작이 될 수 있다. 교사는 부모가 갈등과 고민을 이야기할 수 있는 분위기를 만들고 공감해 주는 자세가 갖도록 한다. 부모의 이야기가 산만해지지 않도록 중간에 부모가 이야기한 내용을 요약하면서 잘 듣고 있다는 것을 알게 하고 대화를 지속시킨다. 부모의 입장에서 현재 수용하기 어려운 충고를 강요하거나 은연중에 교사가 전문가이므로 문제에 대한 답을 다 알고 있다는 태도를 보이는 것은 바람직하지 않다.

면담을 진행하면서 교사는 학부모가 이야기한 것을 바로 기록하고, 혹 학부모가 질문을 했으나 당장 답변이 곤란한 경우에는 따로 기록해 두었다가 반드시 사후에 답변하도록 한다.

3) 평가

(1) 면담내용 정리하기

교사는 학부모와의 면담이 끝난 후, 면담내용을 면담일지에 빠짐 없이 기록한다. 〈서식 37〉을 참고하여 면담 시 수기로 적은 내용을 워드로 정리한다. 유아에 대해 새롭게 알게 된 사실, 학부모의 요구, 새롭게 발견한 문제행동 등 다양한 정보를 교사는 재정리한다. 면담 기록 자료는 향후 유아의 생활지도나 교육 내용에도 반영하여 유아에게 더욱 질 높은 교육이 이루어질 수 있도록 한다. 또한 면담 시 학부모가 궁금해 했던 부분에 대해 따로 정리를 해두고, 최대한 빠르게 답변을 정리하여 학부모에게 개별 전화상담을 통해 질문을 해결해 주어야 한다.

(2) 면담내용 보고하기

면담을 마무리한 후 교사는 양식에 맞추어 면담 보고서를 작성한다. 면담 보고서에는 유아 성명, 상담 부모, 상담 목적, 부모에게 보고된 사항, 부모의 견해, 교사의 상담 요약 및 향후 계획 등을 포함한다. 교사는 면담 결과를 원감과 원장에게 보고하여 기관에서 유아에 대해 정확하게 이해하도록 한다. 특히 기관에 대한 학부모의 불만이나 요청사항이 있다면 교사는 반드시 기관장에게 전달하여 해결하도록 한다.

또한 유아의 문제행동에 관하여 학부모와 면담한 경우에는 문제행동을 바로 기록해 두고 어떻게 교사가 지원할 계획인지 그 방안을 구체적으로 서술해야 한다. 교사는 기록을 바탕으로 유아의 문제행동이 어떻게 개선되는지, 교사가 이를 위해 어떤 노력과 지도를 했는지 지속적으로 기록하도록 한다. 이후 학부모와의 면담 또는 전화상담을 통해 유아의 문제행동 개선 상황을 구체적으로 전달해야 한다.

온라인 대면면담 예시

코로나-19 상황에서 학부모 온라인 대면 면담을 위한 조언

코로나-19의 확산 상황에서 감염병 전염의 우려로 인해 학부모의 유아교육기관 방문은 자제되었다. 따라서 코로나-19 이전에 이루어져 왔던 1학기 학부모 참여수업이나 참관수업뿐 아니라 교사와 학부모의 면대면 면담이 어려운 실정이었다. 2학기 면담에서 온라인 대면면담을 도입해야 한다면 어떻게 준비해야 할까?

2학기 면담은 학부모가 유아의 기관 생활에 대해 궁금한 점도 많고, 교사가 그간 유아와 생활하면서 수집한 자료들을 기반으로 유아의 발달을 이야기해야 하기 때문에 전화로 하기에는 어려운 점이 있다. 특히 코로나-19 상황으로 인해 한 번도 자녀의 기관 생활을 직접 보지 못했기 때문에 학부모의 궁금증은 더 클 수밖에 없다. 다음과 같은 방법은 학부모와 온라인 대면상담을 진행할 수밖에 없는 교사의 어려움을 경감시킬 수 있을 것이다.

첫째, 반에서 이루어진 놀이에 대한 교사의 기록을 꾸준히 학부모와 공유하는 것이다. 교사는 각 반 밴드나 앱 상의 알리미, 또는 학급 신문에, 아이들이 하는 놀이의 흐름, 놀이 시 유아들이 한 말, 새롭게 제시한 아이디어, 교사의 놀이에 대한 이해와 지원 등을 기록할 수 있다. 이러한 기록 공유는 1~2주 간격으로 보통 이루어진다. 이처럼 학부모와 공유된 교사의 놀이 기록은, 학부모가 이미 자신의 자녀가 어떤 놀이를 자주 하고, 누구와 주로 놀이하고, 놀이에서 어떠한 것들을 시도하고 배우고 있는지를 어느 정도 가늠하게 한다. 따라서 코로나-19 상황 시, 교사는 면대면 면담에서

만큼 다양한 자료들을 학부모에게 직접 보여드릴 수는 없지만, 이미 공유된 정보를 기반으로 하여 면담을 부드럽게 이어갈 수 있다.

둘째, 누리과정 5개 영역과 학부모가 중점적으로 보고자 하는 면을 1학기, 2학기로 나누어 사진 자료와 함께 면담 자료를 준비하는 것이다. 각 영역의 내용이 골고루 포함된 자료를 공유함으로써 학부모는 시각적인 자료를 활용하여 전반적으로 자녀의 발달에 대해 명확하게 이해할 수 있게 될 것이다. 내용을 제시할 때 각 영역당 교사가 그러한 평가를 내리는 기반이 된 실제 근거를 함께 제시해두면 좋다. 교사가 구체적인 상황을 들어가며 학부모에게 유아의 특성이나 변화 정도를 말한다면, 학부모는 교사를 더욱 신뢰하게 된다.

셋째, 면담 이전에 교사가 학부모와 지속적으로 소통하여 학부모와 함께 유아의 성장을 위해 노력하는 것이다. 즉 유아의 성장 및 변화가 특별히 있던 날 알림장에 기록을 남긴다거나, 유아의 습관 지도를 위하여 학부모와 의논을 하는 것이다. 이 경우, 코로나-19 상황으로 학부모가 교사와 직접 면담을 하지 않는다 하더라도 학부모는 교사에 대해 긍정적 인식을 갖고 신뢰하고 있을 것이며, 이미 자신의 자녀에 대한 정보를 교사와 공유하고 있기 때문에 교사는 큰 부담 없이 학부모와 온라인 대면면담을 진행할 수 있을 것이다.

원활한 온라인 대면면담을 진행하기 위해서는 줌, 화상회의 등의 프로그램을 사전에 충분히 다루어 익숙하게 해야 하고, 인터넷 환경이 원활한지 확인하는 것도 꼭 필요하다. 위와 같이 것이 준비된다면 감염병이나 재난 등의 상황이 아니더라도 물리적, 시간적 제약으로 인해 대면면담에 참여하기 어려운 부모와의 면담에도 적극 활용할 수 있다.

문제 사례

이 교사는 학기 초가 되면 부담스럽게 느껴지는 것이 있다. 바로 학부모 면담이다. 유아들과 생활하는 것은 너무 재미있고, 아이들과 있을 때는 자신감이 넘치는데 부모님들을 만날 때는 긴장되고 위축되는 것을 느낀다. 부모님들이 갑자기 내가 잘 모르는 부분을 질문하면 어떻게 대처해야 할지, 혹시나 나에 대한 불만을 쏟아내지는 않을까 지레 걱정이 된다. 특히 내향적인 성격 특성 때문에 처음 만나는 사람과의 자리가 많이 불편하고 먼저 선뜻 대화 주제를 꺼내기도 어려운 것이 더욱 힘들게 하는 것 같다. 주변 사람들에게 이야기하면 왠지 준비가 안 된 교사처럼 보일까 봐 혼자 끙끙 앓게 돼서 몸살이 날 지경이다.

황 교사는 학부모와의 면담이 즐겁다. 아이들과 있었던 이야기를 할 때면 해 줄 이야기도 많고, 한편으로는 이렇게 재미있게 생활하고 있다는 걸 꼭 알아주셨으면 좋겠다는 생각이 들기도 한다. 그런데 때로 반응이 별로 없는 부모를 만나거나 질문에 단답식으로 답하는 부모와 대화를 하다 보면 도대체 아이에게 관심은 있는 것인지 알 수가 없을 때가 많다. 상담이 끝나고 나서는 내가 너무 불필요한 말까지 한 건 아닌가 간혹 후회가 되기도 하고, 나만 이야기를 많이 한 것 같은 느낌이 들기도 한다. 그러다 시간이 지나면 다른 일들로 바빠 금방 잊어버리게 돼서 다행이라는 생각이 들기도 한다.

토론 질문

1. 이 교사와 황 교사는 학부모 면담에 임하는 태도에 있어 상반된 모습을 보이고 있다. 두 사람의 차이는 무엇인지 생각해 보시오.

2. 두 교사의 성향과 각각 다른 반대의 부모와 면담을 하게 되었을 때 예상될 수 있는 문제점은 무엇이고, 이 경우 전문가로서의 면담자세를 취하기 위해 노력해야 할 부분은 무엇인지 토론해 보시오.

chapter **10**

현장학습

현장학습

본 장에서는 유아의 경험 및 지식 확장을 위해 필요한 현장학습 운영 방법을 안내한다. 현장학습은 일회성, 행사성 방문이 아니라 교사가 교육과정을 풍성하게 운영하기 위해 신중히 계획해서 실행할 때 유아의 생각과 경험을 심화할 수 있는 활동이 된다. 본 장의 내용을 통해 학습자는 현장학습의 목적과 내용 그리고 실제 운영의 과정을 이해하고 실행하는 능력을 기른다.

1 현장학습의 중요성

현장학습은 유아가 유치원 밖에서 이루어지는 모든 활동을 통해 직·간접적으로 학습하는 것을 말한다. 교육과정 운영과정에서 현장학습을 어떤 시기에 실시하는 것이 효과적일지에 대한 관심이 높다. 주제의 도입 단계, 전개 단계, 마무리 단계 중 어느 단계에서 실행하는 것이 더 효과적인지에 따라 현장학습의 목적 및 방법이 달라질 수 있다. 도입 단계에서는 놀이 주제에 대한 관심과 흥미를 유발시키거나 관련된 정보를 수집할 수 있다. 전개 단계에서는 현장학습을 통해 놀이의 내용을 확장하기 위해 정보를 수집하거나 궁금한 것을 알아보기 위한 조사활동을 진행할 수 있다. 마무리 단계에서는 주제 전개를 통해 알게 된 것을 현장학습을 통해 적용하거나 마무리 활동을 진행할 수 있다. 2020년부터 코로나19의 확산으로 아이들은 관심있는 놀이 주제를 전개하기 위해 현장학습을 나가는 경우가 거의 없거나 극히 제한적이 되고 있다. 이에 대한 대안으로 현장에서는 원격으로 관련 주제의 전문가를 만나 질의 응답이나 강연을 듣거나 메일을 활용해 궁금한 점을 알아보는 비대면 방식으로 변화되고 있다.

현장학습의 목적은 다음과 같다(김현주, 2011).

- 유치원 이외의 새로운 자연, 공간, 환경 즐기고 탐색하기
- 환경에 대한 경험을 통한 새로운 지식 습득하기
- 기존의 지식을 확장시키기
- 구체적 경험을 통해 어휘 습득과 개념 형성하기
- 새로운 생각과 흥미 발견하기
- 세상을 바라보는 다양한 시각 기르기
- 지역사회 구성원과 상호작용하기
- 공공질서, 예절, 규칙을 실천하며 사회적 상호작용 배우기
- 유아와 세상(실제 삶)을 연계하기
- 유아의 시각을 깊고 넓게 하기

- 평생 지속될 수 있는 흥미 개발하기
- 학습하는 주제에 대한 개념 형성 및 지식 확장하기
- 시민의식 함양하기

Q 현재 우리 반의 놀이 주제는 '우리 동네'입니다.
주제와 관련하여 '우리동네'에 대한 유아들의 흥미과 관심을 확장하기 위해 현장학습을 계획하려고 합니다.
어느 곳에 현장학습을 가는 것이 좋을까요? (중복 선택 가능)

① 병원 ② 우체국 ③ 은행 ④ 어린이도서관 ⑤ 꽃가게
⑥ 대형마트 ⑦ 백화점 ⑧ 주민센터 ⑨ 떡집 ⑩ 빵가게

Q 위 질문에서 현장학습을 선택한 이유는 무엇입니까?
선택하지 않은 현장학습지는 왜 선택하지 않았습니까?
기록해 보세요.

A

Q 봄을 맞아 유아들과 함께 봄 소풍을 갈 예정입니다.
봄 소풍을 위해 사전답사를 가서 무엇을 확인하고 보고 와야 할까요?
기록해 보세요.

A

2 현장학습의 유형

현장학습지는 유아의 연령, 발달, 흥미 및 관심, 교육과정 운영에 따라 다양하게 선정할 수 있다. 현장학습 운영 형태는 지역사회, 자연체험, 문화예술체험, 놀이체험으로 분류해 볼 수 있으며, 현장학습 운영 형태에 따른 견학지의 예는 다음과 같다(김현주, 2011).

- 지역사회 현장학습: 꽃가게, 마트, 우체국, 은행, 지하철 역, 초등학교 등
- 자연체험 현장학습: 숲 체험, 산책, 수목원 등
- 문화체험 현장학습: 미술관, 음악회, 박물관 등
- 놀이체험 현장학습: 유아교육진흥원, 육아정보센터, 상상놀이체험관 등

지역사회 현장학습 꽃가게 방문

자연체험 현장학습 숲 체험

문화체험 현장학습 박물관 방문

놀이체험 현장학습 체험활동

사진 10-1 현장학습 운영 형태에 따른 견학지의 예

3 현장학습 운영의 실제

교사는 현장학습의 효율적 운영을 위하여 유아의 학습 단계를 고려하여 체계적으로 계획을 수립해야 한다. 유아에게 의미 있는 현장학습이 되기 위해서는 사전에 교사의 치밀한 계획 수립과, 수정 · 보완작업이 필요하다. 현장학습 계획의 첫 단계는 유아의 발달이나 놀이 주제와 관련하여 적합한 장소를 선택하는 것이다. 유명하거나 많은 사람에게 인기있는 곳이 반드시 현장학습 장소로 좋은 곳은 아니다. 유아의 특성이나 안전 요소, 유아교육기관에서의 거리 등을 고려하여 선택한다. 현장학습의 적합한 시기를 정하는 것도 교육의 효과를 높이기 위해 중요하다. 현장학습 시기는 진행되는 놀이 주제와 일치하는지 고려한다. 또한 전년도 현장학습일지를 살펴보고 동료 교사들과의 여러 번의 회의를 통하여 최선의 의견을 찾도록 노력한다.

장소가 선정되면 교사는 현장학습지의 사전 답사를 통해 적합성 여부를 최종 판단한다. 또한 현장학습을 위한 계획안 작성, 현장학습 시 사용할 교재교구 제작, 유아들을 위한 이름표 준비 등 세부적인 준비를 한다. 유아들이 현장학습을 통하여 얻게 되는 지식과 태도, 기술, 경험 등을 확장시키기 위한 사후 활동도 미리 준비하여 현장학습이 이후의 교육이나 유아들의 삶과도 연계되도록 한다.

교사가 현장학습을 준비하기 위한 단계를 현장학습 계획, 현장학습 실행, 현장학습 평가로 나누어 각 단계별 처리해야 할 전체적인 업무를 살펴보면 〈그림 10-1〉과 같다. 〈표 10-1〉은 전체 현장학습을 진행하는 일정의 예이다.

단계	교사 업무	실행 업무
현장학습 계획	1. 현장학습지 정하기	① 교사 협의록 작성
	2. 현장 사전답사하기	① 사전답사 일지 작성 ② 결과 보고(소요예산, 경로, 교통편 등) ③ 현장학습 계획서 작성
	3. 현장학습 준비하기	① 사전활동: 이야기 나누기, 교통안전지도, 질서지도 ② 사전준비: 현장 체험학습지 공문 발송, 가정통신문 발송, 교육계획안 작성, 대체 프로그램 준비, 기타 세부사항
현장학습 실행	1. 출발 전 확인하기	① 유아확인: 인원 점검, 유아 건강상태 확인 ② 준비물 확인 ③ 출발 전 이야기 나누기(안전한 견학을 위해 지켜야 할 약속)
	2. 출발 시 확인하기	① 차량 안전히 승차 ② 안전하게 이동
	3. 도착 시 확인하기	① 차량 안전히 하차 ② 화장실 다녀오기 ③ 짐과 옷 한 곳에 놓기 ④ 현장학습 진행
	4. 유치원 돌아오기	① 화장실 다녀오기 ② 유아 확인: 인원 점검, 소지품 확인 ③ 차량 안전히 승차 ④ 안전하게 이동
현장학습 평가	1. 사후활동 실행	① 경험 회상하기(그림 그리기, 녹음 등) ② 주제 확장 또는 적용 및 마무리
	2. 현장학습 평가 및 보고하기	① 현장학습 평가 ② 현장학습 보고서 작성

그림 10-1 현장학습 관련 업무 체크리스트

표 10-1 현장학습 진행 일정표

9월 학사일정

일	월	화	수	목	금	토
					1	2
3	4	5	6 현장학습지 장소 조사 및 회의	7	8	9
10	11	12	13 현장 사전답사	14 사전답사 일지 작성	15 현장학습 결과보고 & 계획서 작성	16
17	18 현장학습지 예약	19	20 가을소풍 & 운동회	21	22	23
24	25	26	27	28 민속의 날	29	30

10월 학사일정

일	월	화	수	목	금	토
1	2	3 개천절	4 추석	5	6 대체휴일	7
8	9 한글날	10 만5세 축구	11	12	13 가정에 현장학습 일정 안내	14
15	16 현장학습일 일일교육 계획안 작성	17 현장학습지 소개 및 사전교육	18 현장 학습일	19 사후활동 및 평가	20	21
22	23	24	25	26	27	28 아빠참여 수업
29	30	31				

1) 계획 및 준비

(1) 현장학습지 정하기

현장학습 계획을 위한 첫 단계는 유치원의 교육과정 운영계획서나 진행되는 주제 등을 고려하여 현장학습지를 선정하는 일이다. 현장학습은 연간교육과정 계획 시 유치원의 제반 행사 등과 함께 사전 계획하는 경우가 일반적이지만, 상황에 따라 실행 전에 조정 혹은 변경될 수 있다. 전년도 행사 일지를 참고한다면 의미 있는 현장학습 활동 계획에 도움이 된다.

현장학습지를 선정하며 협의한 내용은 교사 협의록 작성의 형태로 기록한다. 교사 협의록에는 관련 논의 사항과 논의를 통해 결정된 내용을 포함한다. 현장학습 이후에 교사 협의록을 작성해 두면 이후에도 현장학습을 준비 과정에서 어떤 사항들이 고려되었는지 한눈에 파악할 수 있으므로 준비 과정에서 참고 자료로 유용하게 사용된다. 또한 작성해 둔 협의록은 다음 해 현장학습 준비에 유용한 참고 자료가 될 수 있다. 〈표 10-2〉는 서울 10월 '지구지키기' 놀이 주제에 따른 새활용 플라자 현장학습지 선정과 관련한 교사 협의록의 예이다.

표 10-2 교사협의록 예시

교사 협의록 예시

작성일시: 9월 6일(수) 오후 4시
내용: 10월 18일 현장학습지 선정 관련
참석자: ○○○, ○○○, ○○○, ○○○

<table>
<tr><td>논의사항</td><td>사전답사
'환경과 생활' 주제 진행 시 '우리 반에서 나오는 쓰레기'에서 도입을 하여 쓰레기 처리과정에 대해 알아보고, 쓰레기를 줄일 수 있는 방법으로 분리수거와 새활용에 대해 이야기 나누고 적용하기 등으로 주제 진행이 예상이 되었다. 그래서 학기 초 자원순환센터를 예약해 놓았는데, 이미 가정에서의 분리수거 경험으로 인해 쓰레기가 처리되는 과정이나 분리수거보다는 새활용쪽을 다루는 것이 유아들의 흥미를 반영한 것이 될 것 같아 견학지 수정이 필요다고 생각되었다. 이에 원장 · 원감선생님과 10월 오픈을 앞두고 있는 서울 새활용 플라자로 견학지를 변경하면 어떨지 의논하였다.

구체적 활동계획 기획
서울 새활용 플라자 견학을 통해 우리 주변에서 쓰지 않는 물건들을 어떻게 재활용하고 있는지, 또한 물건을 아낄 수 있는 구체적인 방법에는 어떤 것이 있는지 알아보고 실천해 보고자 한다.</td></tr>
<tr><td>결정내용</td><td>사전답사 시 알아볼 내용
• 새활용에 대해 유아들이 이해할 수 있는 전시와 내용인지 확인하기
• 전시된 내용 중 어떤 것들을 집중적으로 다룰 것인지 파악하기
• 견학 시 관람 동선 및 이동 동선 파악하기
• 견학 시 화장실 위치 및 휴식 장소 파악하기
• 전시를 소개해 주는 전문가가 있는지 문의하기
• 유치원에서 견학지까지 이동시간 체크하기
• 주차 장소 및 주차비 확인하기
• 견학 시 위험한 장소나 주의해야 할 점 등 파악하기
• 견학 시 사진 촬영이 가능한지 문의하기</td></tr>
<tr><td>비고</td><td>담당자 선정
• 전화문의: ○○○
• 사전답사: ○○○, ○○○

추후일정
• 9월 13일 사전답사</td></tr>
</table>

(2) 현장 사전답사하기

현장학습을 성공적으로 진행하기 위해서는 교사가 계획했던 현장학습 장소를 사전에 방문하여 유아들의 연령과 발달에 적합한지, 진행되고 있는 주제와 부합하는지, 도달하고자 하는 목표에 적합하며 유아들이 체험하기에 불편한 점은 없는지, 필요한 경우 이용할 수 있는 편의시설은 있는지 등을 파악해야 한다. 아무리 좋은 현장 학습 장소를 선정했다 할지라도 사전에 답사를 통해 유아들과의 이동이나 활동 등을 계획하지 않는다면 성공적인 활동이 어렵게 될 수 있으므로 면밀히 체크하고 준비하도록 한다.

올림픽 기념관 입구

입구 왼쪽 짐 놓을 곳

실내 전시관 입구

1층 화장실 입구

1층 화장실 내부

전시실 예시 1

전시실 예시 2

전시실 예시 3

2층 이동 계단

사진 10-2 사전답사 결과 보고를 위한 사진촬영의 예

교사는 현장에 가서 출발부터 마무리에 이르기까지 유아들과 함께 움직일 경로를 미리 계획하고, 사진을 찍으며 예상소요시간을 점검한다. 유치원 이외의 외부 장소에서 아이들을 인솔하는 것은 어려운 일이기 때문에 혼란스럽지 않도록 단계별 경로를 미리 계획하고 준비한다. 이동하는 경로에 화장실, 음수대 등의 시설도 확인하고, 휴식 공간, 점심 먹을 공간도 사전에 결정하고 확보해 둔다.

또한 현장에 마련되어 있는 다양한 자원들을 어떤 방법으로 사용할지에 대해 생각해 보아야 한다. 〈사진 10-2〉는 서울 올림픽 기념관 사전답사 시 촬영한 예시 사진이다.

사전답사를 다녀온 후 교사는 현장에서 알게 된 내용을 바탕으로 사전 답사 일지를 작성한다. 또한 소요 예산, 경로, 교통편, 시설 등의 내용으로 결과 보고서를 작성한다. 또한 교사는 현장학습 개요, 교통편 및 경비, 사전답사 내용, 현장 사진, 약도, 이동경로 등의 내용을 중심으로 현장학습 계획서를 작성한다.

현장학습 개요에는 현장학습 일자, 장소, 대상(유아), 인솔 책임자, 현장학습지의 주소와 홈페이지, 연락처를 기재한다. 교통편 및 경비는 이동 수단을 정확하게 기재하고, 경유지를 기록하여 어떤 경로를 통하여 이동하는지 한눈에 볼 수 있게 한다. 이동수단을 빌리기 위한 예산과 현장에서의 프로그램 참여를 위한 참가비도 기록한다.

사전답사 내용에는 답사 일자, 사전 답사자, 교통 상황(이동시간 및 경로, 주차 공간과 상황 등), 현장 상황(화장실, 주차장, 구급약, 안내소, 음수대, 휴게 공간 등)의 내용을 기재한다. 또한 유아들과 함께 이동 시 특별하게 고려할 사항이나, 안전이 우려되는 내용 또한 기록한다. 다음은 현장학습계획서 예시이다.

표 10-3 현장학습계획서 예시

현장학습계획서 예시

1. 현장학습 개요

<table>
<tr><td>일자</td><td colspan="2">○○○○년 10월 18일 (수)</td><td>장소</td><td>서울 새활용 플라자</td></tr>
<tr><td rowspan="3">대상</td><td>만 3세</td><td>- 명</td><td rowspan="3">인솔
책임자</td><td rowspan="3">우정반: ○○○ 교사
사랑반: ○○○ 교사</td></tr>
<tr><td>만 4세</td><td>- 명</td></tr>
<tr><td>만 5세</td><td>42명
(우정반 21명, 사랑반 21명)</td></tr>
<tr><td>주소</td><td colspan="4">서울특별시 성동구 자동차시장길 49 새활용 플라자</td></tr>
<tr><td>홈페이지</td><td colspan="2">www.seoulup.or.kr</td><td>연락처</td><td>02-2153-0400</td></tr>
</table>

2. 교통편 및 경비

<table>
<tr><td rowspan="7">교통편</td><td rowspan="2">통학차량</td><td>코끼리버스, 토끼버스</td><td>대수</td><td>2</td></tr>
<tr><td colspan="3">기사이름 및 연락처: ○○○(010-****-****), ○○○(010-****-****)</td></tr>
<tr><td rowspan="2">전세버스</td><td>회사명:</td><td>대수</td><td></td></tr>
<tr><td colspan="3">기사이름 및 연락처:</td></tr>
<tr><td>경유지</td><td colspan="3">유치원 출발→반포대로(1.6km)→강변북로(4.4km)→동부간선도로(2.1km)→내부순환로(2.3km)→도시철도공사에서 우회전→자동차시장길을 따라 527m 이동→서울 새활용 플라자</td></tr>
<tr><td>출발시간</td><td>우정반, 사랑반 10:00</td><td>도착시간</td><td>우정반, 사랑반 10:20</td></tr>
<tr><td rowspan="3">소요경비</td><td>버스임대료</td><td colspan="3">해당없음</td></tr>
<tr><td>프로그램비</td><td colspan="3">해당없음</td></tr>
<tr><td>예비비</td><td colspan="3">해당없음</td></tr>
</table>

3. 사전답사

<table>
<tr><td colspan="2">답사일자</td><td>○○○○년 9월 16일 (수)</td><td>사전 답사자</td><td>○○○ 교사, ○○○ 교사</td></tr>
<tr><td rowspan="2">교통
상황</td><td>이동시간
및 경로</td><td colspan="3">유치원 출발→반포대로(1.6km)→강변북로(4.4km)→동부간선도로(2.1km)→내부순환로(2.3km)→도시철도공사에서 우회전→자동차시장길을 따라 527m 이동→서울 새활용 플라자. 총 20분 소요</td></tr>
<tr><td>주차</td><td colspan="3">주차장은 건물 내부 넓은 부지가 있으며 주차료는 무료</td></tr>
</table>

현장 상황	현장학습 경로	1층 입구→지하 1층 소재은행→1층 전시장→2층 전시장→1층 입구
	편의시설	층마다 남녀 화장실 있음
기타 유의사항		• 1층에 도착 후 바로 내릴 수 있는 넓은 공간과 부지가 있었음 • 화장실은 각 층마다 있으며 유아들이 접근하기에 편리하였음 • 새활용 플라자 안내데스크 담당자와 견학 일정과 동선을 파악하였음 • 1층부터 5층까지 둘러본 후 주제와 관련하여 유아들이 관람하면 도움이 될 만한 곳을 알아보았음(지하 1층, 1층, 2층의 소재은행과 새활용 전시관) • 유아들이 관람 동선과 이동 동선(계단, 엘리베이터)을 파악하였음

이동경로 및 현장학습 경로 약도

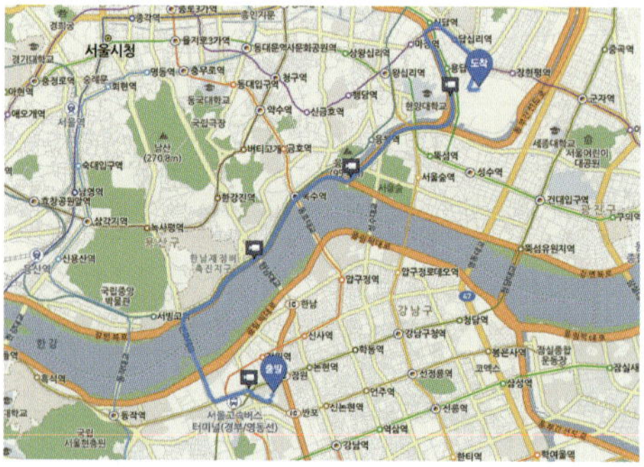

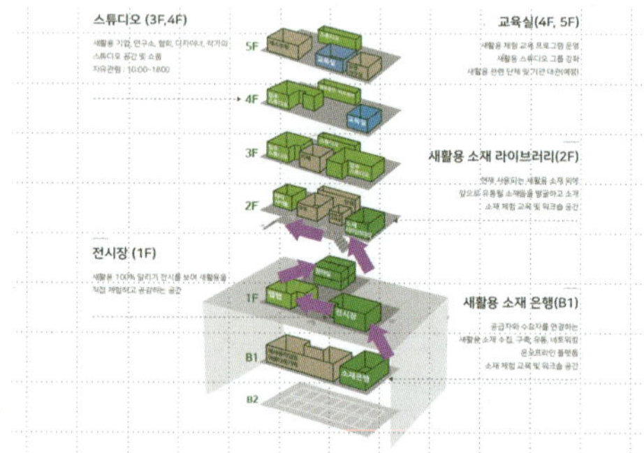

(3) 현장학습 준비하기

현장학습을 가기 전 교사는 사전 활동을 통해 현장학습에 대한 유아들의 기대감을 높이고 주제의 확장이 일어날 수 있도록 한다. 사전답사 시 찍어온 사진 자료를 유아들과 함께 보며 견학 가는 장소, 할 수 있는 활동 등에 관하여 이야기를 나눌 수 있다. 또한 현장학습 시 지켜야 할 약속에 관하여 이야기를 나누거나 교통안전 지도, 질서 지도, 공중예절 지도를 할 수 있다. 교사는 현장학습지에 가서 유아들이 알아보고 싶은 점, 궁금한 점에 대해 이야기 나누며 현장학습의 목표를 유아들이 이해할 수 있게 돕는다.

교사는 유아들과의 사전활동 이외에도 현장 체험학습지에 공문 발송하기, 가정통신문 발송하기, 현장학습에 관련한 교육계획안 작성하기 등의 업무를 수행해야 한다. 특히 가정통신문은 부모들이 유아를 위한 현장학습의 목적과 내용을 충분히 이해할 수 있도록 작성한다. 유아교육기관 교육비에 현장학습비가 이미 포함된 경우에는 가정통신문에 현장학습의 개요와 필요한 준비물 등만 공지하면 되지만, 수익자 부담으로 현장학습비를 납입해야 하는 경우라면 현장학습에 대한 설명과 함께 참석 여부 조사 및 환불 규정 등도 필요하다.

교육계획안 작성을 통해 현장학습을 준비하는 것도 중요하지만, 교사는 우천과 같은 자연 현상으로 인해 현장학습 진행이 불가능해질 수 있는 상황에 대비하여 대체 프로그램을 계획해야 한다. 만약의 경우, 현장학습지에서 가능한 실내 활동을 진행할지, 현장학습을 취소하고 유치원 내에서의 활동으로 수정할지 등 세부적인 계획을 세워 예상하지 못한 상황에도 유연하게 대처할 수 있도록 한다.

이 외에도 현장학습 시 유아와 교사가 착용할 명찰도 준비한다. 명찰을 착용하는 이유는 유아가 단체를 이탈하여 길을 잃었을 경우 명찰 뒤에 기재되어 있는 교사나 유치원 번호로 연락을 할 수 있도록 하는 것이다. 따라서 유아들의 명찰 앞면에는 유치원 이름과 유치원 로고, 반 이름을 기재하고, 뒷면에는 유치원 주소, 유치원 전화번호, 교사 연락처를 기재한다.

앞면 뒷면

그림 10-2 유치원명과 비상연락처가 기재된 유아 이름표 예시

또한 교사의 명찰 뒷면에는 현장학습 하루 일정표를 넣어두어 간편하게 일정을 확인하며 이동할 수 있도록 한다. 또한 가까운 병원의 전화번호와 운전기사의 번호도 명찰 뒤에 기재한다면 위급한 상황 시 당황하지 않고 신속하게 일을 처리할 수 있다.

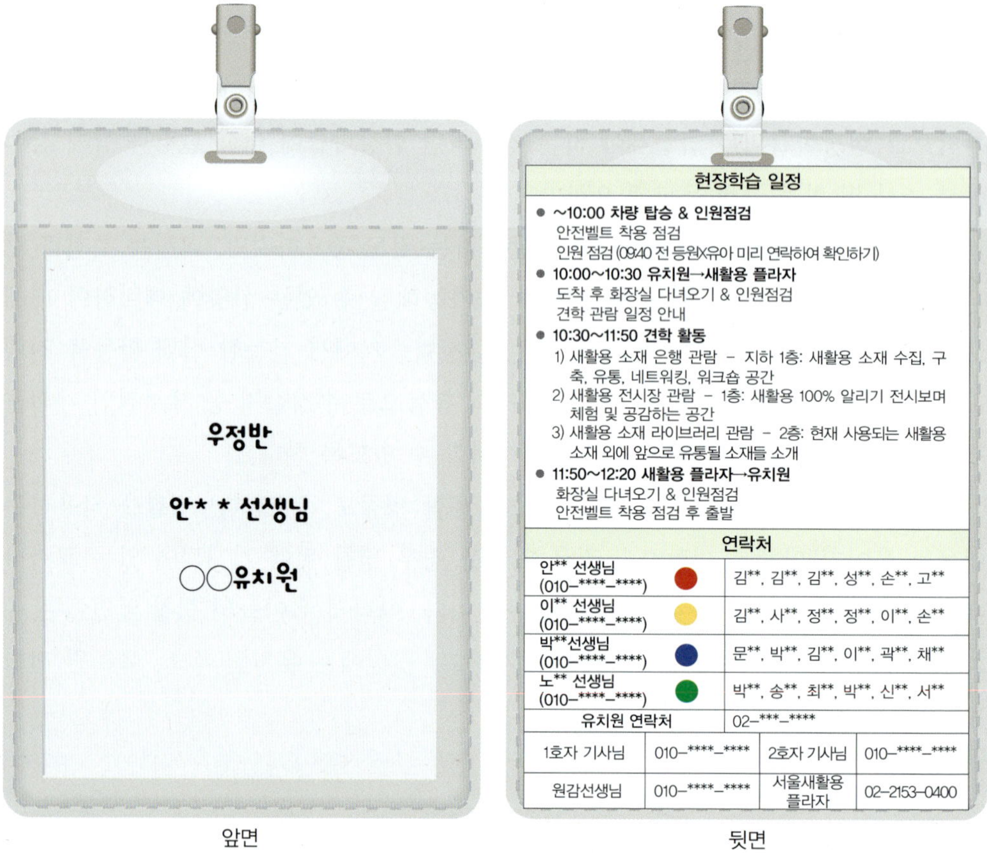

그림 10-3 현장학습 일정과 비상연락처가 기재된 교사 이름표 예시

현장학습 시 교사의 복장은 유아들과 활동하기 편한 바지와 운동화 차림이 적절하다. 현장학습 시 치마나 길이가 짧은 티셔츠, 밑이 짧은 바지는 유아들과 활동 시 불편하고 위험할 수 있다. 긴 치마나 소매가 길게 늘어지는 외투를 착용할 경우 안전사고를 유발할 수 있다. 또한 가방은 크로스백이나 백팩을 준비하여 교사의 두 손은 유아들을 양쪽에서 챙길 수 있도록 한다. 교사가 짐을 들고 있거나 가방을 드느라 유아를 잡거나 챙길 수 없다면 안전사고를 미연에 방지할 수 없다. 따라서 이동 시 짐을 둘 수 있는 곳이 있다면 꼭 필요한 것만 챙겨 움직인다.

표 10-4 일일교육계획안 예시

일일교육계획안 예시

1. 현장학습 개요

학급명	**반	교사	***	일시	2017.10.18.(수)	수업일수	일
생활 주제	환경과 생활	주제	우리 주변 쓰레기	소주제	서울 새활용 플라자 견학		
오늘의 목표	• 쓰레기에 디자인을 더하여 새롭게 활용할 수 있음을 안다. • 견학 시 지켜야 할 약속을 알고 안전하게 견학활동을 하고 돌아온다. • 서울 새활용 플라자 견학을 통해 버려지는 물건들이 다양한 방법으로 새롭게 탄생될 수 있음을 알고 그 가치를 느낀다.						
안전교육	(폭력 및 신변안전) 친구를 놀리지 말아요 / 친구를 때리지 말아요	기본 생활습관	몸을 깨끗이 하기 (청결)	인성교육	알뜰 바자회에 참여해요(인성)		
일일 시간표	09:00~09:20 등원 및 인사 나누기 09:20~ 하루일과 계획 및 개별 간식 ~09:50 자유선택활동 09:50~10:00 정리정돈 및 화장실 다녀오기 10:00~12:30 견학 - 서울 새활용 플라자		12:30~13:20 점심식사 및 양치 13:20~13:50 대집단 활동 - 이야기 나누기 13:40~14:00 하루일과 평가 및 귀가지도				
일과	활동목표	활동내용				준비물/유의점	

(중략)

견학 10:00~12:30	〈서울 새활용 플라자 견학〉 • **~10:00 차량 탑승 & 인원점검** – 안전벨트 착용 점검 – 인원 점검 (09:40 전 등원X유아 미리 연락하여 확인하기) • **10:00~10:30 유치원→새활용 플라자** – 도착 후 화장실 다녀오기 & 인원점검 – 견학 관람 일정 안내 • **10:30~11:50 견학 활동** 1) 새활용 소재 은행 관람 - 지하 1층 : 새활용 소재 수집, 구축, 유통, 네트워킹, 워크숍 공간 2) 새활용 전시장 관람 - 1층 : 새활용 100% 알리기 전시보며 체험 및 공감하는 공간 3) 새활용 소재 라이브러리 관람 - 2층 : 현재 사용되는 새활용 소재 외에 앞으로 유통될 소재들을 발굴하고 소개 • **11:50~12:20 새활용 플라자→유치원** – 화장실 다녀오기 & 인원점검 – 안전벨트 착용 점검 후 출발	• 비상 연락망 • 비상약 • 여벌옷 • 카메라 • 신호악기 • 약도

(하략)

2) 실행

(1) 출발 전 확인하기

- 유아 등원 확인: 교사는 책상에 유아의 이름표를 펼쳐놓고 유아가 등원하는 순서대로 이름표를 달아주며 유아의 출석을 확인한다. 남은 이름표를 보고 등원하지 않은 유아와 인원을 파악하여 가정에 확인 전화를 한다.
- 유아 건강 상태 확인: 교사는 열이 나는 유아, 컨디션이 좋지 않은 유아, 투약이 있는 유아가 있는지 등을 확인하여 출발 전 유아의 건강 상태를 파악한다.
- 준비물 확인: 교사는 비상 시 사용할 수 있도록 구급약(소독 탈지면, 연고, 연고 사용 시 면봉, 코피용 둥근 솜, 타박상 연고, 거즈, 밴드, 체온계 등), 여벌 옷을 준비하고, 물티슈, 휴지, 신호악기 등 준비물을 빠짐없이 챙긴다.
- 유아, 교사 모두 화장실 다녀오기: 이동 전에 유아들이 화장실에 다녀오게 한다.
- 현장에서 지킬 약속 확인하기: 교사는 출발 전 유아와 함께 차량 승 · 하차 시, 차량을 타고 이동 시와 현장학습지에서 지켜야 할 약속에 관하여 이야기를 나누어 유아들이 현장학습 시 지켜야 할 약속을 충분히 인지할 수 있도록 한다.
- 출발 전 인원수 확인, 짝꿍 & 그룹 확인: 교사는 출발 전 유아의 정확한 인원수를 확인하고, 미리 정해둔 짝꿍이나 그룹을 안내하고 인식하도록 한다.
- 유아 소지품 확인: 출발 전 유아들이 개인 소지품(옷, 장갑, 모자, 신발 등)을 스스로 챙기도록 지도한다. 교사는 유아들이 소지한 소품들을 체크하고 숙지하고 있어야 한다. 유아들의 소지품 체크를 위해 출발 전이나 차 안에서 유아들의 사진을 찍어두는 것도 도움이 된다.

(2) 출발 시 확인하기

차량 승차 시 유아는 좌석의 맨 앞줄에 앉지 않도록 한다. 사고 발생 시 위험을 고려하여 유아는 차량 두 번째 줄부터 앉도록 한다. 또한 멀미하는 유아는 차량의 앞쪽에 앉게 하는 것이 좋으므로 줄을 세울 때부터 앞줄에 세우고 배려한다. 열이 있거나 컨디션이 좋지 않은 유아는 교사의 옆자리에 앉혀 수시로 건강 상태를 확인한다.

모든 유아들이 자리에 앉은 후에는 안전벨트를 착용하도록 도와 안전하게 이동한다. 겨울철 차량 내부가 더우면 유아들이 멀미할 가능성이 높아지므로 옷을 너무 많이 입지 않도록 한다. 겉옷은 벗어 보관할 수 있도록 하고, 그 외 유아들이 불편한 점은 없는지 수시로 확인한다. 유아들이 모두 차량에 탑승하면 교사는 인원수를 세어 모든 인원의 유아가 차량에 탑승했는지 확인한다. 차량 이동 중 동요 CD를 준비하여 노래를 부르며 이동하거나 스무고개, 수수께끼 등 간단한 놀이를 제공하여 유아들이 현장학습지로 이동하는 동안 즐겁게 이동할 수 있도록 돕는다.

(3) 도착 시 확인하기

현장학습지에 도착하면 교사는 먼저 모든 유아가 무사히 도착하였는지 확인한다. 장시간 차량을 타고 이동한 경우에는 도착 즉시 유아들이 화장실을 다녀올 수 있도록 지도한다. 유아들이 짐이나 옷을 들고 체험이나 견학을 다니면 번거로울 수 있으므로 미리 정해둔 곳에 짐과 옷을 두고 현장학습에 임하도록 한다.

(4) 현장학습 실행하기

교사는 현장학습 진행과정에서도 지속적으로 유아의 인원수를 확인하여 단체를 이탈한 유아는 없는지 확인한다. 아이들의 얼굴표정을 살펴 힘든 유아는 없는지, 컨디션이 좋지 않거나 교사의 도움이 필요한 유아는 없는지 수시로 살핀다.

교사는 현장학습에서 할 활동을 현장의 상황에 적합하게 진행한다. 교사 주도로 경험을 주려고 하기보다는 유아들이 현장학습 과정에서 관찰하고 느끼도록 기록할 충분한 시간을 준다. 예를 들어 '가을색'을 보기 위해 서울숲으로 현장학습을 나갔다고 가정해 보자. 교사가 생각하는 가을을 말하기보다는 유아들이 적극적으로 가을바람, 하늘, 공기, 냄새, 나뭇잎의 색의 변화, 곤충 등을 보고 느끼고 체험하는 기회를 주는 것이 좋다. 이러한 유아 주도적인 학습과정에서 교사의 지나친 설명은 자제한다. 날씨나 시간, 당일 현장학습지 상황을 고려하여 기존의 계획을 진행하기 무리한 점이 있다면 융통성 있게 계획을 조절하여 운영한다.

(5) 유치원으로 이동하기

현장학습을 마무리한 후 유아교육기관에 돌아오는 과정도 교사의 주의와 계획이 필요하다. 유아들이 차량에 탑승하기 전에 모두 화장실에 다녀올 수 있도록 하고, 모든 유아가 출발할 준비가 되었는지 인원을 확인한다. 현장학습지에 두었던 옷과 짐, 소지품을 빠짐없이 챙기는 것도 잊지 않는다. 차량 탑승 후에는 유치원에서 출발할 때와 동일한 과정을 통하여 유아들이 안전하게 유치원까지 이동할 수 있도록 지도한다.

3) 평가

(1) 사후활동 실행하기

현장학습을 다녀온 후, 현장학습이 일회적인 활동에 그치지 않도록 교사는 유아의 흥미와 관심을 확장시켜 준다. 현장학습을 통하여 유아들이 직접 경험한 내용, 새롭게 알게 된 내용, 기억에 남는 내용 등을 이야기 나누기를 통하여 유아들과 함께 회상할 수 있다. 이때 현장체험지에서 유아들의 사진이나 동영상 등을 활용하면 기억 회상에 도움을 줄 수 있을 뿐만 아니라 유아들이 흥미를 가지고 이야기 나누는 것에 참여하게 된다.

표 10-5 연령에 따른 사전 · 사후 활동의 예시

구분	만 3세	만 4세	만 5세
현장 학습 목표	• 옛날, 오늘날 생활 모습 비교, 관심 가지기, 경험해 보기 – 의 · 식 · 주, 생활 모습	• 옛날, 오늘날 생활모습 비교하고 특징 알기	• 관심 있는 한 가지에 대하여 깊게 알아보기 – 집: 기와 모양, 문의 모양, 재질, 재료, 담의 모양 – 옷: 전통 색, 무늬
사전 활동	• 사진, 영상자료 소개 • 역할놀이 • 실물관찰 및 사용해 보기	• 책, 사진으로 알아보고 비교해 보기 • 궁금한 것, 보고 싶은 것 이야기 나누기 → 궁금한 것 같은 아이들끼리 팀 정하여 알아보기(확장)	• 컴퓨터, 책, 사진 등으로 알아보기 – 개인: 아이들이 질문지 만들기, 각자 알아보고 기록할 수 있도록 준비하기 – 전체: 전문가(도슨트, 해설자)에게 질문할 목록 의논하기

구분	만 3세	만 4세	만 5세
본 활동	• 경험하기	• 아이들이 사진 찍어 기록하기 • 그림으로 기록하기	• 개인 기록지에 기록하기
사후 활동	• **회상하기** – 이야기 나누기 시 회상 – 그림 그려서 회상 – 돌아오는 차 안에서 유아들이 회상한 것을 녹음하여 평가 및 언어 듣기 영역에 제공 (무엇이 궁금했는지, 무엇이 재미있었는지 등)	• **알게 된 것, 팀별로 알아본 것 소개 및 게시하기** → 유아들과 함께 확장활동 계획	• **유아들이 알아본 것 사진을 소개한 후 책으로 만들어 게시** → 유아들과 함께 확장활동 계획

아이들과 함께 현장체험 활동의 기억을 회상한 후에는 더 알아보고 싶은 것, 아쉬웠던 점, 궁금한 점 등에 대하여 이야기를 나누어 볼 수 있다. 이러한 활동은 유아의 흥미로부터 발현되는 아주 좋은 활동의 주제가 될 수 있다. 유아들의 실제 체험으로부터 생겨난 궁금증을 해결해 나가는 과정에서 활동에 대한 유아의 흥미가 높아진다. 나아가 유아의 직접체험에서 비롯된 의문이나 확장활동을 전개하는 과정에서 활동의 주도권은 자연스럽게 유아들이 갖게 되므로 활동에서의 주도성이나 적극적인 참여 태도를 기르고, 창의적 사고력도 증진된다.

표 10-6 현장학습 운영형태에 따른 사전 · 사후활동의 예시

운영 형태	사전활동	사후활동
지역 사회	• 가서 무엇을 볼 수 있을지 예상한 것을 그려보거나 이야기해 보기 • 궁금한 것에 대해 질문 목록 만들기 • 모둠별로 알고 싶은 것에 대해 정해보기 • 현장학습까지 가는 길 그려보기 • 부모님과 현장 학습지의 정보 알아보기 • 현장에 관련된 사진이나 그림 제시하기 • 사진이나 인터넷을 통해 정보 공유하기 • 장소, 위치, 주의사항에 대해 설명 듣기 • 현장학습 시 필요한 물품 준비 또는 만들기 (동물 먹이, 헌화할 꽃, 지갑, 가방 등) • 역할 영역이나 쌓기 영역에서 상상놀이 하기 • 가봤던 경험이 있는 유아의 이야기 들어보기	• 가서 무엇을 경험했는지 그려보거나 이야기해보기 • 그리거나 만든 것을 묶어 기관 도서관에 비치하기 • 궁금한 것에 대해 알게 된 것 이야기해 보기 • 모둠별로 조사한 것 발표하기 • 부모님과 현장 학습지에 대해 이야기해 보고 더 알고 싶은 것에 대해 알아보기 • 현장에서 찍은 사진이나 동영상을 보면서 회상하기 • 역할 영역이나 쌓기 영역에서 재현해 보기 • 쌓기 영역에서 갔던 길 꾸며보기 • 감사편지나 카드 쓰기 • 매년 가는 곳이라면 내년에 갈 후배들을 위해 어떤 곳인지 써주기

운영 형태	사전활동	사후활동
자연 체험	• 가서 무엇을 보고 무엇을 할 수 있을지에 대해 이야기해 보기 • 하고 싶은 일과 할 수 있는 일에 대해 토론하기 • 가서 할 활동에 대해 준비하기(예: 자연물로 액자 꾸미기, 머리띠 만들기 등) • 장소, 위치, 주의사항(자연물 훼손금지)에 대해 설명 듣기 • 사진이나 인터넷을 통해 정보 공유하기 • 역할 영역이나 쌓기 영역에서 상상 놀이하기 • 채집할 것에 대해 미리 알아보기(책, 게시물 등을 통해)	• 가서 무엇을 경험했는지 그려보거나 이야기해 보기 • 그리거나 만든 것을 묶어 기관 도서관에 비치하기 • 준비한 활동 실행한 경험 나누기 • 일어난 순서대로 이야기 꾸며보기 • 역할 영역이나 쌓기 영역에서 재현해 보기 • 본 것이나 느낀 것을 신체로 표현해 보기 • 과학 영역에서 채집해 온 것 관찰하기 • 수집해 온 자연물로 환경 꾸미기 • 하루 일과에 관한 스토리 북 만들기 • 매년 가는 곳이라면 내년에 갈 후배를 위해 어떤 곳인지 써주기
문화 예술	• 현장학습지에서의 관람물과 시설물에 대해 알아보기 • 관람물에 대한 관련 자료나 사진 보기 • 관람물과 시설물 중 관심 있는 것 말해보기 • 장소, 위치, 주의사항(관람태도 등)에 대해 설명 듣기 • 모둠별로 알고 싶은 것에 대해 정해보기 • 공연 내용과 관련된 도서 읽기 또는 동화 듣기 • 동화 듣고 미리 공연해 보기 • 들을 음악이나 무용 미리 감상해 보기	• 가서 무엇을 경험했는지 그려보거나 이야기해 보기 • 그리거나 만든 것을 묶어 기관 도서관에 비치하기 • 모둠별로 조사한 것 발표하기 • 가장 관심 있었던 전시물에 대해 이야기해 보기 • 본 작품을 만들어 보거나 재구성해 보기 • 공연 내용과 관련된 도서 읽기 또는 동화 듣기 • 동극으로 표현해 보기 • 들었던 음악이나 무용 다시 감상해 보기 • 본 것이나 느낀 것을 신체로 표현해보기 • 다녀온 후 현장학습지의 가장 중요한 면이 강조되도록 안내지나 광고문안 만들기 • 가져온 안내지나 포스터 전시하기 • 매년 가는 곳이라면 내년에 갈 후배들을 위해 어떤 곳인지 써주기 • 다른 교실이나 다른 연령에 가서 발표하기
놀이 체험	• 놀이나 체험 가능한 활동에 대해 알아보고 무엇을 할 것인지 선택하거나 계획해 보기 • 안전이나 규칙에 대해 이야기하기	• 가서 무엇을 경험했는지 그려보거나 이야기해 보기 • 그리거나 만든 것을 묶어 기관 도서관에 비치하기 • 잘한 점, 잘못한 점에 대해 평가해 보기

① 사후활동 예시: 재활용 계획 세우기

서울 새활용 플라자 현장학습을 통해 유아들은 버려진 물건에 아름다움과 새로운 사용법을 더하는 '재활용'에 대한 관심과 흥미가 높아졌다. 유아들은 우리 주변에서 버려진 물건을 직접 가져와 어떻게 재활용을 해볼지에 대해 개별적으로 생각해 보고, 소그룹으로 팀을 구성하여 이야기 나누어 보았다. 나아가 재활용을 위한 준비물과 해야 할 것을 생각하고 직접 설계도를 그려보며 재활용에 대한 계획을 구체적으로 실행해 보았다.

사진 10-3 재활용 계획 수립을 위한 소그룹 토의 장면과 결과기록지

사진 10-4 재활용을 적용하여 제작한 생활용품 활용 예시

② 사후활동 예시: 유치원 아나바다

유아들은 현장학습을 통해 자원을 아끼고 환경을 보호하는 과정에서 버려진 물건을 새롭게 활용할 수도 있지만, 버려지기 이전에 함께 나누거나 바꿔서 사용할 수 있다는 것을 알게 되었다. 유아들은 재활용 계획 세우기와 재활용을 적용한 생활용품 만들기로 환경 보호를 몸소 실천하면서 알게 된 것을 유치원 동생들과 부모님들께도 알려주고 싶어 하였다. 유아들은 우리 집에서 사용하지 않거나 작아져서 못 쓰는 물건들을 모아 '우리 유치원 아나바다' 활동을 계획하고, 행사 진행을 위해 포스터, 간판, 쿠폰을 만들고 수집된 물건을 기준에 따라 분류하였다. 유아들은 각 가게별 주인과 동생들을 위한 안내원으로서의 역할을 충실히 임하며 즐겁고 알찬 바자회 시간을

보냈고, 지구를 위해 환경을 위해 우리들이 한 몫을 했다는 자부심과 성취감을 얻게 되었다. 동생들과 학부모들도 '우리 유치원 아바나다'의 취지를 이해하고 적극 참여하여 나눠 쓰고 바꿔 쓰고 다시 쓰는 기쁨을 얻게 되었다

사진 10-5 유치원 아나바다 행사를 위한 간판, 티켓 제작과 물건 분류하기 장면

사진 10-6 아나바다 행사 진행 장면

(2) 현장학습 평가하기

현장학습을 다녀온 후에는 계획한 대로 현장학습이 잘 실행되었는지에 대한 평가를 한다. 이때 현장학습 평가서에는 현장학습 계획서의 내용과 동일한 현장학습 개요, 참석 인원, 승차 인원, 현장학습 일정, 현장학습 총평을 기록한다. 현장학습에 불참한 유아가 있는지, 불참한 교사가 있는지의 내용을 작성해야 하며, 실제 이용 교통수단에 몇 명의 유아와 교사가 함께 타고 이동을 했는지 기록한다. 평가항목에 포함되어야 할 내용은 현장학습 장소의 적절성 및 안전성, 유아의 인솔과정의 문제, 이동 수단의 적절성 및 시간 등 현장학습 전반에 대한 것이다. 이러한 평가 자료는 향후 같은 장소의 현장학습 계획은 물론 유사한 현장학습 계획에 좋은 참고 자료로 활용되며, 더 나은 현장학습 계획을 위한 지표가 될 수 있다.

표 10-7 현장학습 실행 및 평가 예시

현장학습 실행 및 평가 예시

1. 현장학습 개요

일자	0000년 10월 18일 (수)		장소	서울 새활용 플라자
대상	만 5세	41명 (우정반 21명, 사랑반 20명)	인솔 책임자	우정반: 000 교사 사랑반: 000 교사

2. 참석인원

	우정반		사랑반	
	유아	교사	유아	교사
참석인원	21	2	20	2
불참인원	0	0	1	0
총인원	유아 41명, 교사 4명			
불참 유아명	사랑반 000 (열감기)			
참석 교사명	000, 000, 000, 000			

3. 승차인원

유치원 버스	사랑반: 코끼리에 모두 승차 / 우정반: 11명 토끼차, 10명 코끼리차
전세버스	

4. 현장학습 일정

시간	내용	비고
9:00~9:30	등원 및 인사 나누기	
9:30~9:40	손 씻기 및 간식	
9:40~10:00	인원 점검 및 버스 승차	
10:00~10:20	서울 새활용 플라자로 이동	
10:20~11:50	각 반 교사와 함께 서울 새활용 플라자 견학	
11:50~12:30	화장실 다녀오기, 유치원으로 이동 및 도착	

5. 현장학습 평가

평가일자	0000년 10월 18일 (수)
평가내용	– 주차시설(주차료, 주차 공간, 주차 위치)이 편리하였고 이동시간이 길지 않았음 – 새활용 플라자 내부에서 이동하기에도 동선이 크지 않았음 – '재활용' 주제와 관련한 다양한 소재와 전시관이 있고 구체적인 새활용 사례들이 많아서 유아들이 흥미를 갖기에 좋았음 – 재활용과 관련된 소재들마다 자세한 설명이 있고 그 설명이 '환경, 지구, 재활용'과 관련되어 있어서 교사와 상호작용 및 이야기 나누기 하기에 좋았음 – 정수기 시설이 있어 편리하였고 화장실도 층마다 접근 가능한 곳에 있어서 좋았음 – 시설이 깔끔하고 부지 시설이 넓어 유아들이 이동하기에 좋았고 안전하였음

chapter 11
학부모 참여수업

학부모 참여수업

본 장은 교사가 교육과정 운영에 있어 가정과의 연계를 도모하기 위해 실행하는 여러 가지 형태의 부모 참여 방법에 대해 알아본다. 이 중 학부모 참여수업은 학부모가 자녀와 하루 일과의 일부분을 직접 체험해 봄으로써 유치원의 교육과정과 환경을 이해하도록 지원하는 중요한 행사이다. 본 장의 내용을 통해 학습자는 학부모 참여수업의 목적과 내용 그리고 실제 운영의 과정을 이해하고 실행하는 능력을 기른다.

1 학부모 참여수업의 중요성

학부모 참여수업이란 부모가 유아교육기관에서 이루어지는 교육과정 운영에 직접 참여해 봄으로써 가정과 유아교육기관 교육의 연계를 도모하는 방법이다. 부모가 교육과정 운영에 참여하는 정도나 역할에 따라 의사결정자, 지원자, 교사 보조자 등의 역할을 담당하게 된다. 학부모 참여수업을 통하여 부모는 자녀가 유치원에서 어떻게 지내는지 볼 수 있으며, 자녀교육에 필요한 부모의 역할과 방법을 생각해 볼 수 있는 계기가 된다.

사진 11-1 아빠 참여수업의 활동 장면

학부모 참여수업의 구체적인 목적은 다음과 같다(서울시교육청, 2007).

- 부모가 유아교육기관 교육의 의미와 중요성에 대해 인식한다.
- 부모가 유아교육기관의 하루 일과에 직접 참여하면서 유아교육기관의 교육 내용과 방법을 이해한다.
- 수업 관찰을 통해 부모는 단체생활에서 나타나는 자녀의 행동 특성을 이해한다.
- 교사–유아 간 상호작용 과정을 참관하면서 부모는 자녀와의 상호작용, 놀이, 훈육 등 효과적인 자녀 행동지도 방법을 배운다.
- 현장학습, 급식 운영 등에 부모가 보조인력으로 참여할 경우, 유아교육기관 활

동 운영의 효율성을 높인다.

• 참여 수업을 통해 부모는 유아교육기관과 가정 간 연계의 중요성을 인식하고, 유아교육기관과 협력적 관계를 형성할 수 있다.

2 학부모 참여수업의 유형

학부모 참여수업은 유아교육기관의 학사일정과 유치원의 상황에 따라 다양하게 운영될 수 있다. 또한 학부모 참여수업의 대상이 누구인지에 따라서도 구분된다. 부모를 대상으로 한 참여수업은 엄마 참여수업, 아빠 참여수업이 있으며, 가족을 대상으로 할머니, 할아버지 날, 가족의 날 등 다양한 형태로 진행된다.

1) 부모를 대상으로 한 참여수업

학부모를 대상으로 하는 참여수업은 부모가 유아교육기관 교육의 내용이나 방법을 이해할 뿐 아니라 단체생활에서 나타나는 자녀의 행동 특성을 이해하고 나아가 가정과의 협력관계를 형성할 수 있는 중요한 기회다. 따라서 참여수업은 대상과 목적, 참여 형태에 따라 여러 가지 방법으로 진행할 수 있다.

(1) 관찰 및 참여

① 엄마 참여수업

• 대상: 엄마와 유아

• 목적: 엄마 참여수업은 주로 유치원에서 이루어지는 하루일과와 수업 방법 및 내용, 유아의 기관 생활에 대한 이해를 도모하기 위함

• 내용: 이야기 나누기, 동화 등 유치원에서 운영되는 활동에 직접 참여하는 참여수업 형태

• 장점

– 유아교육기관의 하루 일과, 교육내용 및 방법에 대해 이해

– 유아 행동에 대해 객관적으로 관찰할 수 있는 기회 제공

– 유아교육기관과 가정 간 협력적 관계 형성 기회

• 참고사항

– 엄마가 참석이 불가능할 경우 아빠나 다른 가족이 참여할 수 있음

– 인원 수와 연령에 따른 운영 방법의 다양성 고려 필요

– 전체 유아와 학부모가 참여하는 행사이므로 참여 여부 조사 중요

– 참여인원에 따라 오전/오후 또는 2~3일에 걸쳐 참여수업을 운영할 수 있음

– 만 3세의 경우는 오후 참여수업 시 피곤해 하므로 오전에 하는 것이 좋음

사진 11-2 엄마 참여수업 시 간식 시간

② **아빠 참여수업**

아빠를 대상으로 한 참여수업으로, 자녀 유치원에서 이루어지는 하루 일과를 경험하거나 외부체험수업 등의 형태로 이루어진다.

• 대상: 아빠와 유아

• 목적

– 유치원에서 이루어지는 하루 일과와 활동을 경험함으로써 유아의 기관 생활에 대한 이해를 도모함

– 아빠와 유아가 함께 놀이하는 방법 안내 및 기회 제공

• 내용: 유치원에서 하루 일과를 경험하는 수업 형태 또는 야외활동으로 등반대

회, 걷기대회 등을 기획할 수 있음

- 장점
  - 유아교육기관의 하루 일과, 교육내용 및 방법에 대해 이해
  - 유아 행동에 대해 객관적으로 관찰할 수 있는 기회 제공
  - 자녀와의 상호작용이나 놀이 방법을 잘 모르는 아빠에게 효과적인 방법 안내
  - 유아교육기관과 가정 간 협력적 관계 형성 기회
- 참고사항
  - 아빠의 참석이 불가능할 경우 엄마나 다른 가족이 참여할 수 있음
  - 형제를 같은 유아교육기관에 보내는 아빠들의 경우에는 3년 또는 6년, 길게는 9년까지 매년 같은 행사에 참여할 수 있음
  - 아빠들은 유아용 의자에 오래 앉아 있기 어려우므로 항상 실내에서 하루 일과를 경험하는 참여수업을 계획하기보다는 2년 또는 3년 주기로 외부에서 참여수업을 진행하는 것도 좋음

사진 11-3 아빠 참여수업 시 과학활동시간, 체육활동시간

사진 11-4 아빠 참여수업 시 외부 활동 사진

(2) 부모를 자원으로 한 참여활동

① 자원인사로서 참여

유치원 생활주제를 진행하면서 각 학급에서 관련 분야에서 활동하고 있는 부모를 전문가로 활용하여 학급활동에 참여하게 하는 형태이다.

예1 수의사, 비행기 조종사, 해금 연주가, 플로리스트 등

예2 어린이날 축하: 각 학급에서 학부모들이 모여 유아들에게 수수께끼, 노래, 인형극 등 프로그램을 준비하여 어린이날을 축하해 주는 것

사진 11-5 생활주제 '동물' 주제 진행 시 수의사에게 동물을 잘 기르기 위한 방법 및 궁금한 것 질문하기

② 보조교사로서 참여

성인의 지원이 많이 필요한 활동을 진행할 때 부모가 교사보조자로 참여하는 형태이다.

예 김장 담그기, 송편 빚기, 견학, 아나바다 자원인사 등

사진 11-6 송편 빚기 자원인사 참여수업

사진 11-7 김장 담그기 자원인사 참여수업

2) 가족을 대상으로 한 참여수업

가족을 대상으로 한 참여수업의 대상은 유아와 그 가족(조부모, 형제, 자매)이다. 유아교육기관의 학사일정과 유치원 환경 및 상황에 따라 다르지만 일반적인 형태는 가족의 날, 가족운동회 등이 있다.

① 가족의 날

- 목적: 가족이 만나 서로 인사를 나누고 가족 간의 친목을 도모하기 위함
- 내용: 5월 날씨가 좋은 토요일 오후 큰 잔디밭에 각 반별 자리에 모여 가든 파티와 전체 게임, 연령별 게임, 함께 온 형제들과 하는 게임, 조부모와 함께하는 게임, 조부모 게임, 전체 게임, 다같이 춤 추기, 가족 장기자랑 등
- 장점: 전체 유아와 학부모들이 한 자리에 모여 각 반별, 연령별, 전체 시간을 보낼 수 있는 좋은 기회
- 참고사항
  - 날씨와 장소 대여가 관건
  - 유아 수 곱하기 4명 정도의 인원이 참여하는 큰 행사이므로 개별, 가족별, 연령별, 전체가 모두 참여할 수 있는 프로그램을 계획하고 운영해야 함
  - 가족들이 소외되지 않도록 하는 것이 중요함
  - 준비하고 운영하는 데 인력이 많이 필요하므로 충분한 인력 확보가 필요함

사진 11-8 가족의 날 – 각 반별 자리에서 상 차리기 및 각 반별 저녁 식사하기

사진 11-9 가족의 날 – 조용한 놀이 및 가족 장기자랑 시간

② **가족운동회**

- 목적
  - 유아기관에 소속된 학부모와 유아 간 신체활동을 통해 친밀함을 형성하고 기관에 소속감을 가짐
  - 가정 구성원과 교직원 간에 신뢰를 쌓아 교육적 연계를 심화

사진 11-10 가족의 날 – 전체 게임

- 내용: 연령별 게임, 팀별 게임, 학부모 게임, 전체 게임 등 전체 유아와 학부모들이 한 자리에 모여 각 반별, 연령별, 전체 시간을 보낼 수 있는 좋은 기회

사진 11-11 가족운동회 – 다양한 신체활동 장면

3 학부모 참여수업 운영의 실제

학부모 참여수업 운영은 크게 참여수업 계획 및 준비 단계, 참여수업 진행 단계, 참여수업 평가 단계로 나누어 계획한다. 각 단계에 따라 교사는 미리 역할을 분담하고 준비하여 행사 당일 학부모들이 자녀들의 교육과정을 이해하고 참여할 수 있도록 한다. 교사가 학부모 참여수업의 계획과 실행의 전체적인 업무 흐름은 〈그림 11-1〉과 같다.

업무 흐름도	업무 단계별 처리 내용	
	교사 업무	실행 업무
참여수업 계획 및 준비	1. 계획하기	① 학부모 참여수업 일정 계획 ② 작년 평가 내용을 반영하여 프로그램 내용 선정하기 ③ 업무 분장 작성
	2. 준비하기	① 연령별 참여수업 계획서 작성 ② 학급별 참여수업 준비물 주문 및 체크 ③ 간식 의논하고 주문하기 ④ 유치원 전체 환경 및 학급 환경 구성 ⑤ 모의 수업 및 환경 점검 ⑥ 학부모 이름표 및 유인물, 실내화 준비 ⑦ 학부모 설문지 인쇄 및 필기도구 준비
참여수업 진행	1. 진행하기	① 오전/오후로 나누어 진행
참여수업 평가	1. 평가하기	① 학부모 대상 설문지 배부 ② 학부모 대상 설문지와 교사 의견 수합하여 평가하기

그림 11-1 학부모 참여수업 관련 업무

1) 계획 및 준비

(1) 수업 계획하기

참여수업에서 가장 중요한 것은 대상에 따른 목적을 정하고, 그에 맞는 일정과 프로그램을 계획하는 것이다. 교사 협의를 통해 중요사항을 결정하고 다음과 같이 업무분장을 한다.

- 유치원의 학사일정을 참고하여 날짜, 요일, 진행시간 등을 정한다.
- 맞벌이 학부모를 고려하여 평일보다는 토요일에 참여수업을 진행하여 참석률을 높인다.
- 야외 수업을 계획할 경우 날씨나 거리, 위치, 이동 방법 등 다양한 요소들을 고려하여 장소를 섭외하고 결정한다.
- 장소가 정해지면 사전답사를 통해 이동거리, 주차 장소, 화장실 등 주변의 세세한 요소를 미리 체크한 뒤 가정통신문을 통해 안내한다.
- 연령별로 학부모 참여수업을 어떻게 진행할 것인지 활동을 계획한 뒤 교사협의를 통해 전체적인 방향과 활동을 수정 · 보완한다. 활동 계획 및 준비는 준비 기간 동안 수시협의를 통해 지속적으로 수정 · 보완한다.

○○유치원

수신　　내부결재

(경유)

제목　　20○○학년 엄마 참여수업 계획

---

1. 관련 : 20○○학년도 엄마 참여수업 계획
2. 20○○학년도 엄마 참여수업 계획을 아래와 같이 실시하고자 합니다.
   가. 일　시 : 2018.6.2.(토) 만 4, 5세 9:30, 만 3세 10:00
   나. 장　소 : 유치원 원내(각 학급, 하늘놀이터, 강당)
   다. 대　상 : 20○○학년도 유아와 학부모

붙임　1. 20○○학년도 엄마 참여수업 계획 1부. 끝.

표 11-1 학부모 연수 업무 분장(예시)

구분	추진시기	추진내용		담당자
행사 전 추진 업무	5월 1일 ~ 5월 30일	행사 관련 준비	각 학급 별 참여수업 계획서 작성 및 준비물 체크	담임선생님
			각 학급별 참여수업 계획서 검토	원장선생님 원감선생님
			준비물 주문	원감선생님 담임선생님
			간식 주문 및 준비	원감선생님 조리장님
	5월 30일 (15:00~18:00)		모의 수업 및 세팅 후 환경 점검	다 같이
	6월 1일		강당 세팅, 방송 상태 점검	원감선생님 실장님 과장님
			학부모 이름표 및 유인물, 학부모 설문지, 필기도구 준비 및 세팅	담임교사
			간식 체크 및 세팅	조리장님 송**선생님
			실내화 준비	주임님
행사 당일 업무	6월 2일(09:30 ~12:00 /13:00~ 15:30)	학부모참여 수업 진행	학부모와 원아맞이 및 인사	원장선생님
			현관앞학부모 이동 안내	안**선생님
			반별 학부모 수업참여	각 반 담임선생님
			학부모 설문지 배부 및 수합	각 반 부담임 선생님
	6월 2일	평가	참여수업 평가	원장님, 원감님, 담임선생님들

(2) 가정통신문 준비하기

교사 협의가 끝난 후 학부모 참여수업의 목적과 의의, 진행 장소, 프로그램 내용과 함께 학부모의 참석 여부를 조사하는 가정통신문을 발송한다. 가정통신문을 통해 학부모 참여수업은 단순히 부모가 유치원에 와서 유아와 함께 하루 일과를 보내는 것뿐만 아니라, 자녀의 생활을 새로운 시각으로 바라보고 교육과정에 직접 참여할 수 있는 기회라는 점을 강조한다. 또한 학부모 참여수업이 진행되는 장소의 위치나 교통편 등 세부적인 내용도 가정통신문에 기재한다.

(3) 수업내용 준비하기

① 수업 계획하기

- 학부모 참여수업의 목적은 학부모가 자녀의 교육활동에 직접 참여해 봄으로써 유아교육기관의 교육 운영 및 자녀 특성에 대한 이해를 돕는 것이다.
- 참여수업의 내용은 현재 진행하는 주제와 동떨어진 것보다는 현재 진행하고 있는 주제와 연계된 활동을 준비하는 것이 가장 이상적이다. 또한 보여주기 식의 수업은 지양하는 것이 좋다.
- 하루 일과를 경험하면서 부모와 유아가 함께 참여할 수 있고, 유아의 연령별 수준 차이를 반영하는 것이 좋다. 특히 참여수업 계획 시 지난해 학부모 참여수업 평가 결과를 참고한다.
- 대집단 활동뿐 아니라, 자유선택활동, 전이활동, 급 · 간식활동 등 유아의 일상적인 하루일과를 부모가 골고루 참여할 수 있게 계획한다.
- 앉아서 하는 정적인 활동과 움직임이 있는 동적인 활동을 균형 있게 계획한다. 부모와 유아가 간단한 스킨십을 통한 유대감을 형성할 수 있는 움직임이 있거나 신체활동도 좋다.

② 환경 구성하기

- 참여인원 수에 따라 필요한 책상과 의자 수를 준비한다.
- 하루 일과 중 대집단 활동이나 소집단 활동 등 활동의 특성을 고려하여 책상과 의자를 배치한다. 대 · 소집단 활동은 물론 간식 먹을 때 자리 배치 등을 고려하여 세팅한다.

  예 부모–유아가 서로 마주보게 자리 배치하여 공간 최소화
- 작품을 게시할 경우 진행하는 주제와 관련된 자료를 게시하되, 모든 유아들의 작품을 골고루 전시하고, 각 유아들의 작품 특성과 장점을 돋보이도록 게시한다.

③ 모의 수업 및 환경 점검하기

- 학부모 참여수업 당일처럼 환경을 미리 세팅해 보는 등 사전 점검이나 모의 수업을 통해 자리 배치가 적합한지, 이동 통로가 확보되어 있는지 사전에 확인한다.
- 모의 수업 시에는 모든 교사가 수업을 참관하고 수업이 끝난 후에는 수업 진행과 환경에 대한 평가 시간을 가진다.

사진 11–12 학부모 참여수업을 위한 교실 세팅의 예

2) 실행

(1) 수업 진행하기

① 등원하기

- 학부모와 유아가 유치원에 등원하면 교사는 입구에서 환영 인사와 함께 하루 일과 안내가 담긴 유인물과 학부모 명찰, 유아 명찰의 착용을 배부한다.
- 참여수업에 앞서 학부모 오리엔테이션이 필요한 경우, 학부모는 강당으로 안내하고, 유아들은 교실로 이동하도록 돕는다.
- 학부모 오리엔테이션은 교실 또는 강당, 유희실 등과 같은 곳에서 진행될 수 있으며 이는 유치원 상황에 따라 달라질 수 있다.

사진 11-13 현관 출석부 및 실내화 배치 장면

② 인사 및 하루일과 소개하기

- 교실에 학부모와 유아가 모두 모이면, 교사는 먼저 참여 수업에 참석해 주셔서 감사하다는 인사말과 함께 유아들과 평상시의 하루 일과 진행과 같이 시작할 것임을 안내한다. 교사는 유아들이 학부모와 함께 각 시간별로 어떤 활동을 하게 되는지 일과를 소개한다.
- 만 4, 5세의 경우에는 엄마에 대한 미술활동 작품을 활용하여 유아들이 직접 엄마를 소개할 수도 있다.

사진 11-14 하루일과 소개

③ 자유선택활동 및 단위 활동 진행하기

- 하루일과계획에 따라 유아들은 부모와 함께 자유선택놀이를 하거나 단위활동을 할 수 있다.

  예 미술활동, 과학활동, 요리활동, 신체활동 등
- 유아들과 할 수 있는 놀이 종류와 진행 방법을 학부모에게 소개하고 활동을 진행할 수 있다.
- 교사는 부모가 유아와 적절히 상호작용하고, 놀이를 확장할 수 있게 자연스럽게 지원한다.
- 참여수업을 통해 부모는 유아의 학습 내용과 방법을 체험하고 이해하게 된다. 놀이는 유아에게 자연스러운 학습 방법이며, 놀이과정에서 유아는 자신이 알고 있는 것을 표현하는 것은 물론 놀이 과정에서 규칙을 지키고, 정리 정돈하며. 친구과 협동하거나 나누는 과정을 자연스럽게 경험함을 이해하게 된다. 이러한 경험은 가정과의 연계 교육을 위해서도 중요하다.
- 교사는 유아가 부모와 즐겁게 놀이할 수 있도록 칭찬과 격려를 통해 긍정적으로 지원한다.
- 학부모가 하루일과 진행시간을 숙지하고 활동시간이 부족하지 않도록 정리 시간 5분 전에 미리 예고하여 마무리를 할 수 있도록 하고, 활동에 필요한 준비물은 충분히 준비한다.
- 유아와 학부모가 함께 이동해야 할 경우에는 유아가 먼저 이동하고 뒤에 학부모가 이동하도록 한다.
- 유아 연령이 어린 경우 부모님이 교실에 들어오면 평소 모습과 달리 부모와 떨어지지 못하는 등 돌발 상황이 발생할 수 있다. 이런 가능성이 있는 유아들은 사전에 학부모와 협의하여 비상시 대처방안에 대해 협의해 둔다.

사진 11-15 학부모 참여수업의 다양한 모습 - 미술활동, 신체활동, 간식 먹기

④ 하루 일과 평가하기

교사가 준비한 수업이 모두 끝나면 유아와 학부모, 교사는 다시 대그룹으로 모여 앉아 오늘 하루 일과를 평가한다. 교사는 유아에게 오늘 하루 어땠는지, 어떤 기분이 들었는지, 엄마 혹은 아빠와 함께 유치원에 와서 생활해 보니 어떤 느낌이 드는지 등 유아의 소감을 들어볼 수 있다. 학부모도 수업에 참여한 소감을 표현할 수 있게 하여 가정과 다른 환경에서 자녀를 바라보는 마음과, 유치원 교육과정에 대한 전체적인 이해에 대해서도 의견을 들어볼 수 있다.

마무리 활동으로 유아들과 함께 즐겁게 수업에 참석해 주신 부모님, 가족에게 감사의 마음을 표현할 수 있다. 미리 연습한 노래를 불러 선물하거나, 직접 손으로 쓴 편지 전달하기, 영상 편지 전달하기 등 다양한 방법으로 감사의 마음을 표시하며 유치원에서의 하루 일과를 평가하고 마무리할 수 있다.

사진 11-16 학부모 참여수업에서의 하루 일과 평가하기와 감사한 마음 전하기

⑤ 학부모 설문지 작성하기

학부모 참여수업이 끝난 후, 교사는 미리 책상에 필기도구와 설문지를 준비하여 학부모 참여수업에 대한 학부모의 평가를 할 수 있도록 한다. 학부모들은 참여수업을 통해 새롭게 알게 된 자녀의 행동과 성격, 유치원의 교육에 대한 이해 등 다양한 내용을 적게 된다(표 11-2 참조). 이 내용을 바탕으로 교사는 앞으로 유아를 위한 교육의 방향과 교사와 부모가 함께 지원할 수 있는 방법을 계획할 수 있으며, 학부모의 만족도를 기초로 다음 참여수업계획을 수립할 수 있다.

3) 평가

학부모 참여 수업이 끝난 후 교사는 학부모들의 의견이 담긴 설문지를 가지고 모여 행사에 대한 피드백을 나누어야 한다. 이때 학부모 참여수업에서 잘 된 점, 개선이 필요한 점 등을 이야기하고 부족한 점이 있었다면 그 이유를 생각해 보고 다음 참여수업에는 더 나은 수업을 제공할 수 있도록 사후 계획도 꼼꼼하게 세워야 한다. 피드백 자료는 다음 참여수업을 준비하는 데 중요하므로 회의 내용을 세세하게 기록하여 회의록을 작성하도록 한다.

표 11-2 학부모 설문지 예시

참여수업에 참석해주신 학부모님께

바쁘신 시간에도 참여 수업에 참석해주신 학부모님 감사합니다.
자녀와 함께 지낸 오늘 하루가 오랫동안 간직하고 싶은 추억의 시간으로 남길 바라며,
참여수업을 마치고 느끼신 점을 적어주시면 감사하겠습니다.

2018. 6. 2.

표 11-3 ○○유치원 학부모 참여수업 행사 일지

담당	원감	원장

2018 학부모 참여수업

<table>
<tr><th></th><th colspan="3">내용</th></tr>
<tr><td>행사명</td><td colspan="3">20○○ 학부모 참여 수업</td></tr>
<tr><td>일시</td><td>20○○년 6월 2일(토)</td><td>오전 10:00~12:30
오후 13:30~16:00</td><td>* 개별 시간은 연령별 일정시간 참고</td></tr>
<tr><td>장소</td><td colspan="3">각 반 교실, 강당(신체활동)</td></tr>
<tr><td rowspan="3">참석
예정
인원</td><td colspan="2">1부</td><td>2부</td></tr>
<tr><td colspan="2">해님반: ○○명
별님반: ○○명
달님반: ○○명
바다반: ○○명
하늘반: ○○명
사랑반: ○○명
우정반: ○○명</td><td>바다반: ○○명
하늘반: ○○명
사랑반: ○○명
우정반: ○○명</td></tr>
<tr><td colspan="2">합계: ○○명</td><td>합계: ○○명</td></tr>
<tr><td>간식현황</td><td colspan="3">우유, 크랜베리케이크 (만 5세: 미숫가루)</td></tr>
<tr><td>준비사항</td><td colspan="3">1. 각 연령별 수업내용 회의
– 만 3세: 학부모 O.T, 등원 및 인사 나누기, 간식, 신체활동, 미술활동
놀이평가 및 엄마에게 노래 선물하기
– 만 4세: 학부모 O.T, 등원 및 인사 나누기, 이야기 나누기, 간식, 미술활동, 신체활동
놀이평가 및 엄마에게 노래 선물하기
– 만 5세: 학부모 O.T, 등원 및 인사 나누기, 이야기 나누기, 건강센터 놀이 & 간식,
신체활동, 놀이평가 및 동영상 편지 전하기

2. 5월 30일(수) 각 학급별 모의수업 실시 및 환경게시 점검
– 일일 교육계획안 작성, 각 학급 모의수업 실시, 환경게시물, 교구 점검

3. 6월 1일(금) 최종 점검
– 각 교실 정리 및 환경게시물 부착 완료
– 수업 동선 및 만들기 세팅 완료
– 학부모 실내화, 유아 실내화, 학부모&유아 이름표 세팅, 강당 의자 세팅

4. 기타 준비 사항
– 간식 준비: 주방(우유, 크랜베리케이크, 미숫가루)
– 학부모 실내화 세팅: 분홍 바구니에 담아 1층 현관 앞 세팅
– 학부모 신발장: 유아 신발장 사용(유아 등원 후, 2부 유아 실내화를 바구니나 봉투에 담아 보관)
– 순서지 및 이름표: 1층 현관 앞 테이블(테이블은 코스트코 책상 사용, 식탁보는 바다)
– 신체활동 : 각 연령별 수준에 맞는 신체활동으로 대도구 준비
– 작년에 했던 솜사탕은 날씨가 더운 관계로 취소</td></tr>
</table>

<table>
<tr><td rowspan="3">준비물
(금액과
상세내역
참고자료
참조)</td><td>만 3세</td><td>구슬, 끈, 종이접시</td></tr>
<tr><td>만 4세</td><td>주사위, 가위, 풀, 크레파스, 게임 종이</td></tr>
<tr><td>만 5세</td><td>건강센터놀이
– 쉐이크 물병, 헤드셋, 모기퇴치제 키트[에탄올 1.5L, 정제수 1.5L(유치원 물 끓여서 사용)], 라벤더 오일(600ml), 시트로넬라 오일(1000ml), 미숫가루, 우유, 꿀, 이어폰 듀얼 잭, 안마봉, 마사지기, 자성팩, 스프레이 공병, 가짐 투약 용기, 디퓨저 용기, 각 반 체험센터 티켓, 도장, 스티커</td></tr>
<tr><td>일정</td><td colspan="2">참여수업 일정안 참고</td></tr>
<tr><td>역할분담</td><td colspan="2">학부모 오리엔테이션 – 원장선생님
간식 – 조리실 및 원감 선생님 주문
1층 실내화 세팅 – 주임님
강당 마이크, 노트북 – 원감 선생님
강당 학부모 의자 세팅 – 담임, 부담임 교사 및 원감 선생님</td></tr>
<tr><td colspan="3">참여수업평가</td></tr>
<tr><td>만 5세</td><td colspan="2">• 만 5세는 주제 마무리하는 시점에 엄마 참여수업을 하게 되어 주제 진행 과정을 ppt로 안내하고, 유아들과 주제 시 의논을 통해 직접 해 보았던 활동을 엄마들과 함께 해 보아서 좋았음. 엄마들에게 프로젝트 활동에 대한 이해를 도울 수 있었음.
• 유아들이 주제 진행 시 조사하고 의논하면서 했던 활동이어서 유아들이 엄마들에게 직접 설명하고, 안내하면서 자유롭게 능동적으로 활동을 할 수 있었음.
• 엄마들은 유아들이 적극적으로 안내하고 설명하는 것을 보면서 주제에 대한 관심도와 이해, 조리있게 말하는 것이 많이 향상되어 만족스러워하심.
• 작년에 토의 활동 시에는 발표를 잘하는 아이는 학부모님이 만족스러워하나 소극적인 아이들은 발표나 토의 활동이 잘 되지 않아 부모님도 걱정이 많으시고 교사도 힘들었으므로 프로젝트를 소개해 주는 활동이 유아들도 학부모도 만족도가 더 높음.
• 또한 활동별로 시간이 나눠지지 않고 정해진 시간 동안 자유롭게 활동을 선택해서 하고, 간식시간도 자유롭게 가져서 운영하는 교사도 참여하는 학부모와 유아도 모두 만족스러웠음.
• 참여수업이 끝나기 전 보여준 영상 편지의 호응도가 좋았음
→ 내년에도 참여수업 시 생활주제 마무리로 진행하면 좋을 것 같음.
• 우정반의 경우 교실이 협소하여 센터를 진행할 때 아쉬웠음. 세팅 시 고려가 필요함.</td></tr>
<tr><td>만 4세</td><td colspan="2">• 생활주제 ‘나와 가족’ 중 마무리 시점에 엄마 참여수업을 하게 되어 그동안 유아들이 했던 활동을 소개해 주고, 관련된 활동을 해서 좋았음. 학부모님들은 그동안 아이들이 어떻게 활동을 했는지 보면서 이해가 되었다고 함.
• 동화책을 활용한 문학적 접근 활동에 대해 이해할 수 있는 계기가 됨. ‘나 다운 것’에 대한 동화책을 보며 유아들이 자신이 가장 잘하는 것에 대해 표현했던 작품과 동영상이 인상 깊었다고 함.</td></tr>
</table>

	• '나 다운 것' 활동을 통해 아이의 자존감이 높아진 것 같고, 아이의 새로운 모습을 보았다고 재미있었다고 하심. 유아들도 동영상에 친구들이 나올 때마다 재미있게 보고 반응하여 호응도가 높았음. • 미술활동은 게임처럼 주사위를 던져 엄마와 함께 서로가 서로의 얼굴을 꾸며주는 활동이 활발하게 진행됨. • 간식의 양도 적당하고 괜찮았음. • 마지막 엄마에게 불러주는 노래를 듣고 감동적이라고 눈물을 보이는 학부님들이 있었음. 마냥 아기인줄 알았는데 많이 큰 것 같다고 아이와 더 많은 시간을 보내야겠다고 함.
만 3세	• 만 3세 학부모님 중에는 유아교육기관을 처음 보내는 학부모님들이 많고 유치원의 하루 일과가 시간표처럼 있는 것이 아니다 보니 하루 일과나 유아들의 생활에 대해 궁금해하는 학부모님이 많으셨는데 직접 하루 일과를 아이와 경험하면서 아이가 자주 부르는 노래, 아이가 말하는 놀잇감, 활동에 대해 직접 볼 수 있고, 아이가 생활하는 것을 관찰할 수 있어서 좋다고 함. • 생활주제 '나와 가족' 주제 시 앤서니 브라운의 '우리 엄마' 책을 읽고 우리 엄마에 대한 느낌을 표현한 작품에 대해 부모님들이 감동스러워하심. 책을 읽고 활동하는 문학적 접근에 대한 만족도가 높았음. • 미술활동 시 팔찌에 그림도 아이들이 직접 그려서 준비하다 보니 유아들의 관심도가 높았고 부모님들도 좋아하심. ○○반의 경우 유아들의 팔찌의 끈이 조금 짧아서 마지막 매듭을 지을 때 어려움이 있었음. 끈을 다시 가정으로 보내드리기로 안내함. 끈의 길이가 일정하지 않아던 것 실수가 있었음. • 재료 체크 시 꼼꼼히 한 번 더 해보고 다음 팔찌 만들기 활동 시에는 만들어서 직접 해 보고 불편한 점이 없는지까지 체크해 보면 좋을 것 같음. • 유아들 중에 엄마가 와서 떨어지지 못하고 우는 유아들이 있음. 불안정한 모습을 보이는 유아의 학부모님께는 따로 평소에 지내는 모습에 대해 설명을 드렸고 학부모님들도 이해하심. • 만 3세는 오전/오후로 나뉘면 오후에 오는 유아들이 피곤해하므로 세 반이 모두 오전에 하다 보니 책상과 의자가 부족하여 의자를 새로 구비함. • 엄마와 함께 간식을 먹다 보니 유아들이 더 먹고 싶다고 해서 간식이 부족하여 주방에 이야기해서 더 가져다 먹음.
총평	• 각 연령별로 진행되고 있는 생활주제와 연계한 프로그램을 계획하고, 연령별 활동에 차별을 둔 것이 좋았음. • 오전/오후로 나누어 수업을 하는 만 4, 5세는 오전 수업이 끝난 후 오후 수업 전까지 시간이 충분하지 않아 정리하고 나서 점심을 먹을 시간이 없었음. 다음에는 오전 시작 시간을 조금 일찍 시작하면 좋을 것 같음. • 만 5세는 유아들이 만든 요가 동작을 하면서 운동하는 모습이 너무 즐거워 보였음. 유아들이 엄마에게 폭풍 잔소리를 하면서 즐거운 시간을 가지는 것 같았음. • 하늘놀이터에서 신체활동은 오전부터 너무 더워서 오후는 실내 강당으로 장소를 이동함. • 엄마들의 소감문도 모두 만족스러움. 교육과정과 유아들을 이해하는 충분한 시간이 되었고, 학부모님과 교사 그리고 기관이 더 가까워지는 계기가 됨.

생각해  봅시다

Q 만일 내가 3세 교사라면 어머니 참여수업과 2학기 아버지 참여수업을 어떤 형식으로 계획할지 생각해 보세요.

A

Q 3세부터 재원해서 3년째 다니고 있는 유아가 대부분인 5세반 담임교사는 참여수업을 어떻게 준비해야 할까요?

A

chapter **12**

졸업식

졸업식

졸업식은 유아가 기관에서 여러 선생님, 친구들과 함께한 즐거운 추억을 다시 회상해 보는 시간이다. 이를 통해 유아는 학부모와 교사, 친구들에게 감사한 마음을 갖고 서로의 졸업을 축하해 주는 경험을 갖게 된다. 본 장을 통해 학습자는 유아교육기관에서 운영하는 졸업식의 목적과 내용 그리고 실제 운영을 이해하고 실행하는 능력을 기른다.

1 졸업식의 중요성

졸업식은 유치원 학사일정의 마무리를 알리고 그동안 유치원에서 지냈던 여러 가지 시간을 회상하고 사랑과 수고로 지도해 주신 선생님과 부모님께 감사하는 마음을 전달하는 시간이다(교육부, 1995; 서울특별시교육청, 2007). 만 5세 유아들은 유치원의 1년간 교육과정을 마치고 그동안의 경험과 추억을 마무리하고, 지난 한 해를 돌아보며 선생님, 친구들과 함께한 즐거운 추억을 다시 회상해 볼 수 있다. 유치원의 행사 중 졸업식은 유아들이 밝고 자신감 있는 모습으로 더 큰 사회에 나아가 성장할 수 있도록 축하하고 격려하는 행사이다.

사진 12-1 졸업식 원장선생님 인사 말씀

졸업식의 목적은 다음과 같다.

- 1년간의 유치원 생활을 돌아보며 성취감과 자긍심을 가진다.
- 졸업을 통하여 더 큰 사회로 나가는 것에 대해 기대감을 가진다.
- 그동안 함께 생활한 친구들, 선생님, 부모님의 소중함을 느낀다.

2 졸업식의 유형

유치원은 3월에 당해 연도 교육과정을 시작해서, 2월에 마무리한다. 유치원에서 진행되는 당해 연도의 교육과정에 모두 참여한 유아들에게는 교육과정 이수를 인정하는 수료증을 발급한다.

이때 만 3, 4세 유아들은 일 년간의 교육과정 이수를 인정받고, 수료식을 진행하고 상위 단계로 진급하게 된다. 수료식에서 유아들은 교실에서의 일 년을 마무리하고, 다음 과정으로 가기 위한 준비를 한다. 그러나 만 5세 유아의 경우는 유치원에서의 마지막 교육과정을 이수하였기 때문에, 다음 상위 교육기관인 초등학교로의 진학을 준비한다. 따라서 유치원 졸업식을 통하여 일 년간의 교육과정 이수를 인정받고, 졸업증서를 받는다.

이처럼 수료식과 졸업식은 모두 일 년간의 생활을 마무리하고 상위 학급으로 진급을 알리는 행사라는 점에서는 동일하다. 그러나 졸업식은 인생의 첫 학교인 유치원을 떠나 새로운 학교인 초등학교로 진급하게 될 유아들을 위해 축하하고 격려하는 행사이다. 이와 같이 수료식과 졸업식의 개념이 비슷하여 혼동할 수 있으나 분명한 차이가 있다.

사진 12-2 졸업장 수여와 졸업가 제창

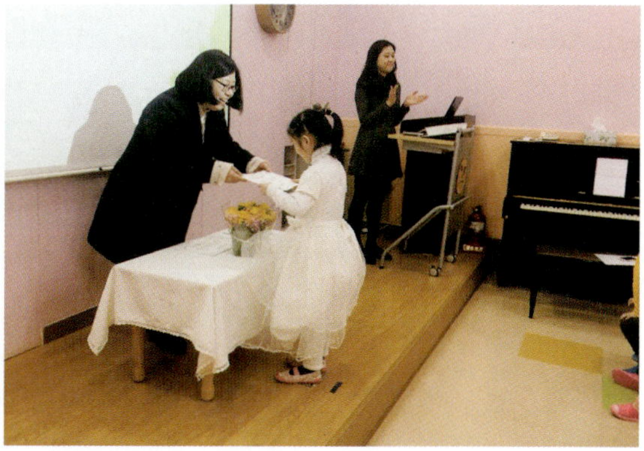

사진 12-3 수료식 원장선생님 말씀과 수료증 수여

3 졸업식 운영의 실제

교사는 유아들이 1년간의 교육과정을 마무리하고 새로운 출발에 대한 기대를 가질 수 있도록, 유아들에게 의미 있는 내용으로 졸업식을 구성해야 한다. 졸업식 준비를 위해서 교사도 1년간의 생활을 되돌아보며 교육과정을 정리하고 이를 통해 유아들이 경험하고 느낀 것을 정리해야 한다. 또한 1년간 유치원 생활을 잘 마친 유아들이 성취감을 느낄 수 있도록 축하할 수 있는 상장과 기념품도 준비한다.

교사가 졸업식을 준비하기 위한 과정은 크게 유아들의 1년간의 교육과정을 돌아보며 졸업식을 계획하고 준비하는 단계, 계획을 바탕으로 식전 준비를 포함하여 졸업식을 진행하는 단계, 졸업식을 평가하고 마무리하는 단계로 나누어 볼 수 있다. 각 단계별로 교사가 처리해야 할 전체적인 업무는 〈그림 12-1〉과 같다.

단계	교사 업무	실행 업무
계획 및 준비	1. 계획 수립하기	① 졸업식 일정 계획 ② 작년 졸업식 행사 평가내용 반영하기 ③ 업무 분장 작성
	2. 준비하기	① 행사일정표 작성 ② 졸업식 파워포인트 및 영상 제작 ③ 졸업장 및 상장 출력 ④ 졸업선물 및 필요물품 구매 ⑤ 식장 세팅 및 장식 ⑥ 예행연습
식전 준비 및 졸업식 진행	1. 식전 준비하기	① 졸업식장 세팅 및 유치원 환경 점검 ② 음악 및 영상 틀어놓기 ③ 유아 및 학부모 자리 안내
	2. 진행하기	① 개회사 ② 국민의례 및 애국가 제창 ③ 학사보고 ④ 졸업장 증서 및 상장수여 ⑤ 축사 ⑥ 영상 보기 ⑦ 송별가 ⑧ 졸업가 ⑨ 원가 제창 ⑩ 폐회사
평가	1. 평가하기	① 행사장 정리 ② 졸업식 평가

그림 12-1 졸업식 관련 업무 체크리스트

1) 계획 및 준비

(1) 계획 수립하기

졸업식은 유아의 한 해를 마무리하고, 새로운 출발을 축하하고 격려하는 행사이다. 따라서 교사는 유아에게 의미 있는 졸업식이 되도록 사전계획을 세워 체계적으로 준비해야 한다. 졸업식 준비의 첫 단계는 졸업식의 일정을 계획하는 것이다. 대부분의 유치원에서는 2월 중순경 수료식과 졸업식을 진행한다. 원 사정을 고려하여 졸업식 날짜를 결정한 이후에는 지난해 졸업식 평가 내용을 반영하여 행사계획을 세운다. 졸업식을 준비했던 과정과 결과를 참고한다면 졸업식을 준비하기에 훨씬 수월할 것이다. 특히 지난해 행사 진행 과정에서 아쉬웠던 점이나 보완할 점에 주목하여 부족한 부분을 수정한다면 더욱 유익한 행사를 준비할 수 있다.

졸업식 날짜와 전체적인 내용이 구성되면 교사는 업무를 구분하여 업무 분장을 작성해야 한다. 졸업식은 유치원의 연간 행사 중 큰 행사이므로 다른 행사보다 준비할 것이 훨씬 많다. 따라서 미리 준비해야 할 내용을 목록화하고, 교사들의 업무 비중을 고려하여 업무 분장을 한 후 행사를 준비한다. 특히 졸업식은 다른 행사와 다르게 예행연습이 필수적으로 요구되고, 행사 당일 졸업장과 상장을 나누어 준다는 특징이 있다. 따라서 교사 업무 분장에는 행사 전뿐만 아니라 행사 진행과정의 업무도 확실히 분담하도록 한다.

표 12-1 업무 분장표 예시

<table>
<tr><th>구분</th><th>추진시기</th><th colspan="3">추진내용</th><th>담당자</th></tr>
<tr><td rowspan="10">행사
전
추진
업무</td><td rowspan="4">1월 25일
~2월 14일</td><td rowspan="4">행사관련
자료준비</td><td colspan="2">졸업식 및 수료식 기안 및 총 진행사항 점검</td><td>원장선생님
원감선생님</td></tr>
<tr><td colspan="2">졸업생 선물 및 3년 재원생 학부모 선물 주문</td><td>원감선생님</td></tr>
<tr><td colspan="2">졸업생 추억일보 만들기
졸업식 안내문 작성 및 인쇄
졸업식 동영상 만들기
졸업식 파워포인트 만들기
졸업식 상장 인쇄</td><td>만 5세 담임
안**선생님
이**선생님</td></tr>
<tr><td colspan="2">졸업생 가운 점검 및 준비</td><td>박**선생님
노**선생님</td></tr>
<tr><td rowspan="6">2월 19일
(15:00~
17:00)</td><td rowspan="6">졸업식 장소
꾸미기</td><td colspan="2">식장 세팅(단상, 의자 등)</td><td>다 같이</td></tr>
<tr><td colspan="2">파워포인트 자료 시연 및 인터넷 연결
방송 상태 점검</td><td>양**선생님</td></tr>
<tr><td colspan="2">졸업식순 및 졸업식 순서지 인쇄 및 세팅</td><td>유**선생님
황**선생님</td></tr>
<tr><td colspan="2">포토존 꾸미기 및 식장 안 꾸미기</td><td>노**선생님
이**선생님</td></tr>
<tr><td colspan="2">졸업생 및 3년 졸업생 선물 및 앨범 세팅</td><td>양**선생님
유**선생님</td></tr>
<tr><td colspan="2">안내 표시 게시 및 실내화 준비</td><td>김**선생님
송**선생님</td></tr>
<tr><td rowspan="6">행사
당일
업무</td><td rowspan="6">2월 20일
(10:00~
11:30)</td><td rowspan="6">졸업식</td><td colspan="2">졸업식 사회</td><td>원장선생님
원감선생님</td></tr>
<tr><td colspan="2">졸업식 파워포인트 및 음원 담당</td><td>최** 선생님</td></tr>
<tr><td rowspan="2">학부모 안내</td><td>유치원 현관</td><td>김**선생님
송**선생님</td></tr>
<tr><td>행사장 입구</td><td>김**선생님</td></tr>
<tr><td colspan="2">사진 촬영</td><td>박**선생님
노**선생님</td></tr>
<tr><td colspan="2">졸업복 회수 및 선물, 앨범 배부</td><td>원감선생님
김**선생님</td></tr>
</table>

구분	추진시기	추진내용			담당자
행사 당일 업무	2월 20일 (10:30~ 11:30)	수료식	만 3세	수료식 총괄	원장선생님
				만 3세 수료식 사회	안**선생님
				사진 촬영 및 수료파티 준비 수료 물품 배부(수료증, 포트폴리오, 사진 등)	각 반 담임선생님
			만 4세	수료식 총괄	원장선생님
				만 4세 수료식 사회	이**선생님
				사진 촬영 및 수료파티 준비 수료 물품 배부(수료증, 포트폴리오, 사진 등)	각 반 담임선생님
	2월 20일 (15:00~)	졸업식 수료식 정리 및 평가		졸업식 및 수료식 장소 정리 및 평가	다 같이

(2) 준비하기

행사계획 시에는 졸업식 당일 행사 시간대별로 진행할 식순을 미리 계획한다. 행사 일정표를 작성하며 각 식순 때 진행될 졸업식의 모습을 미리 머릿속으로 그려보며, 한 순서에서 다음 순서로 넘어갈 때 어색하지 않은지, 더욱 유연하게 행사를 진행하기 위한 식순은 무엇일지 계속 고민하며 수정한다. 행사 일정표는 행사장 앞에 부착하여 유아, 교사, 학부모가 한눈에 식순과 시간 흐름을 파악할 수 있도록 한다.

사진 12-4 졸업식장 앞 행사안내문 배치

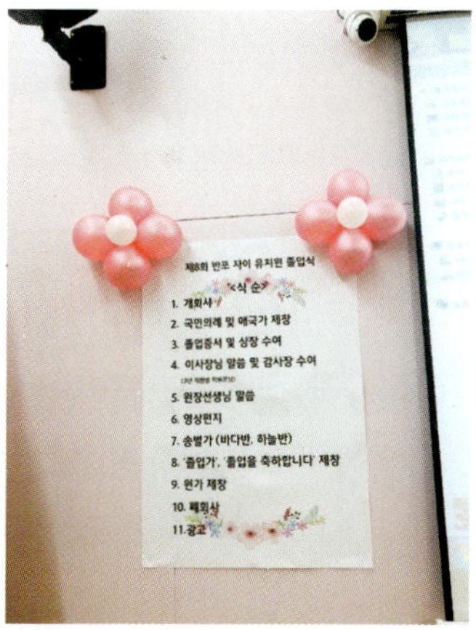

사진 12-5 졸업식장 내 벽에 부착된 식순

chapter 12 _ 졸업식

원활한 행사 운영을 위하여 졸업식 때 사용할 파워포인트와 영상을 제작한다. 파워포인트는 주로 1년간 유아들과 함께 해 온 교육과정을 돌아보는 내용, 교육 활동을 통해 유아들이 성장한 모습, 학사 보고 등 유아와 함께 지낸 1년간의 생활을 돌아보는 내용으로 구성한다. 영상은 1년간의 유치원의 생활을 함축적으로 보여주는 사진과 영상을 담아 제작한다. 졸업식을 시작하기 전 유아들의 유치원 생활 모습을 영상으로 편집해 틀어놓으면 유아와 부모 모두 1년을 회상하고 정리하는 기회가 될 수 있다.

유아에게 수여할 졸업장과 상장도 미리 작성하여 준비한다. 졸업식 날 졸업 가운을 입고 학사모를 쓴 유아에게 졸업장을 수여하는 것은, 유아의 졸업을 축하하고 격려하는 의미를 가질 뿐만 아니라 동시에 유아에게는 스스로 1년간 유치원 생활을 잘 마무리했다는 성취감을 고취시킬 수 있는 기회가 된다. 유아들에게 졸업증서 및 상장을 수여할 때 파워포인트를 활용해 개별 유아의 사진과 반명, 이름 등을 화면에 띄우면 좋다.

사진 12-6 졸업식 프레젠테이션 화면구성의 예

교사는 모든 유아가 상장을 수여받을 수 있도록 상장도 미리 준비한다. 1년간의 생활을 돌아보며 유아가 어떤 장점을 보였는지, 어떤 점을 잘 했는지, 어떤 부분에서 성장했는지 등의 내용을 담아 유아를 격려하고 칭찬하는 상장을 만들 수 있다. 상장 또한 유아의 성취감과 만족감을 높여 유치원 생활을 긍정적으로 마무리하는 데 도움을 줄 수 있다.

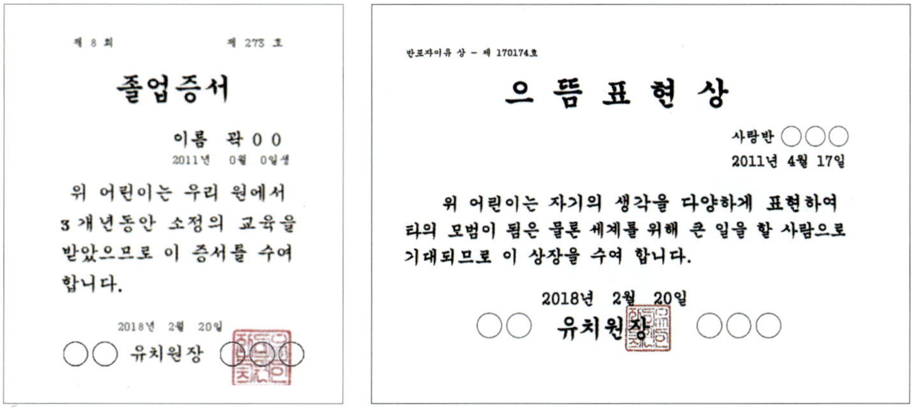

제 8 회 제 273 호

졸업증서

이름 곽 0 0
2011년 0월 0일생

위 어린이는 우리 원에서 3개년동안 소정의 교육을 받았으므로 이 증서를 수여합니다.

2018년 2월 20일

○○ 유치원장 ○○○

반포자이유 상 - 제 170174호

으 뜸 표 현 상

사랑반 ○○○
2011년 4월 17일

위 어린이는 자기의 생각을 다양하게 표현하여 타의 모범이 됨은 물론 세계를 위해 큰 일을 할 사람으로 기대되므로 이 상장을 수여 합니다.

2018년 2월 20일

○○ 유치원장 ○○○

사진 12-7 졸업증서와 상장 예시

졸업식을 진행할 장소가 결정되면 졸업식장을 세팅한다. 우선 단상 위에 졸업을 축하하는 현수막을 걸고, 유아들이 졸업장과 상장을 받기에 편리한 동선을 고려하여 단상을 구성한다. 이때 교사는 상장과 졸업장을 둘 곳, 선물을 둘 곳 등 세세하게 고려하여 졸업식장의 공간을 계획한다. 유아와 학부모가 앉을 수 있는 좌석을 계획할 때는 유아들과 부모들의 자리 배치는 구분하거나 함께 앉는 방법 중 선택한다. 인쇄물과 풍선, 화분, 꽃 등 다양한 재료를 사용하여 유아들의 졸업을 축하하는 분위기를 조성한다. 마이크와 음향 등 방송 시설을 미리 점검한 후 설치하고 유치원 현관에 세워 둘 입간판과 행사장으로 안내하는 안내문 등을 준비한다.

사진 12-8 졸업식장 입구 장식과 포토존 장식 예시

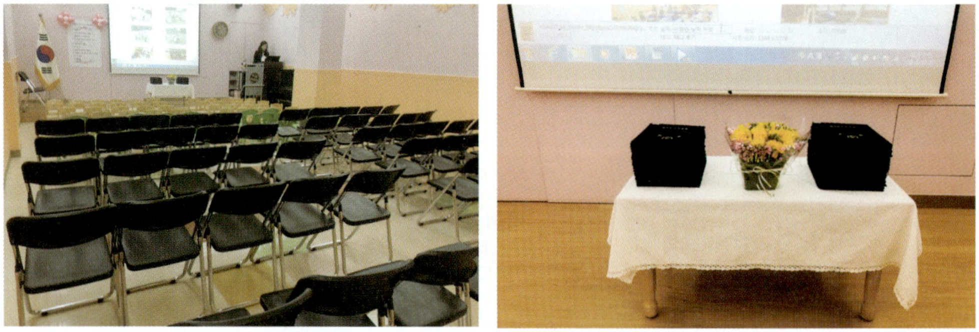

사진 12-9 졸업식장 좌석배치와 졸업장 준비 장면

사진 12-10 졸업앨범 예시와 선물 배부장소 세팅

졸업식장 꾸미기가 완료되면, 교사는 유아들과 함께 실제 졸업식 예행연습을 한다. 졸업식장에서 예행연습을 하기 전에 교사는 유아들과 이야기 나누기를 통해 졸업식의 의미에 대해 생각해 보고 졸업식 때 지켜야 할 점에 대해 이야기 나눈다. 또한 상을 받을 때에는 어떻게 해야 하는지 등에 대한 의식지도도 한다.

교실에서 유아들과의 이야기를 나눈 후 직접 행사장으로 이동해서 유아들과 실제로 졸업식을 진행해 본다. 이때에는 입 · 퇴장 시 지켜야 할 점, 입장 후 자리에 앉는 법, 수상 받을 때의 방법 등 실제 졸업식 당일 유아들이 이동해야 할 동선에 맞추어 교사와 함께 이동해 보며 예행연습을 해본다. 이러한 과정을 통해 유아들은 행사 당일날 당황하지 않고 자연스럽게 졸업식에 참여할 수 있게 된다.

사진 12-11 졸업식 예행연습 장면

2) 실행

(1) 식전 준비하기

졸업식 당일, 교사는 졸업식이 차질 없이 진행될 수 있도록 미리 준비한 것들을 다시 점검하며 행사 준비를 마무리한다. 방송 음향, 단상, 유아와 학부모가 앉게 될 자리, 조명, 카메라 등의 상태를 점검하여 졸업식 진행에 차질이 생기지 않도록 한다.

유치원을 방문하는 학부모들의 편의를 위해 주차장이나 입구에 행사장 위치를 알리는 안내를 붙여 참석자들이 식장까지 어려움 없이 찾아올 수 있도록 한다. 또한 유치원 복도나 행사장에는 1년간 유아들이 진행했던 교육내용을 담은 간단한 포트폴리오, 사진, 작품 등을 전시하여 간략하게 유아들의 생활을 되돌아 볼 수 있도록 한다.

특히 졸업식은 다른 행사와는 다르게 모든 유아에게 졸업장과 상장이 수여되게 되므로 사전에 단상 위에 각 반별로 졸업장과 상장이 순서대로 잘 정리가 되어 있는지 확인해야 한다. 유아가 앞으로 나와 상을 받을 순서대로 자리에 앉아 있어야 정확하게 졸업장과 상장이 수여될 수 있고 시간도 절약되므로, 상장 수여 보조를 담당한 교사는 행사 전 다시 한번 확인할 필요가 있다.

졸업식장에는 음악이나 미리 제작한 영상을 틀어놓아 밝고 축하하는 분위기를 조성하고, 미리 도착해 대기하는 학부모들이 영상으로 1년간 유아들의 생활을 회상할 수 있도록 한다. 학부모들이 도착하면 교사는 밝은 표정과 목소리로 인사하며 학부모들을 맞이하고, 식순 및 기타 자료들을 나누어준 뒤 자리에 앉도록 안내한다.

(2) 진행하기

교사는 졸업식 식순에 따라 행사의 시작을 알리는 개회사를 읽으며 졸업식을 시작한다. 원의 상황에 따라 유아가 미리 입장하여 자리에 앉아 있는 경우와, 유아들이 졸업식을 시작하며 입장하는 경우로 나뉘게 되는데 상황에 따라 교사들은 유아의 자리 배치를 도와 행사를 시작하게 된다.

우선 1년간 유치원의 전반적인 교육과 경영이 어떻게 이루어졌는지 학부모들에게 안내하는 학사보고를 진행한다. 간단한 유치원의 연혁을 소개하는 것과, 졸업하는 유아들의 현황, 1년간 유아들과 진행했던 교육의 주요 내용 소개 등 간략하게 학부모들에게 안내하는 내용으로 학사보고는 이루어진다.

이후 각 반별로, 졸업장을 수여하게 된다. 유아들은 앞에 나와 원장선생님께 직접 졸업장을 받으며 형식적으로 유치원을 졸업하게 된다. 1년간 유아들이 생활한 것을

졸업장 수여

동생반의 송별가 제창

졸업식 기념촬영

사진 12-12 졸업식 행사의 여러 가지 모습

토대로 잘 한 점과 특기, 노력한 점 등을 반영한 개별 상장을 수여함으로써 유아들이 자신의 유치원 생활에 만족감을 느끼고 성취감을 느낄 수 있도록 한다. 유아들은 이러한 의식에 참여함으로써 자신의 유치원 생활을 마무리하고, 무언가 해냈다는 성취감을 느끼며 전반적인 유치원에서의 생활을 긍정적인 경험으로 기억할 수 있게 된다.

졸업장과 상장 수여가 끝나면 원장은 축사를 통하여 유아들의 졸업을 축하한다. 유치원에서의 생활을 마무리하는 것과 새로운 출발, 새로운 도전으로의 도약을 축하하는 내용의 축사를 통하여 유아들의 졸업을 축하하고 격려하는 시간을 갖는다.

준비된 1년간의 유치원에서의 생활과 전반적인 교육내용이 담긴 영상을 시청함으로써 유아들에게는 자신들의 유치원 생활을 되돌아볼 수 있도록 하고, 학부모에게는 유아들의 새로운 출발을 격려하자는 메시지를 전달할 수 있다. 또한 교사도 영상을 보며 유아들과의 1년을 회상하고 마무리하는 시간을 가질 수 있다.

원의 사정에 따라 동생 반 유아들이 영상을 통해 형님들의 졸업 축하 메시지를 전달할 수도 있고, 직접 축하 공연을 할 수도 있다. 축하 공연이 끝나면 졸업생과 학부모들은 졸업가 및 원가를 제창함으로써 모든 졸업식 행사를 마치고 폐식사가 끝난 후에는 교사가 미리 준비한 포토존에서 기념사진을 촬영할 수 있다. 또한 유아들이 1년간 생활했던 유치원 교실을 둘러보거나, 복도에 전시되어 있는 유아들의 작품, 포트폴리오, 사진 등을 보며 졸업식을 마무리한다.

3) 평가

졸업식 행사가 끝나고 졸업생들과 학부모들이 모두 귀가한 후, 교사는 졸업식을 위해 꾸며놓았던 행사장을 다시 원래의 모습대로 돌려놓는다. 단상을 정리하고 졸업식을 위해 사용했던 현수막이나 장식, 방송 시설, 유아와 학부모들이 앉았던 의자도 정리한다.

정리가 끝난후 교사들은 모두 모여 졸업식에 관한 평가를 한다. 계획한 대로 행사가 잘 이루어졌는지, 만약 실수가 있었다면 어떤 부분에서의 준비가 부족했는지, 유아와 학부모의 반응은 어땠는지, 개선하거나 수정하면 좋을 점은 무엇인지 등에 대해 이야기를 나눈다. 교사 회의를 통해 결정된 사항은 내년도 졸업식을 준비하며 반영될 수 있기 때문에 내용을 꼼꼼하게 정리해 두는 것이 중요하다.

행사 평가 회의록(예시)

20○○ 졸업식 평가 회의록

행사명	20○○학년도 졸업식	일시	20○○년 2월 20일 (화) 11:00~12:00	
장소	○○유치원 지하 강당 및 교실	참석인원	사랑반: 22명 / 우정반: 20명	
준비물 체크 리스트	강당 식순지 (4x4 포스터 인쇄)		졸업 증서 (왼쪽 졸업증서, 오른쪽 으뜸 ○○상) → 물품 담당자가 신청	
	강당 노트북, 음향 체크		졸업 증서 겉에 145라벨	
	졸업생 통로 붙이기		3년 재원생 감사장	
	강당 위 태극기 세팅		지하 주차장 안내문	
	강당 위 이사장님, 원장님 의자		서가 1층 졸업복 환복 후 교환할 때 유아 체크리스트	
	유아 상 받는 테이블(그 앞에 테이프 표시)		상장 종이(전체 주문 시 주문)	
	문집 제작 (졸업을 앞둔 마음을 담은 동시와 유아 주소록, 사진과 한마디) 1. 제작 후 2주 전에 복사업체 사전 연락하여 일정 협의 2. 10일 전 문집 내용 완성 및 주소록 웹하드에 업로드 3. 교사가 직접 방문하여(영업 6시까지니까 4시에 출발 권장) 제작 부탁 (문집의 측면에 문집의 제목 출력될 수 있도록) 4. 3일 후 배송되었음			
	슬라이드 파워포인트, 유아 영상편지		졸업대장 및 상장 프린트	
	유아 개인별 스튜디오 앨범, 액자, 증명사진, 이름 tag		생화 권장(테이블용, 식순용)	
	졸업 가방 유아 수만큼		식순(50~60부 정도)	
	졸업 가방 속 문집		풍선 장식	
	졸업 가방 속 국어사전		졸업을 축하해요 & 축 졸업 카드	
	국어사전(띠 둘러서 라벨 스티커)		현관 앞 ○○유치원 졸업식 안내	
	3년 재원생 선물, 감사장 쇼핑백엔 학부모님께 라벨 우측 상단		유아 학부모 슬리퍼	
역할분담	원장선생님 – 전체 졸업식 진행 총괄 원감선생님 – 국어사전, 졸업가방 주문, 졸업식 사회, 진행 총괄 원감, 김**선생님 – 졸업복 ↔ 가방, 앨범, 프라이팬과 교환 최** 선생님 – 졸업식 슬라이드 파워포인트 및 음원 진행 만 5세 담임, 부담임 – 졸업식 준비물 준비, 상장 보조, 유아 관리 교사 – 풍선 준비, 기타 준비물 준비			

평가	1. 유아, 동생들이 가운데로 입 · 퇴장한 것 좋았음 → 통로를 입 · 퇴장 직전 부담임 교사가 학부모들께 비워달라고 부탁하였음 2. 음원(졸업을 축하합니다), 피아노 녹음(원가, 졸업가, 송별가)의 음질이 깔끔해서 좋았음 3. 작년과 달리 유아들이 상장을 수여할 때 동영상을 틀지 않고 개인 학사모 사진을 띄운 것이 좋았음 → 상을 받는 유아에게 집중되었기 때문 4. 원감님의 진행 속도, 대본이 좋았으며 졸업식 진행이 수월하였음 5. 유아 개인이 상을 받을 때 올해 상장 수여 (n년 수여 & 으뜸 ○○상을 수여합니다) 방식이 좋았음 6. 식순지가 과출력 되었음(50부면 충분함) 7. 올해 상장 내용이 살짝 변경되었음(노고를 치하합니다 → 수여합니다 / 축복드립니다 → 수여합니다) 내년도 상장을 프린트 할 때에도 내용을 확인하여 뽑아야 함 8. 벨벳 케이스 상장을 종이 케이스로 변경하면 좋을 것 같음 → 먼지가 많이 묻음

생각해 봅시다

Q 신입 교사인 나는 우리 유치원 1회 졸업식을 맞게 되었습니다.
졸업식을 어떻게 진행해야 할까요?
필요한 것은 무엇이 있을까요?
필요한 역할을 무엇이 있을까요? 어떻게 역할 분담을 할까요?
직접 기획해 봅시다.

A

부록

예비교사를 위한 각종 서식

서식 1 이력서

이 력 서

지원 분야	

사진	성명			
	연락처		생년월일	
	이메일			
	주소			

학력사항	학교명	기간	전공	평균학점

경력사항	기관명	기간	연령	내용

자격증사항	자격증명	취득일자	발행기관
	컴퓨터 활용능력		

활동 및 기타	기관명	기간	활동내용

가족사항	성명	관계	연령	직업	성명	관계	연령	직업

위의 사실이 틀림없음을 확인합니다.

2○○○년 ○○월 ○○일
지원자 ○ ○ ○ (인)

자기소개서

성장 배경
성격 및 장단점
활동 및 경험
입사 후 포부

서식 3 출석부 예시

○○○○학년도

유 치 원 출 석 부

_______________ 반 (만 세)

항 목	남	여	계
입학 유아	명	명	명
이동 유아	명	명	명
수료(졸업) 유아	명	명	명
담 임 교 사			(인)

○○ 유 치 원

5월 출석부

담임		원감		원장	

번호	날짜	1	2	3	4	5	6	7	8	9	10	11	12	13	14	15	16	17	18	19	20	21	22	23	24	25	26	27	28	29	30	31	지각	조퇴	결석	출석
	이름	화	수	목	금	토	일	월	화	수	목	금	토	일	월	화	수	목	금	토	일	월	화	수	목	금	토	일	월	화	수	목				
1						어		대															석													
2																																				
3						린		체															가													
4																																				
5						이		공															탄													
6																																				
7						날		휴															신													
8																																				
9								일															일													
10																																				
11																																				
12																																				
13																																				
14																																				
15																																				
16																																				
17																																				
18																																				
19																																				
20																																				
21																																				
22																																				
23																																				
24																																				
25																																				
26																																				
27																																				
28																																				
29																																				
30																																				

※ 행사※

결 석 사 유

통 계				
신입 유아수				
퇴학 유아수				
월말 재적수				
수업일수				
수업일수누계				
부호				

서식 4 유치원 연간 수업일수 및 학사일정 안내의 예

월	주	주 수업 일수	요일별 날짜					월별 수업 일수	주요 행사
			월	화	수	목	금		
3	1	3		1	2	3	4	22	삼일절(1) 입학식, 유치원교육과정 설명회(2) 안전점검(4)
	2	5	7	8	9	10	11		유아신체검사(10)
	3	5	14	15	16	17	18		
	4	5	21	22	23	24	25		유아신체활동(21) 학습준비도 검사(22) 부모교육 자료 및 월말편지 발송(25)
	5	4	28	29	30	31	1		K-CDI 유아평가 실시(28) 숲체험 생태교육(29) 개교기념일(1)
4	1	5	4	5	6	7	8	19	안전점검(4) 학부모 상담주간(4~8)
	2	4	11	12	13	14	15		유아신체검사(11) 숲체험 생태교육-봄동산 돌아보기(12) 국회의원선거(13)
	3	5	18	19	20	21	22		유아신체활동(18) 장애이해의 날(20) 교육공동체 건강산행 등반(20) 1학기 교육활동공개의 날(22)
	4	5	25	26	27	28	29		유아놀이한마당(27) 부모교육 자료 및 월말편지 발송(29)
5	1	3	2	3	4	5	6	19	교육공동체 운동회, 안전점검(4) 어린이날(5) 학교장재량휴업일(6)
	2	4	9	10	11	12	13		유아신체검사(10) 지역사회기관견학(11) 교육자단합대회(12) 진로문화체험학습(13)
	3	5	16	17	18	19	20		지역사회 기관 견학(17) 소방 및 재난대응 훈련(18) 이마트, 우체국 체험(19)
	4	5	23	24	25	26	27		유아신체활동(23) 부모교육 자료 및 월말편지 발송(27)

6	1	5	30	31	1	2	3	21	유아신체검사(31)
	2	4	6	7	8	9	10		현충일(6) 유아신체검사, 안전점검(7) 뒤뜰야영(10~11)
	3	5	13	14	15	16	17		생활주제연계 영화관람체험(13) 숲체험 생태교육(14)
	4	5	20	21	22	23	24		유아신체활동(20) 부모교육 자료 및 월말편지 발송(24)
7	5	5	27	28	29	30	1	21	충남유아교육진흥원(28)
	1	5	4	5	6	7	8		안전점검(4) 물놀이 안전교육(8)
	2	5	11	12	13	14	15		숲체험 생태교육(12)
	3	5	18	19	20	21	22		유아신체활동(18) 수영체험학습(19) 부모교육 자료 및 월말편지 발송(22)
	4	2	25	26	27	28	29		여름방학식(26) 방학 중 돌봄 운영(27~29)
1학기 소계								102	여름방학 중 돌봄 운영 : 15일간
1학기		수업일수 : 117일 여름방학 : 7월 27일(수)부터 8월 23일(화)까지 28일간 여름방학 중 돌봄 운영 : 8월 1일(월)부터 8월 19일(금)까지 15일간							

출처: 2016 오천유치원 교육과정 배부자료

서식 5 재량휴업일 기안문

○○유치원

수신 ○○교육지원청교육장

(경유)

제목 201○학년도 ○○유치원 원장 재량휴업일 안내

1. 관련 : 201○학년도 ○○유치원교육과정운영계획
2. 201○학년도 유치원장 재량휴업일을 다음과 같이 실시하오니 업무에 참고하시기 바랍니다.

가. 일시 : 201○. ○. ○.

나. 내용 : 전체 원생 휴업 및 교직원 자가 연수

다. 행정사항 : 당일 제반 업무 휴무

(단, 방과후 과정은 희망자에 의거 운영함). 끝.

○○ 유치원장

담당자 원감 원장

협조자

시행 ○○유치원– (201○.○○.○○) 접수 ( )

우 ○○○–○○○ 경기도 ○○시 / www.

전화 (○○○)○○○–○○○ 전송 (○○○)○○○–○○○○ / / 공개

<table>
<tr><td rowspan="2">제 201○-○호</td><td>○○유치원교육통신</td><td>날 짜</td><td>201○.○.○</td></tr>
<tr><td>재량휴업일 안내</td><td>담당자</td><td>○○○</td></tr>
</table>

안녕하십니까?
결실의 계절인 가을을 맞이하여 귀댁의 가정에 평안하심을 기원합니다.
드릴 말씀은 201○학년도 유치원교육과정 운영계획에 따라 실시되는 유치원장 재량휴업일과 관련하여 안내 드립니다. 본원에서는 201○년 ○월 ○일부터 201○년 ○월 ○일(○일간)까지 유치원장 재량휴업일을 실시하게 되었습니다. 따라서 이 기간 동안 가족 및 친지와 함께 효도와 우애를 나누는 의미 있는 현장체험이 되도록 세심한 관심과 협조를 부탁드립니다.
부득이 가정 사정으로 원아가 등원하기를 희망하시는 부모님께서는 재량휴업일 등원 희망서에 표시하여 ○월 ○일(○)까지 제출하여 주시기 바랍니다.

201○년 ○월 ○일

○○ 유 치 원 장

재량휴업일 등원 희망서

( )반 이름 ( )

등원을 희망합니다.	등원을 희망하지 않습니다.	비 고

학부모 성명 (인)

○○유치원장 귀하

서식 7 장기결석자 출석 독려 및 결과 처리

○○유치원

수신　　내부결재

(경유)

제목　　장기결석자 출석 독려 및 결과 처리

---

1. 관련 : 유치원 규칙 ○조 ○항

2. 본원에 재학 중인 장기결석자의 출석 독려 및 결과 처리를 다음과 같이 실시하고자 합니다.

가. 대상

반	성 명	성 별	생년월일	보호자명	주소 및 연락처	결석기간

나. 출석독려 방법

1) 1차 : 전화 확인

2) 2차 : 가정방문을 통한 거주 확인

201○. ○. ○. ~ 201○. ○. ○. ○회

다. 결과 처리 : 유치원규칙 ○조 ○항에 의거 퇴학 처리함.

붙임 e-유치원시스템 출결관리 사본 1부　　끝.

서식 8 입학원서

2018 학년도 유치원

입 학 원 서

유아	성명	국문)	성별		사진 (3㎝×4㎝)
		영문)			
	주민등록번호				
	입학 전 경험 (기관명/기간)				

보호자	성 명			유아와의 관계	
	현주소				
	전 화	자택		휴대폰	(부)
					(모)

가족사항	성명	유아와의 관계	연령	성별

위의 유아가 귀 유치원에 입학하고자 소정의 서류를 갖추어 지원합니다.

20 년 월 일

보호자 (인/서명)

○○○○유치원장 귀하

서식 9 입 · 퇴학 처리 대장

입 · 퇴학 처리 대장

결재			년월일	유아명	성별	보호자명	구분		재적			사유
담임	원감	원장					입	퇴	남	여	계	

유치원생활기록부 송부 요청서

반　　명 :
성　　명 :
생년월일 :

위 원아의 유치원생활기록부를 아래의 유치원으로 송부해 주시길 요청합니다.

요청자 인적사항	성 명	
	원아와의 관계	
송부대상 유치원 사항	원　명	
	전화번호	
	주　소	
사유		

201○ 년 ○ 월 ○일

요청자 :　　　　(서명)

○○ 유치원장 귀하

퇴 학 원 서

반 명 :
이 름 :
생년월일 : 년 월 일

위 어린이는 ( )으로 인하여 퇴학하고자 하오니 허락하여 주시기 바랍니다.

201○ 년 ○ 월 ○일

보 호 자 (인)

○○ 유치원장 귀하

위 어린이를 퇴학원서에 의하여 제적하고자 합니다.

201○ 년 ○ 월 ○일

결재	계	원감	원장

서식 12 유치원생활기록부 정정대장

번호	정정 연월일	정정 대상자		정정 사항				증빙자료		비고		
		연령 (수료 · 졸업 대장 번호)	성명	항목	오류 내용 (정정전)	정정 내용 (정정후)	정정 사유	제목	문서번호 (등록일자)	담임	원감	원장

서식 13 유치원생활기록부

유치원생활기록부

연령 구분	만3세	만4세	만5세
수료 · 졸업대장번호			
반			
담임 성명			

1. 인적사항

<table>
<tr><td>성명</td><td></td><td>성별</td><td>남</td><td>생년월일</td><td colspan="2"></td></tr>
<tr><td rowspan="3">주소</td><td colspan="6"></td></tr>
<tr><td colspan="6"></td></tr>
<tr><td colspan="6"></td></tr>
<tr><td rowspan="3">가족
상황</td><td>관계
구분</td><td colspan="2">부</td><td colspan="2">모</td><td>특기사항</td></tr>
<tr><td>성명</td><td colspan="2"></td><td colspan="2"></td><td rowspan="2"></td></tr>
<tr><td>생년월일</td><td colspan="2"></td><td colspan="2"></td></tr>
</table>

2. 학적사항

<table>
<tr><td colspan="2">년 월 일 유치원 만 세 입학</td><td>특기사항</td></tr>
<tr><td colspan="2"></td><td></td></tr>
<tr><td colspan="2"></td><td></td></tr>
<tr><td colspan="2"></td><td></td></tr>
<tr><td>졸업후의 상황</td><td>초등학교 진학, 기타 :</td><td></td></tr>
</table>

3. 출결상황

구분 연령	수업일수	출석일수	결석일수	특기사항
만3세				
만4세				
만5세				

4. 신체발달상황

구분 연령	1학기			2학기			특기사항
	검사일	키	몸무게	검사일	키	몸무게	
만3세	20 . . .	cm	kg	20 . . .	cm	kg	
만4세	20 . . .	cm	kg	20 . . .	cm	kg	
만5세	20 . . .	cm	kg	20 . . .	cm	kg	

5. 유아발달상황 (성명 :   )

연령	영역별	발달상황
만3세	신체운동 · 건강	
	의사소통	
	사회관계	
	예술경험	
	자연탐구	
	종합발달상황	
만4세	신체운동 · 건강	
	의사소통	
	사회관계	
	예술경험	
	자연탐구	
	종합발달상황	
만5세	신체운동 · 건강	
	의사소통	
	사회관계	
	예술경험	
	자연탐구	
	종합발달상황	

원아 개인 조사서

유아가 지금까지 자라온 성장과정과 가정환경을 아는 것은 아이의 특별한 요구에 알맞은 개별 지도를 하는데 중요한 자료가 됩니다. 내용을 자세히 읽어보시고 자세히 기록하여 주시기 바랍니다.

＿＿＿＿＿＿＿＿반 이름 : ＿＿＿＿＿＿＿＿

1. 가족사항

※ 비고란에 유아와 생활을 제일 많이 하는 사람의 순서를 적어주세요.

관 계	이 름	생년월일	직 업	비 고

2. 건강사항(자주 일어나는 증상에 ○표 하세요.)

부위	증상 및 증후	예	아니오	부위	증상 및 증후	예	아니오
눈	시력이 약하다.			귀	청각이 약하다.		
	눈물이 나거나 충혈이 된다.				귀에서 물이 흘러나온다.		
코	코피가 자주 난다.			피부	피부에 종기가 난다.		
	자주 코를 풀거나 비빈다.				자주 몸을 긁는다.		
입	기침을 한다.			배	복통이 있다.		
	구토를 한다.				설사를 한다.		
	입안이 헌다.				자주 소변을 본다.		

※ 성장과정에서 앓은 질병이나 약품 · 식품 · 계절에 대한 알레르기가 있다면 자세히 기록해 주세요.

질병관련	
알러지	

3. 일상생활

식사 습관	좋아하는 음식( ) 싫어하는 음식( )
	식사를 혼자 할 수 있다, 가끔 도와준다, 반드시 도와주어야 한다.
	식사할 때 돌아다닌다, 식사할 때 제자리에 앉아 있다.
수면 습관	혼자 잔다, 엄마와 함께 잔다, 그 외 식구( )와 함께 잔다.
	아무 데서나 잠을 잘 자는 편이다, 잠꼬대를 자주 한다, 중간에 잘 깬다, 오줌을 싼다.
	잠자리에 드는 시간 (시 정도) 평균 수면시간 (시간 정도)
	낮잠을 잔다(시 ~ 시, 시간 동안), 안 잔다.
	그 외의 습관( )
복장	옷은 혼자 입을 수 있다, 없다.
	특별히 고집하는 옷이 없다, 마음에 드는 옷만 입으려 한다.
	기타( )
친구	친구와 함께 놀기를 좋아한다, 친구와 있어도 혼자 노는 편이다.
	친한 친구 이름 ( )
	친구와 자주 놀 기회가 있다(일주일에 회 정도), 친구와 놀 기회가 거의 없다.
정서	겁이 많다, 보통이다, 겁이 없다.
	두려워하거나 무서워하는 것( )
	화가 나면 (운다, 말을 안 한다, 물건을 던진다, 물어 버린다, 소리를 지른다)
	낯선 사람에 대한 태도 (두려워한다, 부끄러워한다, 잘 어울린다, 별 관심 없다)
	그 외의 정서적 특징( )
기타	용변 후 뒤처리를 할 수 있다, 없다
	놀이하고 난 뒤 정리정돈을 잘 한다, 못한다, 안 한다.
	다른 사람의 말을 잘 알아들을 수 있다, 없다.
	발음이 정확하다, 정확하지 못하다.
	말이 많은 편이다, 보통이다, 적은 편이다.
	가위질을 할 수 있다, 할 수 없다.
	수에 대한 개념이 있다(셋까지, 다섯까지, 열까지, 스물 이상).
	만들기를 좋아한다, 좋아하지 않는다.
	그림 그리기를 좋아한다, 좋아하지 않는다.
	음악 듣기를 좋아한다, 좋아하지 않는다.
	그림책을 보기 좋아한다, 좋아하지 않는다.
	텔레비전이나 비디오를 많이 본다, 잘 안본다, 거의 혼자 본다.
	스마트폰을 사용한다(평균 하루 분), 사용하지 않는다.
	가장 좋아하는 놀이( )

투약의뢰서

금일 자녀의 투약을 선생님께 의뢰합니다.
※투약에 관한 책임은 의뢰자가 집니다.

항목	내용
반 명	
유 아 명	
증 상	
약의 종류 및 용 량	
투 약 시 간	
보 관 방 법	실온보관 냉장보관

특별히 부탁하는 사항 :

20 년 월 일

의뢰자 (인)

유치원장 귀하

투약자 확인 :

서식 16 투약일지

투약일지

담당	원감	원장

____________________반

투 약 사 항							
날짜	유아명	증 상	투약시간	투약명	용량	투약자	비고

※ 기타 (특이사항)

등원 중지 안내서

반 이름: ______________

안녕하세요? 가정에 건강과 행복이 함께 하길 기원합니다.
위 유아는 감염병(예시: 수두)에 감염되었거나 의심되어 다른 유아의 감염을 예방하기 위하여 등원 중지를 권고하오니, 뒷면 진료확인서에서 의사가 적시한 기간 동안 등원 중지시키고 아래의 가정에서 지켜야 할 사항을 준수하여 주시기 바랍니다.

등원 중지 기간 동안 가정에서 지켜야 할 사항

1. 완치될 때까지 가정 또는 병의원에서 격리치료를 받습니다.
2. 가족 간에도 감염 우려가 있으므로 가정 내에서도 위생관리를 철저히 합니다.
3. 완쾌 후 등원할 때는 선생님께 진료확인서, 의사소견서, 진단서, 처방전 중 1부를 제출하여 주시기 바랍니다.

※ 등원 중지 기간까지 완치되지 않은 경우 전염력이 없다는 의사의 진단일까지 기간을 연장합니다.

※ 등원 중지 기간은 결석으로 처리되지 않습니다.

〈관계법령〉
◈「학교보건법」 제8조, 동법 시행령 제22조
◈「감염병의 예방 및 관리에 관한 법률」 제2조

20 . . .

○○ 유치원장 귀하

유치원 안전사고 보고서

결재	담당	원감	원장

○○유치원 ○○반 작성자: ________

성 명		성별		생년월일	
사고일시					
사고발생장소					
목 격 자					
부모에게 연락한 사람		연락한 시간			
연락한 곳	☎				
119신고여부	□ 안함 □ 신고함 (신고시간: 시 분 오전/오후)				

1. 사고가 일어난 상황(육하원칙에 의거 구체적으로 기술)

2. 사고 원인(육하원칙에 의거 구체적으로 기술)

3. 다친 부위 정도

4. 사고 후의 조치

5. 재발방지를 위한 추후 계획

교육실습 원장 동의서

1. 본 유치원은 아래와 같이 귀 대학(교) 교육실습생의 교육실습지도를 위한 협력유치원 선정에 동의합니다.

소속 교육지원청	유치원명	원장명	학급수	소재지	전화번호
○○교육지원청					

2. 교육실습 기간 : . . . ~ . . . (주)

3. 교육실습 인원

교육실습 의뢰 대학(교) 명	학과명	교육실습생 인원수	지도교사 인원수	지도교사 소지자격
		( )명	( )명	유1정 : 명
		( )명		

※ 유치원명, 대학(교)명, 학과명은 정식 명칭으로 기재

년 월 일

○○ 유치원장 (직인)

공개수업(연구) 참관록

○○유치원

일시	20 . . . ( )요일	대상	세 반	지도 교사	
교육 실습생		참관자	직/성명 :		
주제		활동명			

항목	평가내용	5	4	3	2	1
준비	1. 교수 · 학습 지도 계획이 잘 수립되었는가?					
	2. 학습활동 자료 준비가 적절한가?					
	3. 학습활동 분위기 조성은 적절히 이루어졌는가?					
활동	1. 학습활동 동기유발이 적절한가?					
	2. 학습활동 계획안에 따라 수업이 진행되고 있는가?					
	3. 교사의 발음이 정확하고 음성의 크기가 적절한가?					
	4. 교사의 발문 내용이 확산적이며, 구체적인가?					
	5. 유아의 개인차를 고려하여 지도하고 있는가?					
	6. 유아의 다양성을 인정하며 융통성 있게 수업을 진행하였는가?					
	7. 유아들이 적극적으로 학습활동에 참여하였는가?					
	8. 유아들에게 칭찬과 격려를 자주 하였는가?					
정리	1. 활동목표 도달 여부 파악을 위한 평가가 적절한가?					
참관 소감 및 협의						

서식 21 실습생 출근부

실습생 출근부

실습기관명		소속학교	○○대학교 유아교육과
학　　번		실습생 성명	

실습 주	월요일	화요일	수요일	목요일	금요일	토요일
1주차	월　일	월　일	월　일	월　일	월　일	월　일
	시　분부터 시　분까지	시　분부터 시　분까지	시　분부터 시　분까지	시　분부터 시　분까지	시　분부터 시　분까지	시　분부터 시　분까지
	㊞	㊞	㊞	㊞	㊞	㊞
2주차	월　일	월　일	월　일	월　일	월　일	월　일
	시　분부터 시　분까지	시　분부터 시　분까지	시　분부터 시　분까지	시　분부터 시　분까지	시　분부터 시　분까지	시　분부터 시　분까지
	㊞	㊞	㊞	㊞	㊞	㊞
3주차	월　일	월　일	월　일	월　일	월　일	월　일
	시　분부터 시　분까지	시　분부터 시　분까지	시　분부터 시　분까지	시　분부터 시　분까지	시　분부터 시　분까지	시　분부터 시　분까지
	㊞	㊞	㊞	㊞	㊞	㊞
4주차	월　일	월　일	월　일	월　일	월　일	월　일
	시　분부터 시　분까지	시　분부터 시　분까지	시　분부터 시　분까지	시　분부터 시　분까지	시　분부터 시　분까지	시　분부터 시　분까지
	㊞	㊞	㊞	㊞	㊞	㊞

총 일수		결근		지각		조퇴	

실습 평가표

실습기관명		평 가 자		직 책	
소속 학교	○○대학교 유아교육과	실습자 성명		학 번	

* 항목별로 내용을 읽으시고, 다음의 기준에 따라 평점란에 점수를 기록하여 주십시오.

평가영역	평가내용	배점	배점비율	평점
근무태도	출근( )일, 지각( )회 결근( )일, 외출, 조퇴( )회	(5) (5)	10%	
일반자질	1. 직무에 대한 책임과 열의 2. 용모, 언행 및 교양 3. 교육에 대한 신념	(5) (5) (5)	15%	
학습지도능력	1. 학술지도 준비 및 계획 2. 학습지도 기술면 3. 학습평가면	(20) (20) (10)	50%	
연구조사활동	1. 연구능력 2. 연구적 태도 3. 교육이론의 적용	(5) (5) (5)	15%	
학급경영 및 사무처리능력	1. 학급환경의 구성과 학급 경영 계획 2. 영유아의 관리 및 지도력 3. 학교 및 학급사무처리	(4) (3) (3)	10%	
총 계		100	100%	

실습결과보고서(대학교 송부용)

1. 실습 사항

실습유치원명			
실 습 기 간	20 년 월 일(○○) ~ 20 년 월 일(○○)		
실습자 성명		학번	

2. 지도 교사

직 명	성 명	담 당 내 용	비 고

3. 실습내용

제 1 주	제 2 주	제 3 주	제 4 주

4. 실습상황

근 무 태 도 (10점)	일 반 자 질 (15점)	학습지도 능 력 (50점)	연구조사 활 동 (15점)	학급경영 및 사무처리능력 (10점)	총 평 (100점)	비고

위 사실을 증명함.

20 년 월 일

( ) 원장 직인

서식 24 신입생 학부모 오리엔테이션 기안문 예시

○○ 유치원

수신 내부결재

(경유)

제목 2018학년 제 19회 OO유치원 신입생 학부모 오리엔테이션 계획

---

1. 관련 : 2018학년도 OO유치원 교육과정운영계획

2. 2018학년도 유치원 신입생 학부모 오리엔테이션을 아래와 같이 실시하고자 합니다.

   가. 일 시 : 2018.2.24.(토) 10:00~12:00

   나. 장 소 : 유치원 강당

   다. 대 상 : 2018학년도 신입원아 학부모

붙임 1. 신입생 학부모 오리엔테이션 행사 계획 1부.

2. 신입생 학부모 오리엔테이션 허가서 1부. 끝.

○○유치원 입학을 축하합니다

1. 입학일 안내

입학일은 3월 2일(금)입니다. 만 4, 5세는 3월 2일(금)부터 정상수업입니다.
※ 입학일에는 따로 입학식은 없으며 각 교실에서 하루 일과를 지내게 됩니다.

정상 수업 안내			
만 4, 5세	2일(금)	오전 9시 ~ 오후 2시	각 학급별 활동 점심식사 시작 버스 운행 시작

※ 반 배정과 차량 탑승하는 시간은 2월 28일(수)에 문자로 안내해드리겠습니다.

2. 학부모 모임 안내

만 4, 5세 학부모 모임은 3월 2일(금) 오전 11시입니다. 만 4,5세 학부모 모임 시 안내 사항은 다음과 같습니다. 만 4,5세 학부모 모임에 많은 참여 부탁드립니다.

만 4, 5세 학부모 모임 안내		
2일(금) 오전 11시	* 담임 교사 소개 * 오후 특성화 안내	* 연간 유치원 행사 안내 * 학부모 대표 선출

3. 준비물 관련 안내

□ 1) **실내화**: 실내화는 신고 벗기 편하며, 유아의 발에 잘 맞는 것으로 준비하여 주시고, 보내실 때 유아의 이름을 지워지지 않는 유성펜으로 기입하여 보내주시기 바랍니다.

□ 2) **하늘놀이터 신발**: 4층 하늘놀이터 이용 시 사용할 수 있는 신발로, 신고 벗기 편하며 신발장 높이가 12cm인 것을 감안하시어 납작한 것으로 준비해 주시고, 유아 이름을 기입하여 보내주시기 바랍니다.

□ 3) **여벌옷**: 여벌옷은 속옷, 양말, 상 · 하의 옷을 준비해 주시고, 지워지지 않도록 유성펜이나 실로 이름을 적어 보내주시기 바랍니다. 유아가 옷을 갈아입게 된 경우 개인 위생상 세탁물을 가정으로 보내드리게 됩니다. 유아가 옷을 갈아입고 귀가한 경우 여벌의 옷을 바로 보충해 주시고, 다른 친구의 옷을 입은 경우는 교사가 빌려 입은 옷과 친구의 이름을 적어 보내드리오니 바로 세탁하여 보내주시기 바랍니다.

□ 4) **칫솔, 치약**: 급식이 시작되는 날부터 유아들에게 청결지도와 건강한 구강관리를 위해 식사 후, 이 닦기 지도를 실시합니다. 개인용 칫솔과 치약을 준비해 주시고 유아의 이름을 표시하여 보내주시기 바랍니다. (각 교실에 자외선 살균소독기가 비치되어 있으므로 덮개가 있는 칫솔은 위생상 지양해 주십시오.) 칫솔, 치약은 교체 시기가 되면 교사가 가정으로 알려드리니 그때마다 칫솔, 치약을 새 것으로 보내주시기 바랍니다.

4. 누리과정 유아학비 지원 신청 안내

누리과정 유아학비는 지역주민센터를 방문하여서 신청서를 작성해 주셔야 합니다. 또한 유아행복카드 또는 아이사랑카드(어린이집에서 사용하는 카드)가 있으셔야 '유아학비지원시스템'에 유치원에서 등록을 할 수 있습니다.

1) 지원절차

신청 방법 : 2월 16일(금)부터 주소지 읍 · 면 · 동 주민센터를 방문하여 신청
인터넷을 이용한 온라인 신청 가능 (복지로–www.bokjiro.go.kr)
지원 방법 : 유치원에서 전자카드(아이행복카드 또는 아이사랑카드) 통한 대상자 인증 및 금액 확인 · 신청
정산 방법 : 교육지원청은 지원 금액을 유치원에 입금하고, 매 분기 종료 후 정산

2) 아이행복카드(또는 아이사랑카드)

아이행복카드는 지금 사용하고 계신 카드 회사에 문의하여 교체 발급 받으시기 바랍니다.

서식 26 입학원서

학년도 입학원서

유아	성명	국문) 한문)	성별	남 여	사진 (3㎝×4㎝)
		영문)			
	주민등록번호				
	입학 전 경험 (기관명/기간)				

보호자	성명		유아와의 관계	
	현주소			
	직업 및 근무처	(부)	e-mail	(부) @
		(모)		(모) @
	전화	자택	휴대폰	(부)
				(모)

가족사항	성명	유아와의 관계	연령	성별	학력(전공)	직업

위의 유아가 귀 유치원에 입학하고자 소정의 서류를 갖추어 지원합니다.

20 년 월 일 보호자 (인/서명)

○○유치원장 귀하

비상연락망 및 응급처치 동의서

반명		원아명	(남, 여)	주민 등록번호	-

1. 사고 발생 시 응급처치는 부모의 동의하에 이루어집니다.
2. 다음의 절차에 따라 응급처치를 하는 경우 그 권한을 귀 원에 위임한 것을 동의합니다.

2018. . .

부모 : ____________________ (서명 또는 인)

〈응급처치 절차〉

1. 사고 발생 시 가장 먼저 부모님께 연락합니다.

어머니와는 ☏ ______________________________로 연락합니다.

아버지와는 ☏ ______________________________로 연락합니다.

2. 부모님과 신속하게 연락이 되지 않을 경우의 연락처

(아동과의 관계) (긴급 연락처)

① ______________에게 ☏ ______________________________로 연락합니다.

② ______________에게 ☏ ______________________________로 연락합니다.

3. 필요한 경우 119 구조대에 연락할 것이며 (원에서 지정하는 의료기관이나, 부모님이 정하신 의료기관) 으로 응급수송할 것입니다. (택 1)

( ) 본 원이 정한 의료기관 : 00소아과 또는 강남성모병원

( ) 부모님이 정하시는 의료기관 : ____________ ☏ ____________

○○유치원

서식 28 현장학습 참여 동의서

현장학습 참여 동의서

유아들이 유치원 생활에 적응한 후 이루어지는 소풍 및 다양한 현장학습은 ○○ 유치원 외부에서 이루어지는 활동이므로 부모님의 동의를 받아야 합니다.

본 기관에서는 생활주제에 따라 월 1~3회의 현장학습을 실시하고 있어 매 회 동의서를 받기에 어려운 점이 많습니다. 추후 가정통신을 통한 현장학습 안내를 참고하여 자녀를 등원시킨 경우에는 부모님께서 현장학습 참여에 동의하시는 것으로 간주합니다.

✂ -- 절 취 선 --

현장학습 참여 동의서

본인은 자녀의 현장학습 참여에 대한 위 내용에 동의합니다.

2018.　　.　　.

________반　　　원아명 : ____________________

보호자명 : ____________________ (서명)

○○ 유 치 원

서식 29 귀가지도 확인서

귀가지도 확인서

유아가 버스에서 내려 혼자 집으로 갈 수 있다.	
버스에서 내린 후 교사가 길을 건네주면 유아가 혼자 집으로 갈 수 있다.	
유아 혼자 집으로 가기 어려우므로 꼭 보호자가 마중을 나온다. (보호자가 없을 경우 유치원으로 데려 옵니다.)	
유치원 정문 앞에서부터 유아 혼자 집으로 걸어갈 수 있다.	

※ 해당사항에 표시해 주십시오.

본인은 자녀의 안전한 귀가지도 및 버스 이용을 위하여 위 해당사항을 확인하며 적극 협조하겠습니다.

2018.　　.　　.

보호자 ________________ (서명)

차량 탑승 여부 확인서

※ 원아들의 안전을 위해 최선을 다하겠습니다.

〈버스노선〉

등원: 청구아파트 정문(30분) → 한신로얄 아파트(35분) → 매일 상가 앞(39분) → 한신아파트(41분) → 동아 아파트(45분) → 한신2차 정문(48분) → 아크로리버파크 주차장(51분) → 서래파출소(55분) → 래미안퍼스티지(58분) → 자이유치원(9시)

하원: 자이유치원(30분) → 래미안퍼스티지(32분) → 서래파출소(35분) → 아크로리버파크 주차장(39분) → 한신2차 정문 (42분) → 동아 아파트(45분) → 한신 아파트(48분) → 매일 상가 앞(50분) → 한신로얄 아파트(55분) → 청구아파트 정문(00분)

〈운영시간〉

① 등원 9시 도착 ② 하원 14시 30분 출발 ③ 하원 16시 30분 출발

※ 운영시간별 버스 노선은 동일합니다.

✂ ------------------------------ 절 취 선 ------------------------------

○○유치원 차량운영

탑승합니다	탑승하지 않습니다

※ 해당 사항에 O표시 부탁드립니다.

2018. . .

__________반 __________부모님 (서명)

동 의 서

2018. . .

본인은 ○○유치원 학부모로서 다음 사항에 대하여 동의합니다.

1. 2018학년도 ○○유치원 교육과정 및 운영 전반에 대해 동의합니다.

2. 등 · 하원에 관한 책임을 준수할 것을 동의합니다.

3. 2018학년도 입학금 및 수업료 일체를 납부할 것을 동의합니다.

반 명	
원 아 명	
보호자명	(인)

○○유치원

개인정보 수집 · 이용, 제3자 제공 동의서

☐ 개인정보 수집 · 이용 동의

1. 수집이용목적 : 유치원 교육활동
2. 수집항목 : 유아성명, 유아주민등록번호, 유아주소, 학부모 성명, 학부모 주민등록번호, 학부모 주소, 학부모 전화번호, 학부모 핸드폰번호, 학부모 e-mail주소, 사진 및 동영상
3. 이용 및 보유기간 : 2018. 3. 2 - 2019. 2.28
4. 동의를 거부할 수 있으며, 동의 거부 시 유치원 교육활동 내용에 본 유아의 정보는 포함되지 않습니다.

개인정보 수집 동의	☐ 예 ☐ 아니요
고유식별번호(주민등록번호) 수집 동의	☐ 예 ☐ 아니요

*해당칸에 V자로 체크하시기 바랍니다.

☐ 개인정보 제3자 제공 동의

1. 연 락 처 : 02)000-0000
2. 제공받는 자의 이용 목적
   - 유치원 교육활동, 건강 · 안전, 교육관련 기관 등에 제공
3. 제공하는 항목 : 유아성명, 유아주민등록번호, 유아주소, 학부모 성명, 학부모 주소, 학부모 주민등록번호, 학부모 전화번호, 학부모 핸드폰번호, 학부모 e-mail주소, 사진 및 동영상
4. 제공받는 자의 보유 이용기간 : 2018. 3. 2 - 2019. 2.28
5. 동의를 거부할 수 있으며, 동의 거부 시 일부 교육관련 활동에 참여가 불가할 수 있습니다.

개인정보 제3자 제공 동의	☐ 예 ☐ 아니요
고유식별번호(주민등록번호) 제3자 제공 동의	☐ 예 ☐ 아니요

*해당칸에 V자로 체크하시기 바랍니다.

2018. . .

( )반 원아명 : ( )

※ 만 14세 미만 아동인 경우 반드시 법적대리인의 동의가 필요합니다.

보호자(법정대리인)성명 : (인)

연 락 처 :

관 계 :

※ 수집한 개인정보는 정보주체의 동의 없이 수집한 목적 외로 사용하거나 제3자에게 제공되지 않습니다.

○○유치원

개인정보활용 동의 및 개인정보보호방침(제3자 제공) 동의서

유아학비지원시스템이 취급하는 모든 개인정보는 관련법령에 근거하거나 정보주체의 동의에 의하여 수집 · 보유 및 처리되고 있습니다. 개인정보보호법 및 유아교육법 법령의 규정에 따라 수집 · 보유 및 처리하는 개인정보는 공공업무의 적절한 수행과 국민의 권익을 보호하기 위해 적법하고 적정하게 취급할 것을 알려드립니다.

유아학비지원시스템에서 다루는 유아의 개인정보를 활용할 경우, 학부모(법정대리인)의 개인정보수집에 대한 동의가 선행되어야 합니다. 개인정보보호법에 관한 자세한 내용은 유아학비지원시스템 내 홈페이지 하단의 [개인정보 처리방침]을 참고해 주시길 바랍니다. 아래 유아학비지원시스템에서 유아학비를 지원하기 위하여 필요한 개인정보 수집항목 및 목적, 보유기간을 보시고 개인정보수집에 동의여부를 체크해주시기 바랍니다. 감사합니다.

✂ -- 절 취 선 --

● 개인정보수집 및 이용에 대한 동의

수집이용의 목적	유아학비 지원을 위한 유아학비지원시스템 등록 및 중복수급 방지를 위한 보건복지부 자료 연계
수집 · 이용하는 개인정보 항목	유아성명, 유아주민등록번호, 유아주소, 학부모 성명, 학부모 주민등록번호, 학부모주소, 학부모 전화번호, 학부모 핸드폰번호, 학부모 e-mail주소
제 3자 제공	교육부 및 시도 교육(지원)청, 한국교육학술정보원, 보건복지부(사회복지통합망)
활용 및 보존기간	유아 최종 퇴원 후 5년
동의거부권	동의를 거부할 수 있으며 동의 거부시 유아학비지원시스템에 등록할 수 없어 유아학비 지원이 불가합니다.

개인정보 수집동의 : □ 예 □ 아니요
개인정보 제 3자 제공동의 : □ 예 □ 아니요
고유식별번호 수집동의 : □ 예 □ 아니요

2018. . .

유아 성명 :
학부모(법정대리인) 성명 : (인)
연 락 처 :
관 계 :

※ 수집된 모든 개인 정보는 정보보유목적과 보유기간이 지나면 파기됨을 알려드립니다.

○○유치원

동 의 서

○○유치원 홈페이지와 스마트 알림장에서는 본 유치원의 소개 및 교육활동 안내, 공지사항, 재원생에게만 공개되는 반별 활동 사진들을 안내하고 있습니다.

1. **회원 가입**

	유치원 홈페이지 (http://0000.com/00000)	스마트 알림장 (kids Note)
가입 방법	• 유아 실명을 사용하여 가입 • 회원 승인이 되면 각 반의 게시판을 열람 가능	• 원에서 초대 SMS를 발송 • SMS 링크를 통해 키즈노트 앱 설치 • ID/PW 생성 • 초대장을 수락 후 원에 소속
활용 안내	• 매주 금요일마다 유아들의 활동사진 게시 • 유아 활동 사진 다운로드 및 출력 가능	• 투약의뢰서, 유아활동사진, 관찰기록 유아발달평가, 안내문을 편리하게 이용 가능

2. **홈페이지 및 스마트 알림장 사진 공유 동의**
   홈페이지와 스마트 알림장 활동 사진은 개별 유아의 활동 모습보다는 본 유치원에서 이루어지는 다양한 교육활동을 이해하는 데 도움을 주고자하는 데 목적을 두고 있습니다. 이에, 본 유치원은 유치원 교육과정의 이해를 도울 수 있는 교육활동 사진을 활용하는 데 부모님들의 이해와 동의를 구하고자 합니다.

3. **초상권 사용 동의**
   유치원 교육 프로그램 중 유아들의 교육활동 사진을 책 발간(예; 졸업문집, 추억 일보 등), 우수 사례 발표 자료 등으로 사용할 수 있으므로 사진 촬영 및 사용에 대해 학부모님의 이해와 동의를 구하고자 합니다.

2018.　　.　　.

본인은 자녀의 초상권 사용에 동의합니다.

__________반　원 아 명 : __________

보호자명 : __________ (서명 또는 인)

○○유 치 원

서식 34 학부모 면담 가정통신문 – 면담 가능한 날짜 조사

〈 개인면담 안내 〉

3월 26일(월)부터 3월 30일(금)까지 5일간 학기 초 학부모 면담이 진행될 예정입니다.

이번 학부모 면담은 부모님이 어린이에 대한 정보를 담임교사에게 전달하는 시간으로 담임교사에게 전달할 내용을 미리 준비해 오시면 더 효율적으로 면담이 진행될 수 있습니다.

학부모님께서는 면담이 가능하신 날짜와 시간에 모두 표시를 하여 **3월 19일(월)**까지 학부모 개인면담 신청서를 보내주시기 바랍니다. 확정된 상담 일자는 **3월 23일(금)**에 안내해 드리도록 하겠습니다.

학급명 : 이름 :

시간	26일(월)	27일(화)	28일(수)	29일(목)	30일(금)
16:15~16:30					
16:30~16:45					
16:45~17:00					
17:00~17:15					
17:15~17:30					

서식 35 학부모 면담 가정통신문 – 면담 확정 날짜와 시간 안내

개인면담 안내

우정반

사랑반

월	일시	내용
3	26일(월)~30일(금)	개인면담

3월 26일(월)부터 3월 30일(금)까지 5일간 학기 초 학부모 면담이 진행될 예정입니다. OO의 면담일시는 아래와 같습니다. 1인당 면담 소요시간은 15분이며 정해진 면담시간 5분 전까지 각 반 앞에 마련된 대기 장소로 와 주시기 바랍니다. 학기 초의 면담은 아이가 앞으로 유치원에서 잘 생활할 수 있도록 부모님이 교사에게 어린이에 대한 정보를 주시는 시간입니다. 1인당 15분이므로 하실 말씀을 정리해서 오시면 도움이 됩니다. 감사합니다.

__________ 학부모님의 학기 초 개인면담 시간은 _____ 월 _____ 일( )______ 입니다.

서식 36 학부모 상담 기초자료

학부모 상담 기초자료

학급명 : 이름 :

가정에서의 양육 상황	
원에서의 생활 중 가장 궁금한 부분	
면담 시 다루었으면 하는 내용	
교사나 기관에 바라는 점	

학기 말 면담 자료

유아성명 : 생년월일 :

영역	하위영역	담임 소견	가정과의 연계
신체운동건강	기본운동능력		
	건강		
	안전생활		
사회관계	기본생활습관		
	개인생활		
	집단생활		
	문제해결능력		
예술경험	탐색		
	노래		
	조형활동		
	동작표현		
	감상능력		
의사소통	듣기		
	말하기		
	읽기		
	쓰기		
자연탐구	과학적 탐구		
	수학적 탐구		
	창의적 탐구		
종합 의견			
담임교사에게 바라는 점			

가정과의 연계

우정반

사랑반

월	일 · 요일	내 용
5	22일(화)	부처님오신날(휴업)
	24일(목), 29일(화)	유아축구교실

1. 주제 진행: '안전한 식품은 무엇일까?' 함께 알아보고 있어요

– 중 략 –

6. 엄마참여수업 안내

6월 2일(토)에 학부모 참여수업이 진행될 예정입니다. 어린이들이 어머니와 함께 유치원 활동에 참관 및 참여하는 행사로써 학부모님께는 유치원에서 이루어지는 교육에 대한 이해와 자녀의 기관 생활 모습을 관찰하고 참여할 수 있는 시간이 될 것이며, 어린이들에게는 엄마와 함께한 시간이 즐겁고 소중한 경험이 되기를 바랍니다.

- 일 시 : 6월 2일(토)
- 장 소 : 유치원 원내

※ 만 3세 어린이들은 오전에 모두 참여하며
만 4, 5세 어린이들은 각 반을 A팀(오전), B팀(오후)으로 나누어서 진행합니다.

아래의 참여수업 참석 여부를 작성해 주신 후, 5월 21일(월)까지 유치원으로 보내주시기 바랍니다.

✂ ------------------------ 절 취 선 ------------------------

1학기 어머니 참여수업 참석여부

유아이름 : ______________

참석합니다.	참석하지 못합니다.

서식 39 졸업식 및 수료식 계획 기안문 예시

○○유치원

수신　　내부결재

(경유)

제목　　2017학년 제 8회 졸업식 및 수료식 계획

---

1. 관련 : 2017학년도 OO유치원 교육과정운영계획

2. 2017학년 제 8회 졸업식 및 수료식을 아래와 같이 실시하고자 합니다.

   1) 졸업식

      가. 일 시 : 2017.2.20 (수) 10:00~11:00

      나. 장 소 : 유치원 강당

      다. 대 상 : 2017학년도 졸업생 및 학부모

   2) 수료식

      가. 일 시 : 2017. 2. 21. (목) 10:30~11:30

      나. 장 소 : 유치원 강당

      다. 대 상 : 2017학년도 수료 원아

붙임 1. 졸업식 및 수료식 계획 1부.

　　 2. 졸업식 및 수료식 허가서 1부. 끝.

부록 1 유치원 공시항목

공시정보 항목	공시정보 범위	공시횟수
1. 유치원 규칙 · 시설 등 기본현황	가. 일반 현황	
	1) 기관 기본 현황	연 1회
	2) 유치원 규칙	연 1회
	3) 원장명, 설립 · 경영자명	연 1회
	나. 교지(校地) · 교사(校舍) 등 시설 현황	연 1회
2. 유아 및 유치원 교원 등에 관한 사항	가. 연령별 학급 수 · 원아 수	연 2회
	나. 교직원 현황	
	1) 직위 · 자격별 교원 현황	연 2회
	2) 교사의 현 기관 근속연수	연 2회
3. 유치원 교육과정 및 방과후 과정 편성 · 운영에 관한 사항	가. 교육과정 편성 · 운영에 관한 사항	연 1회
	나. 방과후 과정 편성 · 운영에 관한 사항	연 1회
	다. 수업일수 현황	연 1회
4. 유치원 원비 및 예 · 결산 등 회계에 관한 사항	가. 유치원 원비 현황	
	1) 교육과정비, 방과후 과정 운영비	연 2회
	2) 특성화 활동비	연 2회
	나. 유치원 회계 예 · 결산서	각 연 1회
5. 유치원의 급식 · 보건관리 · 환경위생 및 안전관리에 관한 사항	가. 급식 관리 현황	
	1) 급식 실시 및 급식 사고 발생 · 처리 현황	연 2회
	2) 식단표	수시
	나. 환경위생 관리 현황	연 2회
	다. 안전점검 및 안전교육 현황	연 2회
	라. 공제회 및 보험가입 현황	연 2회
6. 유아교육법 제30조부터 제32조까지 시정명령 등에 관한 사항	위반내용 및 조치 결과	수시
7. 그 밖에 교육 여건 및 유치원 운영 상태 등에 관한 사항	가. 통학차량 운영 현황	연 2회
	나. 유치원 평가에 관한 사항	연 1회

출처: 유치원 알리미(http://e-childschoolinfo.moe.go.kr/introInfo/informList.do)

유치원생활기록부 작성 및 관리지침

[시행 2017.12.12.] [고시 제2017-140호, 2017.12.12., 일부개정]

제1조(목적) 이 지침은 「유아교육법」 제14조에 따라 유치원생활기록부를 작성 및 관리하기 위한 기준을 정함을 목적으로 한다.

제2조(삭제)

제3조(입력 · 서식 등) ① 유치원생활기록부는 「공공기록물관리에 관한 법률 시행령」 제2조 제7호에 따른 전자기록생산시스템을 통해 전자적으로 생산 · 관리하여야 한다. 다만, 전자기록생산시스템을 통한 생산 · 관리가 불가능한 경우에는 유치원생활기록부를 비전자 기록물로 생산 · 관리할 수 있다.

② 유치원생활기록부의 서식은 별지 제1호와 같다.

③ 유치원생활기록부는 한글로 입력하고, 입력란이 부족할 때에는 유치원의 필요에 따라 추가할 수 있다.

④ 유치원생활기록부 작성에 필요한 보조기록부는 각 유치원의 실정에 맞게 작성 · 사용함을 원칙으로 하되, 필요할 경우 시 · 도 교육청별로 일정한 서식을 작성 · 사용하게 할 수 있다.

제4조(정정) ① 매 학년이 종료된 이후에는 당해 학년도 이전의 유치원생활기록부 입력자료에 대한 정정은 원칙적으로 금지한다.

② 제1항의 규정에도 불구하고, 정정이 불가피한 경우에는 반드시 정정내용에 관한 증빙자료를 첨부하여 유치원생활기록부 정정대장의 결재 절차에 따라 정정 처리해야 한다.

③ 제2항에 따른 증빙자료는 전자기록생산시스템에 등록하여 관리하여야 하고, 유치원 생활기록부 정정대장에 증빙자료의 문서번호를 등록하여 함께 보관하여야 한다.

④ 유치원생활기록부 정정대장의 서식은 별지 제2호와 같다.

제5조(보관 · 활용) ① 유치원생활기록부는 준영구 보존해야 한다.

② 유치원장은 유아의 보호자 또는 유아가 입학한 초등학교장 및 특수학교장이 유아의 생활지도에 필요하여 요청하면 보호자가 동의할 경우 유치원생활기록부를 출력하여 송부하여야 한다.

③ 유아가 전학할 경우 유치원장은 보호자의 요청에 따라 유치원생활기록부 출력물과 전산자료를 전학하는 유치원에 송부하고, 퇴학할 경우에는 유치원생활기록부를 퇴학일을 입력하여 전자기록생산시스템에 등록한다.

제6조(인적사항) 유치원생활기록부의 인적사항은 다음 각호와 같이 입력한다.

1. '성명'은 한글로 입력한다. 다만 부득이한 경우 해당국 언어로 입력할 수 있다.
2. '성별'은 남, 여로 입력한다.
3. '생년월일'은 주민등록등본상의 생년월일을 입력한다.
4. '주소'는 입학당시의 주소와 변경된 주소를 차례로 입력하고, 졸업 당시의 주소를 최종적으로 입력한다.
5. '가족상황'란에는 부모(보호자)의 성명, 생년월일을 입력한다.
6. '특기사항'란에는 유아 이해에 도움이 될 수 있는 내용이 있는 경우 보호자의 동의를 받아 입력한다.

제7조(학적사항) ① 입학의 경우 연월일, 원명, 연령을 입력한다.
② 재입학 · 편입학 · 전학 · 휴학 · 퇴학 · 수료 · 졸업의 경우 줄을 추가하고 제1항에 따른 입학의 경우와 동일한 방법으로 입력한다.
③ '특기사항'란에는 특기할 만한 사유를 입력한다.
④ '졸업후의 상황'란에는 진학한 학교 등 유아의 진로상황을 입력한다.

제8조(출결상황) ① 출결상황은 각 항목에 따라 아라비아 숫자로 입력한다.
② '수업일수'는 「유아교육법시행령」 제12조의 규정에 의하여 원장이 정한 총 출석해야 할 일수를 입력한다.
③ '출석일수'는 출석한 일수를 입력한다.
④ '결석일수'는 결석한 일수를 입력한다.
⑤ '특기사항'란에는 일주일 이상 장기 결석한 경우 사유 등을 간략하게 입력한다.

제9조(신체발달상황) 「학교건강검사규칙」 제4조에 따라 신체검사 결과를 다음 각 호와 같이 입력한다.
1. '검사일'은 아라비아 숫자로 입력한다.
2. '특기사항'란에는 유아의 신체가 학습활동에 영향을 미치는 내용이 있는 경우 보호자의 동의를 받아 입력한다.

제10조(유아발달상황) ① 유치원 교육과정에 제시된 신체운동 · 건강, 의사소통, 사회관계, 예술경험, 자연탐구 5개 영역의 발달상황에 대한 관찰 결과를 구체적인 문장으로 입력하며, 문장의 끝맺음은 '~함', '~임' 등으로 통일하여 입력한다.
② 기술내용은 유치원 교육과정에 제시된 세부 내용을 준거로 입력하고, '종합발달상황'란에는 유아의 발달상황에 대한 종합적 평가를 간략하게 입력한다.
③ (삭제)

제11조(기타) ① '수료 · 졸업대장번호'란에는 만3세~만6세아가 수료 · 졸업할 경우 아라비아 숫자로 수료 · 졸업학년도 및 수료 · 졸업대장번호를 입력한다.
② (삭제)
③ '사진'란에는 상반신 칼라 사진을 입력한다.
④ '반'란에는 반명을 입력한다.
⑤ '담임 성명'란에는 담임 성명을 입력한다.

제12조(재검토기한) 교육부장관은 이 고시에 대하여 「훈령 · 예규 등의 발령 및 관리에 관한 규정」에 따라 2018년 1월 1일을 기준으로 매 3년이 되는 시점(매 3년째의 12월 31일까지를 말함)마다 그 타당성을 검토하여 이 고시의 개정 등의 조치를 하여야 한다.

아동복지법 제31조

제31조(아동의 안전에 대한 교육) ① 아동복지시설의 장, 「영유아보육법」에 따른 어린이집의 원장, 「유아교육법」에 따른 유치원의 원장 및 「초 · 중등교육법」에 따른 학교의 장은 교육대상 아동의 연령을 고려하여 대통령령으로 정하는 바에 따라 매년 다음 각 호의 사항에 관한 교육계획을 수립하여 교육을 실시하여야 한다.

1. 성폭력 및 아동학대 예방
2. 실종 · 유괴의 예방과 방지
3. 감염병 및 약물의 오남용 예방 등 보건위생관리
4. 재난대비 안전
5. 교통안전

② 아동복지시설의 장, 「영유아보육법」에 따른 어린이집의 원장은 제1항에 따른 교육계획 및 교육실시 결과를 관할 시장 · 군수 · 구청장에게 매년 1회 보고하여야 한다.

③ 「유아교육법」에 따른 유치원의 원장 및 「초 · 중등교육법」에 따른 학교의 장은 제1항에 따른 교육계획 및 교육실시 결과를 대통령령으로 정하는 바에 따라 관할 교육감에게 매년 1회 보고하여야 한다.

아동복지법 시행령 제28조

제28조(아동의 안전에 대한 교육) ① 아동복지시설의 장, 「영유아보육법」에 따른 어린이집의 원장, 「유아교육법」에 따른 유치원의 원장 및 「초 · 중등교육법」에 따른 학교의 장은 법 제31조제1항에 따라 교육계획을 수립하여 교육을 실시할 때에는 별표 6의 교육기준에 따라야 한다.

② 법 제31조제2항 및 제3항에 따라 아동복지시설의 장 및 「영유아보육법」에 따른 어린이집의 원장은 시장 · 군수 · 구청장에게, 「유아교육법」에 따른 유치원의 원장 및 「초 · 중등교육법」 제2조에 따른 학교의 장은 교육감에게, 각각 교육계획 및 교육실시 결과를 매년 3월 31일까지 보고하여야 한다.

③ 아동복지시설의 장은 그 아동복지시설에 입소한 아동 중 「영유아보육법」에 따른 어린이집, 「유아교육법」에 따른 유치원 또는 「초 · 중등교육법」에 따른 학교에서 실시하는 법 제31조제1항 각 호의 사항에 관한 교육을 받은 아동에 대해서는 법 제31조제1항에 따른 교육을 실시하지 아니할 수 있다.

부록 4 교육기준(아동복지법 시행령 제28조제1항 관련)

구분	실시주기(총시간)	교육내용
성폭력 및 아동학대 예방 교육	6개월에 1회 이상 (연간 8시간 이상)	1. 내 몸의 소중함 2. 내 몸의 정확한 명칭 3. 좋은 느낌과 싫은 느낌 4. 성폭력 예방법과 대처법
실종 · 유괴의 예방 · 방지 교육	3개월에 1회 이상 (연간 10시간 이상)	1. 길을 잃을 수 있는 상황 이해하기 2. 미아 및 유괴 발생 시 대처방법 3. 유괴범에 대한 개념 4. 유인 · 유괴 행동에 대한 이해 및 유괴 예방법
감염병 및 약물의 오용 · 남용 예방 등 보건위생관리 교육	3개월에 1회 이상 (연간 10시간 이상)	1. 감염병 예방을 위한 개인위생 실천 습관 2. 예방접종의 이해 3. 몸에 해로운 약물 위험성 알기 4. 생활 주변의 해로운 약물 · 화학제품 그림으로 구별하기 5. 모르면 먼저 어른에게 물어보기 6. 가정용 화학제품 만지거나 먹지 않기 7. 어린이 약도 함부로 많이 먹지 않기
재난대비 안전 교육	6개월에 1회 이상 (연간 6시간 이상)	1. 화재의 원인과 예방법 2. 뜨거운 물건 이해하기 3. 옷에 불이 붙었을 때 대처법 4. 화재 시 대처법 5. 자연재난의 개념과 안전한 행동 알기
교통안전 교육	2개월에 1회 이상 (연간 10시간 이상)	1. 차도, 보도 및 신호등의 의미 알기 2. 안전한 도로 횡단법 3. 안전한 통학버스 이용법 4. 날씨와 보행안전 5. 어른과 손잡고 걷기

부록 5 유아 재난대비 · 생활안전교육 프로그램 교육내용

<table>
<tr><th colspan="2">주제</th><th>교육내용</th></tr>
<tr><td rowspan="3">재난
대비</td><td>화재대비</td><td>• 불이 나는 원인 알기
• 불이 났을 때의 대피방법, 대처요령 알기
• 옷에 불이 붙었을 때 대처요령 알기
• 화재신고 요령 알기
• 화상 입었을 때의 응급처치방법 알기
• 화재예방 도구와 기계 알기
• 소방서와 소방관의 역할 알기</td></tr>
<tr><td>자연재난대비</td><td>• 자연재난의 종류와 위험성 이해하기
– 지진, 홍수, 태풍, 폭염, 낙뢰, 폭설 및 한파, 지진해일(쓰나미), 황사
• 자연재난의 종류에 따른 대처방법 알기
• 재난예방법 알고 실천하기</td></tr>
<tr><td>환경오염대비</td><td>• 환경오염의 위험성 및 대처방법 알기
• 화생방 및 방사능 위험성 및 대처방법 알기
• 환경오염 발생에 대비한 훈련하기</td></tr>
<tr><td rowspan="6">생활
안전</td><td>유치원안전</td><td>• 유치원의 시설 · 설비의 안전한 이용방법 알기
• 유치원에서 안전하게 활동하는 방법 알기</td></tr>
<tr><td>놀이안전</td><td>• 안전한 놀잇감과 바르게 이용하는 방법 알기
• 안전한 놀이 장소 알기</td></tr>
<tr><td>가정안전</td><td>• 집에서의 위험한 장소, 위험한 물건 알기
• 집에서 사용하는 도구와 물건의 안전한 사용법 알기
• 집 안에서 안전하게 지내는 방법 알기</td></tr>
<tr><td>승강기 · 자동계단
안전</td><td>• 승강기와 자동계단 등의 역할과 기능 이해하기
• 승강기와 자동계단 등의 올바른 사용법 알기</td></tr>
<tr><td>약물안전</td><td>• 먹을 수 없는 약물 구별하기
• 약의 이로움과 해로움 알기
• 약을 먹을 때의 안전수칙 알기
• 독성이 있는 가정용 제품에 대한 안전수칙 알기</td></tr>
<tr><td>식품안전</td><td>• 몸에 필요한 식품, 해로운 식품 알기
• 식중독 예방과 위험 알기</td></tr>
</table>

주제		교육내용
생활 안전	물놀이안전	• 물놀이의 위험성 이해하기 • 안전한 물놀이 방법 알기 • 물놀이 중 위험 상황에 대처하기
	미디어안전	• 컴퓨터 사용의 이로움과 해로움 알기 • 인터넷을 올바르게 이용하는 방법 알기
	성폭력안전	• 성폭력의 개념 알기 • 몸의 정확한 명칭 알기 • 내 몸과 타인의 권리 알기 • 좋은 접촉, 나쁜 접촉, 혼돈스런 접촉 알기 – 성폭력 상황 이해하기 • “안돼요, 싫어요” 라고 큰 소리로 말하기 등 3단계 대처기술 익히기 • 일어난 일에 대해 부모님께 말하기 • 좋은 비밀과 나쁜 비밀 알기
	유괴안전	• 낯선 사람의 개념 알기 • 다양한 유인상황 알기 • 집에 혼자 있을 때의 위험한 상황 알기 • 위급한 상황에서 주변의 도움 요청하는 방법 알기 • 일어난 일에 대해 부모님께 말하기
	미아 · 실종안전	• 길을 잃을 수 있는 장소 알기 • 길을 잃지 않는 방법 알기 • 길을 잃었을 때 안전한 행동 요령 알기 • 믿을 수 있는 사람 이해하기 • 길을 잃었을 때 도움 요청하는 방법 알기

출처: 교육과학기술부(2012)

강미경(2008). 교직선배와의 대화. 가르치는 보람 배우는 즐거움: 중등 신규 및 복직 임용 예정자 교육. 충청북도단재교육연수원.

강옥환(1999). 보육기관의 시설, 설비 수준에 관한 연구. 대구대학교 석사학위논문.

고선미, 김정아, 류병진(2017). **NCS 의사소통 액션북: 경청과 의사표현**. 공동체.

교육과학기술부(2012). 유치원 교육과정 운영 지원을 위한 유아 재난대비 · 생활안전교육 프로그램.

교육과학기술부, 육아정책연구소(2012). **유치원운영위원회 길잡이**. 교육부.

교육부(2006). **유치원 시설안전관리 매뉴얼**. 교육부.

교육부(2014). **유치원생활기록부 기재요령**. 교육부.

교육부(2015). **유치원 시설안전관리 매뉴얼**. 교육부.

교육부(2016). **유아 감염병 예방 · 위기대응 매뉴얼**. 교육부.

교육부(2017). **2017년 교육활동 보호 매뉴얼**. 교육부.

교육부(2021). **유아 원격교육을 위한 교사 지원자료**. 교육부.

교육부, 보건복지부(2016). **유치원 · 어린이집 아동학대 조기발견 및 관리 · 대응 매뉴얼**, p.19.

권석만(2014). **긍정심리학 행복의 과학적 탐구**. 학지사.

김보영(2013). 교사-부모 관계에서 경험하는 유치원 교사의 어려움. 경남대학교 교육대학원 석사학위논문.

김보현(2008). 블록 놀이에서 나타나는 유아의 또래 관계 탐색. 성신여자대학교 박사학위논문.

김선은(2011). 초등학교 교사의 사회적 문제해결방식과 소진의 관계. 경인교육대학교 교육대학원 석사학위논문.

김수향, 이용주, 이은진(2008). **유아교육기관 운영 관리**. 동문사.

김은영, 최경숙(2011). 유치원과 어린이집의 시설설비 사례 연구. **육아정책연구, 5**(2), 65-95.

김인기, 이향정(2011). **실전 성공취업 전략**. 양서원.

김정숙, 박진아(2015). 유치원의 자유선택활동 및 바깥놀이에서 사용되는 교재교구 제작 및 구입, 활용 현황 분석. **유아교육연구, 35**(2), 143-163.

김지윤, 정가윤(2015). SNS기반 지지모임을 활용한 긍정심리 증진 프로그램이 보육교사의 직무만족도, 소진, 교사효능감에 미치는 영향. **학습자중심교과교육연구, 15**(7), 87-108.

김현주(2011). 2011 유치원 1급 정교사 자격연수. 서울특별시교육청.

김혜윤(2010). 유치원 교사의 인간관계 이야기. **현상 해석학적 교육연구, 7**(2), 51-70.

김희진(2006). **유아교육기관에서의 부모교육과 지원**. 파란 마음.

류진희(2000). **유아교사를 위한 교직실습**. 양서원.

문용린(1993). 교직윤리와 교사의 수업책무성. **교육월보, 11**, 96-98.

문용린(1998). 교육개혁과 교원양성기관의 발전 과제. **한국교원교육연구, 15**(1), 1-10.

박대준, 최수찬(2015). 교사가 지각한 학급 내 학생의 문제행동이 교사의 소진에 미치는 영향: 감정노동의 매개효과를 중심으로. **초등교육연구, 28**(2), 77-102.

박성재(2018). **재미있게 말하는 사람이 성공한다**. 책이있는 마을.

박은혜(2013). **유아교사론**(제4판). 창지사.

박은혜, 김은심, 김난실, 곽아정, 최혜진, 이혜경(2010). **유치원 교사를 위한 교직실무**. 창지사.

박은혜, 김희진, 김명순, 임승렬(2003). 사립유치원 신규 교사 선발 과정에 관한 연구. **한국교원교육연구, 20**(1), 159-180.

박정아, 최목화(2016). 어린이집 공간구성과 보육실 흥미영역에 대한 전문가 의견조사. *Korean Journal of Human Ecology, 25*(2), 251-265.

박지선, 이대균(2011). 취업을 준비하는 예비유아교사의 어려움. **어린이미디어연구, 10**(2), 67-89.

박찬옥, 김지현(2015). 영유아교사의 교직윤리의식 측정도구 개발 및 타당화. **유아교육연구, 35**(5), 229-253.

박향아, 제경숙(2003). 유아교사와 학부모의 관계에 관한 한, 일 비교 연구. **교육이론과 실천, 12**(3), 67-80.

백용규, 김수영(2010). 보육시설의 규모 및 실 유형에 따른 실내공기오염물질 농도변화. **한국건축친환경실비학회 논문집, 4**(4), 235-240.

백은주, 조부경(2004). 유치원 교사의 전문성 발달 수준 자기평가 도구 개발. **유아교육연구, 24**(4), 95-117.

서울특별시(2016). 서울시 어린이집 안전수칙 매뉴얼.

서울특별시교육청(2007). 유치원 교직실무편람 행사편. 서울특별시교육청.

서울특별시교육청(2021). 코로나19 대응을 위한 2021학년도 유치원 등원수업 및 원격수업 가이드라인.

서윤희, 조부경(2012). 매개변인으로서의 개인내적변인을 고려한 유치원 교사의 자기지도성(self-leadership)과 직무태도 간 구조분석. **유아교육연구, 32**(6), 217-242.

손수민(2016). 유아교육과 졸업예정자의 진로 및 취업 고민에 관한 경험. **열린유아교육연구, 8**(21), 321-343.

신재한(2016). **뇌기반 자기주도적 학습의 이론과 실제**. 교육과학사.

신화식, 김명희(2010). **유아교육기관 운영관리**. 양서원.

심우경, 김민경(2013). 유치원 물리적 환경구성 평정척도 개발 기초연구. **열린유아교육연구, 18**(4), 463-490.

우남식(2016). **행복과 긍정심리**. 시그마프레스.

유치원교원양성, 임용제도개선연구단(2010). 유치원 교사 헌정, 강령 리플렛.

육아정책연구소(2017). 유치원과 어린이집 실내 공기질 관리현황과 개선과제. **육아정책 Brief, 63**, 1-3.

윤기영, 박상님(2001). 유아교사와 학부모의 인간관계. **서원대학교 교육대학원 교육논총, 2**(5), 157-180.

이대균, 김주영, 임자영, 박지선(2010). **교직실무**. 양서원.

이새암(2010). 사범대학 학생들의 삶에 관한 내러티브 연구. **교육인류학연구, 13**(1), 95-129.

이순형(1992). 학부모 참여에 관한 연구. **교육학연구, 30**(2), 243-262.

이윤경(1998). 유치원교사의 직무만족도 및 물리적 근무환경과 조직헌신성과의 관계 연구. **유아교육연구, 18**(1), 223-241.

이윤식 외(2007). **교직과 교사**. 학지사.

이지연, 강주희(2014). 교육적 경험의 형상화와 예비교사의 자기이해에 관한 연구: 예비 미술교사의 프로젝트 수업에 기반하여. **미술교육논총, 28**(2), 129-149.

임승렬(2002). 유아교사의 교직 윤리의식에 관한 연구. **한국교사교육, 19**(1), 157-173.

장지원(2004). 부모-교사의 협력적 관계형성 및 상호이해를 위한 부모참여활동. 이화여자대학교 교육대학원 석사학위논문.

전영아, 전홍주(2013). 흥미영역의 통합이 남녀 유아의 또래 간 상호작용과 놀이감 사용에 미치는 영향. **어린이문학교육연구, 14**(1), 231-248.

정미라, 이방실, 박수경(2015). 유치원 교사의 직장 내 사회적지지, 셀프리더십 및 소진 간의 구조적 관계. **열린교육연구, 23**(2), 87-108.

조형숙(2007). 유아교사 교직윤리교육에 관한 소고. **교원교육, 23**(3), 207-226.

진병춘(2000). 교사 윤리로서 배려의 가치. 전남대학교 교육대학원 석사학위논문.

진원중(1986). **교육사회학 원론**. 법문사.

최문기(2007). 교직윤리의 이론적 토대와 통합적 접근. **윤리교육연구, 12**, 179-200.

최상복(2004). **산업안전대사전**. 골드.

최윤정, 안소영, 최소영(2012). 샛별유치원 부모참여수업의 의미 탐색. **육아지원연구, 12**(2), 51-81.

최혜숙(2007). 경력-초임 교사간의 멘토링을 통한 유치원 교사 되어가기. 건국대학교 교육대학원 석사학위논문.

홍순옥(2003). 연령 및 성별에 따른 유아의 동성친구 선호에 관한 연구. **한국영유아보육학, 34**, 315-338.

환경부(2018). 유치원 실내공기질 관리요령 리플릿.

황해익, 채혜경(2017). 유아교사의 성격강점이 회복탄력성과 소진에 미치는 영향. **유아교육연구, 37**(4), 33-54.

황해익, 탁정화(2015). 보육교사의 성격강점에 대한 교육 요구도 분석. **유아교육연구, 35**(2), 411-438.

황현주(1991). 유아교육기관의 질과 유아의 사회적 행동. 이화여자대학교 대학원 석사학위논문.

Barth, R. S. (2001). Teacher leader. *Phi Delta Kappan, 82*, 443 - 449.

Berger, E. H. (2002). *Parents as parents in educations; Families and schools working together*. Upper Saddle River, NJ:Prentice-Hall.

Burke, P. J., Christenswn, J. C., & Fessler, R. (1983). *Teacher career stages: Implications for development*. ID: Phi Delta Kappa Educational Foundation.

Curry, J. R, & O' Brien, E. R. (2012). Shifting to a wellness paradigm in teacher education: A promising practice for fostering teacher stress reduction, burnout resilience, and promoting retention. *Ethical Human Psychology and Psychiatry, 14*(3), 178-191.

Epstein, J, L. (2001). *School, Family, and Community Partnerships: Preparing Educators and Improving Schools*. Boulder, Co: Westview Press.

Graham, L, M. (2004). All I need is the air that I breath: Outdoor air quality and asthma.

Hester, H. (1988). Start at home to improve home-school relations. *NASSP Bulletin, 73*, 23-27.

Katz, L. (1995). *Talks with teachers of young children: A collection*. NJ: Ablex.

Katzenmeyer, M. & Moller, G. (2001). *Awakening the sleeping giant: Helping teachers develop as leaders*. CA: Corwin.

Manz, C., & Sims, H. P. (2001). *The new superleadership: Leading others to lead themselves*. CA: Berrett-Koehler.

Ministry of Health and Welfare (2011). *2011 Accreditation instructions in child care facilities.* Seoul: Ministry of Health and Welfare.

Pinar, W. (2015). *Educational experience as lived: Knowledge, history, alterity*. NY: Routledge.

Riveros, A., Newton P., & da Costa, J. (2013). From teachers to teacher-leaders: A case study. *International Journal of Teacher Leadership, 4*(1), 1-15.

Seligman, M. E., Steen, T. A., Park, N. & Peterson, C. (2005). Positive psychology progress: Empirical validation of interventions. *Positive psychology progress, 42*, 874 - 884.

Vandell, D. & Powers, C. (1983). Day care quality and children's free play activities. *American Journal of Orthopsychiatry, 53,* 293-300.

Volker Kitz, Manuet Tusch (2013). **심리학 나 좀 구해줘: 원하는 것을 얻기 위해 꼭 알아야 할 51가지 심리 법칙**. 김희상 역. 갤리온.

두산백과 (http://www.doopedia.co.kr)

유치원 알리미 (http://e-childschoolinfo.moe.go.kr)

한국일보(2018.06.18.). [삶과 문화] 관계 파탄의 신호-'경멸' (http://www.hankookilbo.com)

찾아보기

저자소개

정 미 라 이화여자대학교 사범대학 유아교육학과 졸업(문학사, 문학석사)
프랑스 Caen대학교 대학원 아동교육전공 졸업(Ph.D)
현, 가천대학교 명예교수,
(사단법인) 한국유아교육학회 회장,대통령 직속 저출산고령사회위원회 정책운영위원 등
저서: 영유아발달(공저, 양서원), 유아교육개론(공저, 양서원), 뇌가 즐거운 아기놀이 120(꽃숨) 외 다수

이 영 미 이화여자대학교 사범대학 유아교육학과 졸업(문학사)
보스톤대학교 대학원 유아교육전공 졸업(Ed.D)
현, 한양여자대학교 유아교육과 교수
저서: 유아교육기관 운영관리(공저, 양서원),
유아발달(공저, 정민사), 현장에서 필요한 유아교사의 상호작용(공저, 공동체) 외 다수

박 수 경 원광대학교 사범대학 유아교육과 졸업(문학사)
연세대학교 교육과학대학 교육학과 졸업(문학사)
미국 University of Texas at Austin 대학원 유아교육전공 졸업(MA)
미국 University of Georgia 대학원 유아교육전공 졸업(Ph.D)
현: 건국대학교 교육대학원 유아교육학과 부교수
저서: 뇌가 즐거운 아기놀이 120(꽃숨) 외 다수

이 인 용 이화여자대학교 사범대학 유아교육학과 졸업(문학사)
서울여자대학교 대학원 유아교육학전공 박사과정 수료
현, 한양여자대학교 겸임교수
저서: 유아교사의 상호작용(공저, 공동체), 영유아교육과정(공저, 양서원),
당신도 유능한 부모가 될 수 있다(공저, 창지사) 외 다수

박 희 숙 전남대학교 사범대학 유아교육과 졸업(교육학사)
전남대학교 사범대학 유아교육과 박사(교육학 박사)
현, 공주대학교 유아교육과 교수
저서: 유아교육개론(공저, 정민사), 유아놀이지도(공저, 정민사) 외 다수

제2판
유아교사를 위한 교직실무

1판 1쇄 발행 2019년 1월 30일
1판 2쇄 발행 2020년 3월 10일
2판 1쇄 발행 2021년 8월 30일
2판 4쇄 발행 2025년 1월 30일

지 은 이 | 정미라, 이영미, 박수경, 이인용, 박희숙
발 행 인 | 박철용
발 행 처 | 양서원
주 소 | 경기도 파주시 직지길 522 파주출판도시
전 화 | 031-955-8000(代)
팩 스 | 031-955-8005
홈페이지 | www.yswpub.co.kr
이 메 일 | yswgroup@naver.com
출판등록 | 1987년 11월 24일 제406-2003-037호

ISBN 978-89-994-1195-3

정가 22,000원